Helga Hirsch
ENDLICH WIEDER LEBEN

Helga Hirsch

ENDLICH WIEDER LEBEN

Die fünfziger Jahre im Rückblick von Frauen

Siedler

Verlagsgruppe Random House FSC-DEU-100
Das für dieses Buch verwendete FSC®-zertifizierte
Papier *Munken Premium Cream* liefert
Arctic Paper Munkedals AB, Schweden.

Erste Auflage

Copyright © 2012 by Siedler Verlag, München,
in der Verlagsgruppe Random House GmbH

Umschlaggestaltung: Rothfos + Gabler, Hamburg
Lektorat und Satz: Ditta Ahmadi, Berlin
Reproduktionen: Aigner, Berlin
Druck und Bindung: GGP Media GmbH, Pößneck
Printed in Germany 2012
ISBN 978-3-88680-989-9

www.siedler-verlag.de

INHALT

ZWISCHEN ENGE UND AUFBEGEHREN

Zum Beispiel Christina Thürmer-Rohr

Die meisten Reden über die fünfziger Jahre gehen mir ziemlich gegen den Strich, weil immer behauptet wird, sie seien durchgehend muffig, bieder und verklemmt und zentral vom Wirtschaftswunder bestimmt gewesen. Meine Erfahrungen sind ziemlich anders. Mein Leben war armselig, beengt, weitgehend abgeschnitten von der Welt, aber nach innen ausschweifend und ungebunden. Einerseits war ich hochgradig belastet, andererseits angefüllt mit hochgetriebenen Wünschen und Sehnsüchten nach einem anderen Leben. Ich war begeisterungsfähig und zukunftssüchtig, hatte kaum Vorbilder, vieles war selbst gefunden und selbst gemacht. Wenig Außenbeziehungen und viel Innenleben: Das war für mich das Wesentliche dieser Zeit.

Ich bin geboren im damaligen Pommern, dem heutigen Polen. Neuwedell, heute Drawno, war eine unscheinbare Kleinstadt, mein Vater hatte dort seine erste Pfarrstelle. Schon vor Kriegsbeginn wollte er Soldat sein – sich »nicht drücken vor der Verantwortung«, wie er schrieb – und meldete sich 1938 freiwillig zum Militär. Da war ich noch nicht zwei Jahre alt. Ich kannte ihn nur als Urlaubsgast in Uniform und hatte eine große Distanz zu ihm. Gleichzeitig waren meine viereinhalb Jahre ältere Schwester und ich ununterbrochen mit ihm beschäftigt. Unser Lieblingsspiel hieß: »Vati kommt auf Urlaub.« Das Spiel begann damit, dass das Telefon in der Puppenstube läutete: Morgen kommt er nach Hause! Daraufhin entwickelten wir eine fieberhafte Aktivität, räumten die Puppenstube auf, putzten die Möbel, pflückten Blumen – alles für den Moment seiner Ankunft. Wenn er dann kam, war das Spiel zu Ende. Da versagte meine Fantasie.

Mein Vater war überzeugter Nationalsozialist und gleichzeitig Mitglied der Bekennenden Kirche. Wie es möglich war, eine oppositionelle Haltung evangelischer Christen mit der nationalsozialistischen Ideologie zu vereinbaren, ist mir ein Rätsel. Unverständlich bleibt mir auch sein Verhalten nach der so genannten Reichskristallnacht 1938. In der übervollen Kirche von Neuwedell soll er sich in einer Predigt gegen die Gewalt an Juden und jüdischen Geschäften ausgesprochen haben. Jedenfalls wurde er anschließend von der Gestapo abgeholt, anderthalb Tage später allerdings wieder frei gelassen. Ich nehme an, dass er wie viele andere die Gewalt der SA tatsächlich ablehnte, aber die nationalsozialistische Politik weiterhin unterstützte.

Sein letzter Anruf im August 1941 kam aus der Umgebung von Leningrad; meine Mutter war nicht zu Hause. Das Hausmädchen gab mir den Hörer. Ich war aber so gehemmt, dass ich kaum ein Wort über die Lippen brachte. Was er sagte, weiß ich nicht mehr. Zwei Tage später war mein Vater tot. Da war er 37 Jahre alt. Ich war die letzte Person aus der Familie, mit der er gesprochen hat. Für meine Mutter war sein Tod wie das Ende ihres Lebens. Er war ihre einzige große Liebe gewesen, ihr ganzer Lebensinhalt und Lebenszweck. Sie hat nie eine andere Beziehung gesucht, und bis zu ihrem Tod ist sie ihm treu geblieben.

Nach dem Tod meines Vaters kam eine Todesnachricht nach der anderen. 1941 fiel der Schwager meiner Mutter, 1942 mein Patenonkel, 1944 der Bruder meiner Mutter, 1945, unmittelbar nach der Kapitulation, starb völlig unerwartet auch ihr Vater. In bleibender Erinnerung sind mir die vielen schwarz gekleideten Frauen und das tieftraurige, aber immer beherrschte Gesicht meiner Mutter, die Fotos in der Wohnung vom Grab meines Vaters in Russland, sein Ehering neben ihrem an ihrer rechten Hand. Meine Mutter war zwar eine tapfere Frau, sie klagte kaum, aber ihre Verzweiflung hing wie eine dunkle Wolke über uns.

Meine Erinnerungen an die letzten Kriegsjahre sind düster. Eines Tages wurden die Kirchenglocken abgeholt. Wir lebten in einem schönen, großen Pfarrhaus im Zentrum des Ortes gleich neben der Kirche. Ein Foto zeigt mich auf einem Lastwagen neben den abgenommenen Glocken. Ich wusste, sie würden nicht mehr läuten, es waren nun Glocken zum Kriegsdienst, für Kugeln an der Front. Erschreckt hat mich auch die Einquartierung von vierzig Soldaten auf dem Marsch Richtung Osten in unserem Haus. Ich fürchtete diese vielen fremden Männer, die sich, da wir kein fließendes Wasser hatten, mit lautem Getöse und nacktem Oberkörper an der Pumpe im Garten wuschen.

Einmal hörte ich meine Mutter zu einem Wehrmachtsoffizier sagen, ich sei ein schwieriges Kind. Das habe ich als Verrat empfunden, ich fühlte mich bloßgestellt. Ich hatte tatsächlich Angst: vor Mäusen, Fröschen, Hunden, Würmern und Gewitter, vor allem vor fremden Leuten. Ich ging nicht allein vor die Tür, wollte nicht in den Kindergarten, kannte jahrelang kein einziges Kind außer meiner Schwester. Ich war aber nicht nur extrem schüchtern, ich schwankte zwischen Ängstlichkeit, Aufsässigkeit und Rebellion, ich war ziemlich eigensinnig, mit mir konnte man nichts machen, was ich nicht selber wollte. Ich war nicht das, was man »ein nettes Mädchen« nennt. Viele Leute fanden mich unmöglich – und ich mich selbst oft genug auch.

Nach dem Tod meines Vaters mussten wir das Pfarrhaus in Neuwedell räumen. 1943 zogen wir in ein westfälisches Dorf, wo die Familie des Bruders meiner Mutter wohnte. Die bedrückte Stimmung hielt unverändert an. Meine Schwester und ich blieben mit unserem Vater beschäftigt, auch wenn wir seine Ankunft nicht mehr vorbereiten konnten. Er war der gute Mensch schlechthin, der überall und immer fehlte. Er sah vom Himmel auf uns herab und begleitete uns Tag und Nacht. Ich malte Bilder, die ihn beim Keksebacken zusammen mit den Engeln zeigen. Zu Weihnachten und an seinem Todestag machten wir meiner Mutter Geschenke mit gepressten Blumen, mit reich bebilderten, selbst gemachten Gedichten und selbst erfundenen Geschichten. Und sie schlug über ihrem Bett einen Nagel in die Wand, an den sie die Soldatenmütze ihres Mannes hängte.

Ich litt vor allem unter der Bedrücktheit meiner Mutter. Weil wir im Zuge der Wohnraumbewirtschaftung als »Einquartierte« oder »Evakuierte« in das Dorf kamen, hatte sie ständig das Gefühl, wir würden anderen Leuten Raum wegnehmen, wir könnten stören oder auffallen. Wir benahmen uns so still und unauffällig wie möglich, so, als wären wir gar nicht da.

In diesem Dorf lebten wir die letzten Kriegsmonate. Wir hörten und sahen die Bombengeschwader am Himmel, auf dem Schulweg rasten Tiefflieger über unsere Köpfe, und alle Schulkinder hatten die Weisung, sich sofort in den Straßengraben zu werfen. Oft saßen wir nachts in der Küche hinter zugeklebten Fenstern bei einer schwarz verhängten Lampe, hörten das tiefe Brummen der Flugzeuge und warteten auf die Entwarnung vom Bombenalarm. Von unserem Keller aus konnten wir sehen, wie die Nachbarstadt brannte und die Kirchtürme unter den Bombenangriffen zusammensanken.

Meine Schwester war meine wichtigste Bezugsperson. Sie hat sich immer mit großer Selbstverständlichkeit um mich gekümmert, hat mich während der nächtlichen Fliegerangriffe in Decken eingewickelt und mir vorgesungen: »Breit aus die Flügel beide ... dies Kind soll unverletzt sein.« Ich glaube, sie hat das als ihre Aufgabe angesehen und war irgendwie auch stolz darauf. Im Übrigen waren wir der Meinung: Wir haben keinen Grund zum Klagen, uns geht es verhältnismäßig gut, wir haben überlebt.

1945, nach Kriegsende und dem Tod meines Großvaters, zogen wir in die v. Bodelschwinghschen Anstalten Bethel in die Nähe von Bielefeld. Eigentlich durften in der Anstalt nur Leute wohnen, die professionell mit der Betreuung der Patienten betraut waren. Aber weil meine Großeltern dort als Diakone gearbeitet hatten, durften wir mit in die Zweieinhalb-Zimmer-Wohnung unserer verwitweten Großmutter einziehen – allerdings unter strengen Auflagen: Meine Großmutter verbot uns, irgendetwas in ihrer Wohnung zu verändern. Sie behielt das einstige Elternschlafzimmer, meine Mutter schlief im Wohnzimmer auf der Couch, meine Schwester in einem angebauten Stall mit Blechwänden und ich – am komfortabelsten – im ehemaligen kleinen Esszimmer meiner Großeltern, in dem ich nun zehn Jahre lang kein einziges Möbelstück umstellen, keinen Stuhl, keine Blumenvase verrücken, kein Bild abnehmen, kein Buch oder Spielzeug liegenlassen durfte.

Wir lebten äußerst eingeschränkt. Vor allem hatten wir kein Geld. Es gab noch keine Regelungen für die Pfarrerswitwen aus den ehemaligen deutschen Ostgebieten. Von Februar 1945 an waren sämtliche Zahlungen der Konsistorialkasse der Evangelischen Kirche an uns eingestellt. Meine Mutter ging hamstern in umliegende Dörfer, und oft kam sie nach stundenlangen Fahrradtouren mit einem Ei oder 20 Gramm Mehl zurück. 1950 erhielten wir eine Nachzahlung von 52 Mark, erst von 1951 an erhielten meine Mutter eine Rente von 40 Mark, meine Schwester und ich eine Halbwaisenrente von je 10 Mark. Davon zu leben war unmöglich.

Mehr als das fehlende Geld belastete mich allerdings das Leben in der Anstalt. Bethel war 1867 von der Inneren Mission für epilepsiekranke Menschen gegründet worden und hatte sich mittlerweile zum größten diakonischen Unternehmen in Europa für neurologische und psychiatrische Erkrankungen entwickelt. In der NS-Zeit hatte die Anstaltsleitung die ihr anvertrauten Menschen vor der Euthanasie retten können – mit Ausnahme von sieben jüdischen Patienten, die angeblich in ein anderes Heim verlegt, in Wirklichkeit in eine der Tötungsanstalten abtransportiert worden waren. Nach dem Krieg nahm Bethel auch schwer kriegsverwundete Soldaten und manche Heimatlose verschiedenster politischer Couleur auf, obwohl über tausend Pflegeplätze durch Bombenangriffe zerstört waren.

Bethel war ein sonderbarer Ort. Man darf ihn sich nicht vorstellen als einen geschlossenen Krankenhausbetrieb, sondern als eine kleine Stadt, deren Mehrheitsbevölkerung aus Außenseitern, Verrückten im wörtlichen Sinne bestand – Menschen, bei denen die Grenzen zwischen Normalem und Abweichendem, zwischen Krankheit und Gesundheit ver-rückt waren. Sie sollten hier ohne Diskriminierung leben können und waren – im Unterschied zu heute – überall präsent. Sie mussten praktisch ohne Medikamente und Behandlung auskommen, als einzige Therapie galt das Christentum. Auf mich wirkten die Menschen hier noch düsterer als alle anderen, die mir zuvor begegnet waren. Auf den Straßen, den Waldwegen, in der Post, in der Kirche, auf den Friedhöfen, in den Handwerksbetrieben – überall schwerkranke Menschen, Schizophrene, Depressive, Demente, vor allem Epileptiker mit ihren Ledersturzhelmen, ihrem schleppenden Gang und den vom Brom aufgedunsenen Gesichtern. Auf dem Weg zur Schule begegnete mir regelmäßig ein Mann in elegantem Anzug, der mit einem Bollerwagen Post für die nervenkranken Männer abholte. Oft fing er plötzlich laut zu singen an, lief wild gestikulierend mit kleinen Trippelschritten hin und her über die Straße, warf seinen Hut in die Luft, schnitt Grimassen und setzte dann seinen Weg fort, als sei nichts geschehen. Ich hatte Angst vor solchen Unberechenbarkeiten, war erschrocken und verwirrt.

Epileptische Anfälle und Absencen gehörten zum Alltag. Einmal lag ein Mann tot neben unserer Haustür, er war an einem Anfall erstickt. Ein anderes Mal, als ich in einer Schlange vor dem Postschalter wartete, fiel plötzlich ein schwerer Mann neben mir zu Boden mit schrecklichen Schreien und Krämpfen. In der Kirche, wo ich später regelmäßig Orgel spielte, häuften sich die Anfälle besonders an Feiertagen wie Weihnachten und Ostern. Die Patienten wurden dann aus der Kirchenbank in einen kleinen Vorraum getragen, wo man sie laut stöhnen hörte.

Wenn ich abends zum Üben in die Kirche ging, brauchte ich Mut. Der Strom war aus Ersparnisgründen immer abgestellt, also musste ich mich erst durch das schwarze Kirchenschiff tasten, um im Elektrokasten neben dem Altar den Hauptschalter umzulegen. Auf diesem Weg durch die stockdunkle Kirche fürchtete ich immer, dass vielleicht ein Epileptiker zwischen den Kirchenbänken liegen oder ich gegen einen Sarg stoßen könnte, denn die Särge wurden schon einen Tag vor der Beerdigung im Altarraum aufgebahrt.

Besonders bedrückend waren die Kriegsversehrten, meist junge Männer. Viele hatten schwerste Gesichtsverbrennungen, anstelle des

Mundes oder der Augen nur Löcher. Sie zogen ihre Hüte tief ins Gesicht, um ihre Entstellungen zu verbergen. Andere waren beinamputiert und bewegten sich mit Holzkrücken vorwärts, die bis unter die Achseln reichten. Manche hatten gar keine Beine mehr; sie saßen, weil es keine Rollstühle gab, auf zusammengezimmerten Brettern, unter denen Rollen angebracht waren, und stießen sich mit den Händen vom Boden ab.

Bethel wurde für mich eine Schule, in der ich etwas über die Würde des zerstörten und ver-rückten Lebens lernte und in der keine Hierarchien zwischen Kranken und Gesunden zugelassen waren. All die Krankheiten und Verletzungen gehörten zum Ort dazu, sie waren alltäglich und nicht sensationell. Aber gleichzeitig blieb diese Welt erschreckend und voller Bedrückungen. Für ein Kind war die Konfrontation mit der Nicht-Normalität ein großer Schock, und ich habe immer Angst gehabt.

Ich blieb möglichst zu Hause, zog mich stundenlang zurück auf den Drehstuhl vor dem Klavier, meinem Hauptaufenthaltsort außerhalb der Schule. Aber eine richtige Beheimatung war das auch nicht, weil ich immer fürchtete, meine Großmutter zu stören. Und wie schon zuvor in dem westfälischen Dorf hatte ich das Gefühl: Eigentlich sollte ich unsichtbar sein, am besten gar nicht existieren.

Gegen meine Großmutter entwickelte ich eine geradezu krankhafte Allergie. Sie war ungebremst egoistisch. Von dem Viertelliter Milch, der uns Kindern täglich zugeteilt war, trank sie heimlich drei Viertel selbst und füllte den Rest mit Wasser auf. Sie hat uns ständig vermittelt, dass wir dankbar sein müssten, dass sie durch uns eingeschränkt würde, dass wir eigentlich gar kein Recht hätten, bei ihr zu wohnen und dass unser Glück auf dem Tod unseres Großvaters aufgebaut sei. Sie konkurrierte ständig mit meiner Mutter um die Rolle des größten Opfers. Wer leidet mehr: sie, die ihren Mann nach 41 Ehejahren verlor, oder meine Mutter, der dies bereits nach zehn Jahren widerfuhr? Meine Großmutter fand natürlich, dass sie am härtesten getroffen sei, weil sie fast ihr ganzes Leben mit ihrem Mann verbracht hatte. Meine Mutter schwieg dazu und dachte sich ihr Teil.

Meine Mutter, meine Schwester und ich hielten wie Pech und Schwefel zusammen. Wir waren gleichberechtigt, gleichgestellt und wurden immer die drei Schwestern genannt. Mit meiner Mutter gab es zumindest keinen offenen Streit, und meine Schwester und ich stritten uns nie. Mich quälte allerdings unsere geballte Inkompetenz. Wir »konnten« das Leben nicht, all die erforderlichen, üblichen Dinge des Alltags. Meine Mutter vermochte zwar auf Menschen zuzugehen, mit ihnen zu reden und freundlich zu sein, aber wenn sie eine Lampe anschließen oder den Antrag auf Witwenrente einreichen sollte, war sie völlig hilflos. Gegen Widerstände konnte sie sich nicht durchsetzen. Als zum Beispiel eine Textilfabrik in Bielefeld aufgelöst und Stoff an die Bevölkerung verteilt wurde, war sie vom Drängeln der Leute so abgestoßen und verängstigt, dass sie nur einen übriggebliebenen Stoffrest mit nach Hause brachte: einen harten, grauen Uniformstoff, aus dem ich dann ein Kleid genäht bekam.

Für mich war es schlimm zu erleben, wie meine Mutter von den »heilen« Familien gemieden wurde, obwohl sie bei allen beliebt war. »Wir Kriegerwitwen«, schrieb sie später in ihren Lebenserinnerungen, »wurden sowieso nicht von den Ehepaaren eingeladen. Man stand völlig außerhalb. Den alleinstehenden Frauen ging man doch mehr oder weniger aus dem Wege.« Bei einem Frauenüberschuss von mehreren Millionen waren Witwen suspekt. Man unterstellte ihnen, dass sie den Ehefrauen die Männer wegnehmen wollten. Da hörte selbst im frommen Bethel die Nächstenliebe auf. Die Heilgebliebenen separierten sich von den Blessierten, die mannlosen Frauen gerieten ins Abseits, die Kluft zwischen den Sanierten und den Dauergeschädigten blieb unüberbrückbar. Freundschaften entwickelte meine Mutter nur zu anderen Kriegerwitwen.

Ich habe damals ein vehementes Misstrauen gegen heile Welten und heile Familien entwickelt. Schon seit der Kriegszeit war mein Weltbild skeptisch: Die Welt liegt in Trümmern, die Orte sind zerbombt, die Autoritäten demontiert, die Familien unvollständig, die Unbeschädigten selbstgerecht, ein heiles Leben ist trügerisch. Ich konnte mir nur schwer vorstellen, dass es etwas wirklich Schönes im

Leben gibt und dass das Leben wirklich lebenswert ist. Als Zehnjährige sagte ich einmal zu meiner Schwester, ich verstünde überhaupt nicht, warum die Todesstrafe etwas Abschreckendes sei. Einfach erschossen zu werden, sei doch nichts Schlimmes, Schmerzen und Folter seien doch viel schlimmer.

Mein ganzer Trost wurde die Musik. Bethel hatte zu der Zeit einen begnadeten Organisten und Chorleiter, der mehrere Chöre und Orchester gegründet hatte – für Kranke und für Gesunde getrennt. Als Kind war ich in der Choralsingschule, später im Heinrich-Schütz-Kreis, einem so genannten Elitechor, mit dem wir oft zu Konzerten unterwegs waren mit wunderbaren Programmen – den Oratorien und Motetten von Bach, mit Werken von Schütz, vielen Madrigalen, ab und zu auch mit zeitgenössischer Musik, etwa von Johannes Drießler.

Ich habe auch viel für mich allein gesungen. Zum Beispiel Trostlieder aus dem Dreißigjährigen Krieg. Ich kannte alle Texte der Paul-Gerhardt-Lieder auswendig. »Was hast du unterlassen/zu meinem Trost und Freud/als Leib und Seele saßen/in ihrem größten Leid!/ Als mir das Reich genommen/da Fried und Freude lacht/da bist du, mein Heil, kommen/und hast mich froh gemacht.« Oder: »… wer nur auf diese Zeit/sein Hoffnung weiß zu geben/der führt ein totes Leben/und stirbt in Traurigkeit.« »Mein Herze geht in Sprünge/ und kann nicht traurig sein,/ist voller Freud und singet,/sieht lauter Sonnenschein.« Und: »Auf, auf gib deinen Schmerzen/und Sorgen gute Nacht.« Meine Großmutter hat mir später zu meiner großen Verwunderung erzählt, sie habe abends oft vor meiner Tür zugehört, wenn ich im Dunkeln im Bett lag und stundenlang sang.

Meine Mutter, ebenfalls eine Musikbegeisterte, hatte mir schon im Alter von fünf Jahren die Anfänge auf dem Klavier beigebracht, anschließend erhielt ich Klavierunterricht bei einer Musikstudentin. Und schon als Kind schlich ich um die Kirche herum, wenn jemand Orgel übte. Ich wollte unbedingt Orgelspielen lernen, und ab fünfzehn, als ich die entsprechende Körpergröße erreicht hatte, bekam ich kostenlosen Unterricht. Das hatte Konsequenzen, denn ich

wurde als Orgelschülerin bald in den Gottesdienst- und Musik-
betrieb eingebunden. Mindestens drei Mal die Woche musste ich
irgendwo spielen – bei den vielen Gottesdiensten, den Abendan-
dachten und Beerdigungen, später auch bei Orgel- und anderen
Konzerten. Ein Jahr vor dem Abitur bekam ich auch noch Gesangsunterricht.

Ich habe Bethel also viel zu verdanken, an einem anderen Ort
wäre das alles nicht möglich gewesen. Die Musik wurde eine Art
Überlebensmittel, sie war ein Ort der Konzentration und des Rück-
zugs und zugleich ein öffentlicher und ein sozialer Ort. Vor allem
aber schuf die Musik einen Zugang zu einer transzendenten Welt,
die über die alltägliche Enge hinausführte und das armselige Leben
vergessen ließ.

Vom Wirtschaftswunder haben wir überhaupt nichts mitbe-
kommen. Wir hatten keinen Kühlschrank, keinen Staubsauger, keinen Elektroherd, kein Telefon, auch keine Zeitung, ein Radio erst
1954. Der Mangel war uns aber gar nicht bewusst, denn die meisten
Menschen in Bethel hatten nur wenig. In der Anstalt herrschte eine
andere Orientierung, das Streben nach Konsum und materiellen
Gütern fanden wir überflüssig oder sogar degoutant. Ich weiß nicht,
ob das einfach Abwehr war, eine »Saure-Trauben-Reaktion«. Jedenfalls kann ich mich nicht erinnern, dass wir frustriert oder neidisch
waren, wenn andere etwas hatten, was wir uns nicht leisten konnten.
Es interessierte uns einfach nicht.

Ich hatte Freude an Dingen, die nichts kosteten. Zum Beispiel
habe ich Listen angefertigt, wann welche Vögel im Frühjahr auftauchten und wann sie im Herbst wieder abzogen, habe Blumen und
Gräser nach der Natur gezeichnet, seitenlang Noten abgeschrieben
und Gedichthefte angelegt. Und ich war hingerissen von den schönen Buchen im Mai und im Oktober. Dabei sehnte ich mich ständig
nach Gesprächen mit anderen Menschen, die zu führen wegen meiner Schüchternheit allerdings immer wieder an Grenzen stießen.

All das findet sich in meinen Tagebüchern, in denen ich seit meinem dreizehnten Lebensjahr täglich alle Erlebnisse, Gedanken und

Kümmernisse dokumentiert habe. Es gab in Bethel einen einzigen, ärmlich ausgestatteten Laden, und wenn ich dort Papier kaufen wollte, sagte die Verkäuferin jedes Mal: »Dieses Heft ist gerade das letzte.« Damit möglichst viel auf eine Seite passte, entwickelte ich eine winzige Schrift, die außer mir kein Mensch lesen konnte und die ich selbst heute kaum noch entziffern kann.

Ich quälte mich mit Fragen nach dem Sinn des Lebens. Ich wollte wissen, ob feste Fundamente und klare Wegweiser eigentlich unentbehrlich sind oder ob wir einfach unseren Gefühlen trauen können. Trotz des frommen Umfelds fand ich zum Glauben keinen rechten Zugang. In den Predigten war immer wieder die Rede von der »Kraft des Bösen«, von der »Erbsünde«, der »Schuld des Menschen«, der »zu tragenden Last«. Ich sah mich konfrontiert mit einem Unheil ohne Ursache, gegen das ich mich sperrte. Nur störrisch habe ich das Sündenbekenntnis mitgesprochen: »Ich armer, sündiger Mensch bekenne, dass ich gesündigt habe mit Gedanken, Worten und Werken, auch in Sünden empfangen und geboren bin ...« Warum ich sündig geboren sein und eine schreckliche Erbsünde in mir tragen sollte, leuchtete mir nicht ein, ebenso wenig die meisten religiösen Rituale und kirchlichen Auslegungen.

Einmal diskutierte ich meine Zweifel mit einer Schulfreundin, die ebenfalls vaterlos war. Wir saßen – wie immer in den Schulpausen – auf einer Friedhofsbank unter großen Buchen und erörterten Grundfragen wie: Gibt es einen Gott oder ist Gott vielleicht nur eine Erfindung der Menschen? Wir argumentierten hin und her. Gibt es vielleicht statt Gott nur den Glauben an Gott, weil Menschen ohne ihn verzweifeln würden? Oder ist es – wie ich ins Tagebuch schrieb – »ein Gottesbeweis, dass der Mensch von jeher zwar nicht die Erfahrung, aber eine Idee von Gott hatte? Also muss ihm Gott selbst all das gegeben haben: den Gedanken an seine Existenz und das Verlangen nach ihm.« Dann wäre der Glaube selbst eine Schöpfung Gottes – also ein Gottesbeweis.

Auch im Bethel der Nachkriegszeit blieb der Krieg allgegenwärtig – als Rede vom »schrecklichen Krieg«, vom Bösen, von der

»Schuld des Menschen«, der Krieg als eine eigenartig ursachenlose Katastrophe. »Nie wieder Krieg« – darüber herrschte Einvernehmen. Aber »Nie wieder Auschwitz« hat damals niemand gesagt. Über die Vernichtung und die Vernichter von Juden, Polen, Zigeunern, Schwulen et cetera wurde nicht gesprochen. Alle waren irgendwie Opfer, es gab keine Täter, jedenfalls keine deutschen Täter. Auch in dem Film *Die Mörder sind unter uns*, den ich Anfang der fünfziger Jahre zum ersten Mal sah, wurde nicht aufgeklärt, was in den Konzentrationslagern geschehen war und wer wen umgebracht hatte. Auf dem Soldatenfriedhof in Dahn im Schwarzwald, auf dem wir einmal nach dem Grab des Bruders meiner Mutter suchten, war ich hin- und hergerissen zwischen Mitleid und Anklagen, die keine Adresse hatten.

1955 war eine Medizinstudentin in unsere Klasse eingeladen worden, um über ihre Flucht aus der DDR zu berichten. Sie war erwischt worden, als sie mit einer Studentengruppe Flugblätter aus West-Berlin verteilen wollte. Sie hatte im Gefängnis gesessen, war geprügelt worden. Zu ihrem Verlobten, der zu drei Jahren verurteilt worden war, hatte sie keinerlei Kontakt. Für mich war das alles neu. Ich war erschüttert. »Ich kam mir vor«, schrieb ich ins Tagebuch, »als hätte ich mein ganzes Leben bisher hinterm Ofen gesessen.«

Am meisten berührt hat mich im selben Jahr die Freilassung der deutschen Soldaten aus russischer Gefangenschaft. Adenauer hatte bei seinem Besuch in Moskau 10 000 deutsche Kriegsgefangene und 20 000 inhaftierte Zivilisten freihandeln können. Als die Transporte im Lager Friedland ankamen, habe ich stunden- und tagelang am Radio gehangen und mir schluchzend die Übertragungen angehört: die Begrüßungsreden der Soldaten, den Choral »Nun danket alle Gott« und schließlich das Verlesen der endlosen Namenslisten. Ich wollte damals unbedingt über das Rote Kreuz Kontakte herstellen, Pakete verschicken. Vor allem wollte ich einen heimatlosen Heimkehrer in unsere enge Wohnung aufnehmen, einen von denen, die nach Hause und dann doch nicht nach Hause kamen, weil es nach zehn Jahren Gefangenschaft für sie kein Zuhause mehr gab,

Die Männer, die als Soldaten in den Krieg gezogen und versehrt an Leib und Seele zurückgekehrt waren, nannte man Krüppel – mitleidlos, auch respektlos und ohne Dankbarkeit. Es waren viele, und sie erinnerten geradezu allgegenwärtig an das, was man vergessen wollte. Die Welt sollte wieder hell und heil werden.

weil das Haus kaputt war und die Eltern tot und die Frau sie vergessen hatte.

Ich versuchte, auch Mitschülerinnen für meine Aktion zu gewinnen, doch die wehrten ab, das sei nichts als ein aufflackerndes Gefühl von kurzer Dauer.

Wie sich später herausstellen sollte, war dieses Mitgefühl für die Heimkehrer bei mir allerdings nicht von kurzer Dauer. 1958 begegnete ich einem Studenten, der sich von den Übrigen in jeder Hinsicht unterschied. Er war ein Außenseiter, älter als die anderen, und er sah aus wie ein ehemaliger Soldat, wie einer der Heimkehrer aus Friedland. Im Nachhinein erinnert er mich an Beckmann in Wolfgang Borcherts Drama *Draußen vor der Tür*. Er trug noch dreizehn Jahre nach dem Krieg einen Soldatenmantel und sah unendlich traurig aus. Meist schwieg er, aber wenn er sprach, klang es druckreif. Er wirkte auf mich geheimnisvoll, fremd, unnahbar, gefangen in einem Schmerz, von dem aber niemals gesprochen wurde. Ausgerechnet in ihn verliebte ich mich.

Er kam aus der DDR, war mit vierzehn Jahren als Flakhelfer eingezogen worden, in russische Kriegsgefangenschaft geraten und auf äußerst komplizierten Wegen zurückgekommen – ein depressiver, irgendwie verlaufener, hoch komplizierter Mensch –, heute würde ich sagen, er war ein Autist. Ich musste ihn mit Vorsicht behandeln, durfte nicht unbedacht mit ihm umgehen. Anfangs habe ich nicht begriffen, dass er Alkoholiker war. Er versandete immer mehr, und nach zehn Jahren komplizierter Beziehung habe ich mich von ihm getrennt. Einige Jahre später starb er am Alkohol. Noch ging ich allerdings in Bethel in die Schule.

Ich war keine gute Schülerin, machte zu viel gleichzeitig: jede Woche Orgelunterricht, Klavierunterricht, Gesangsunterricht, mehrere Chorproben und regelmäßig Orgeldienst. Die Schule kam viel zu kurz. Ich schwankte immer zwischen dem Gefühl völliger Unfähigkeit und der Vorstellung: Ich kann das alles, wenn ich mich nur anstrenge. Aber gerade das gelang mir nicht. Ich war immer müde, hatte oft Kopfschmerzen, Magenschmerzen, konnte nicht schlafen, war außerdem ständig unglücklich verliebt. Meine Berufsfindungsprozesse waren ein Drama, die Ideen wechselten von Tag zu Tag, das Spektrum reichte von Hebamme bis Mannequin, von Bibliothekarin bis Musikerin, von Fürsorgerin bis zum Studium von Germanistik, Romanistik, Musikwissenschaft, Philosophie oder Psychologie. Ich war beim Abitur 1956 die Einzige, die nicht wusste, was sie werden wollte.

Es war meine Deutschlehrerin, die mir geholfen hat. Sie hat nicht nur meine Zerrissenheit gespürt, sie hat auch gemerkt, wie mich die ständige Sorge um meine Mutter in Abhängigkeit hielt. Ihr Rat lautete, ich müsse ganz frei werden, mich selbst ausbilden, mich innerlich und äußerlich von meiner Mutter lösen und auf ihren bemitleidenswerten Zustand keine Rücksicht nehmen. Sie ermutigte mich zu studieren, trotz aller Hindernisse und obwohl meine Mutter panische Angst vor dem Tag hatte, an dem ich von zu Hause weggehen würde. Die Entscheidung fiel mir nicht leicht. Um meine Mutter hatte ich zunehmend Angst. »Sicherlich kann ich ihr nicht helfen, wenn ich hier bliebe, aber ich könnte es verschlimmern, wenn ich weggehe.« Dass ich den Absprung trotzdem schaffte, habe ich nicht zuletzt dieser Lehrerin zu verdanken.

Der Auszug aus Bethel war tatsächlich eine große Befreiung. Die Anstalt war ein Schutzraum gewesen, aber auch ein Gefängnis. Freiburg, mein erster Studienort, erschien mir wie die ganze Welt und das Studium wie das Paradies. Ich wurde zwar nicht plötzlich zu einem anderen, unbeschwerten Menschen, aber niemand kontrollierte mich mehr. Ich kämpfte gegen die Selbstlähmungen und Erfahrungsmängel an und tat das, was ich mir vorher immer nur vorgestellt hatte.

In Bethel war mir etwa verboten gewesen, die Haare abzuschneiden. Da hatte ich mir heimlich die Haare an der Stirn abgerissen, um wenigstens einen Pony aufweisen zu können. Und weil ich natürlich keinen Stift hatte, um mir die Augenbrauen zu schminken, habe ich Streichhölzer angezündet und die Brauen mit der Kohle nachgezogen. Das war jetzt vorbei. In Freiburg habe ich mir die Haare gefärbt, knallrot, das war zu jener Zeit noch ziemlich ungewöhnlich. Als ich später etwas mehr Geld hatte, habe ich nur noch Stöckelschuhe getragen, so dass ich mit acht bis zehn Zentimeter hohen Absätzen zusätzlich zu meinen 1,78 Metern fast alle überragte. Enge Röcke nähte ich mir selbst – Hosen gab es für Frauen leider noch nicht. Die Kleidung war selbstverständlich vor allem schwarz, bis auf rote oder grüne Schuhe. Ich erschuf mich selbst als Bild, als Typ, wollte anders sein, anderes machen, anders aussehen, anderes gut finden als die meisten – und dafür möglichst kein Geld brauchen.

Ich lebte äußerst bescheiden von dem Geld, das ich in den Semesterferien in verschiedenen Fabriken und im Meinungsforschungsinstitut Emnid verdiente – 87 bis 93 Pfennig pro Stunde. Außerdem bekam ich jetzt eine staatliche Ausbildungsbeihilfe von 85 Mark, für die ich nach jedem Semester so genannte Fleißprüfungen ablegen musste. Ich ernährte mich überwiegend von Haferflocken und dem Mensa-Essen zu 35 Pfennig. Die öffentlichen Verkehrsmittel waren tabu, ich erledigte alles mit dem Fahrrad. Regnete es im Sommer, fuhr ich barfuß zur Universität und verstaute mein einziges Paar Schuhe auf dem Gepäckträger, damit es nicht nass wurde. Mein wichtigstes Kleidungsstück, im Winter wie im Sommer, war eine selbst gestrickte Jacke aus silbergrauem Mohair – deswegen wurde ich »Graue Dame« genannt.

Dass ich nicht in Kneipen oder Cafés gehen konnte, nicht ins Theater, nicht in Konzerte oder Opern, spielte angesichts der vielen anderen Möglichkeiten gar keine Rolle. Ich las in Bibliotheken oder im Park, ich hörte Vorlesungen in verschiedenen Fächern und schrieb akribisch mit, auch das, was ich nicht verstand. Ich hatte wieder Gesangsunterricht und war im Motettenchor der Musikhochschule. Ich hatte, bevor ich meinen Freund kennen lernte, viele hilfreiche Kumpelverhältnisse. Einer schenkte mir einen gebrauchten Plattenspieler und die ersten Platten – Monteverdi, Bartók, Chopin – und einen Tauchsieder. Mit einem anderen radelte ich an Wochenenden durch den Schwarzwald, mit dem nächsten fuhr ich mit dem Motorrad zum Kaiserstuhl, um Nachtigallen zu hören. Ein anderer erlaubte mir, ab und zu auf seinem Klavier zu üben. Auf den Teeabenden – geselligen Treffen von Professoren und Studenten am Ende eines jeden Semesters – habe ich öfter Chansons gesungen: »Illusionen ... sind das Schönste auf der Welt ... Illusionen sich verlohnen ohne Zweck und ohne Sinn, nur nicht denken, sich verschenken, denn wer weiß, wo ich schon morgen bin!« Oder Songs mit selbst gedichteten Texten auf die jeweiligen Professoren: »Schade, ach schade, alles nur Schein, jede Fassade fällt einmal ein.«

Nach anfänglichen Irrungen landete ich im Studiengang Psychologie, der damals noch neu und wenig festgelegt war. Schon als Anfängerin wagte ich kritische Einwände. Ein Professor gestand mir einmal nach einigen Gläsern Wein, meine Bemerkungen hätten ihn nicht nur einmal in Verlegenheit gebracht.

Geschadet hat mir die kritische Haltung nicht, es taten sich immer wieder neue Türen auf. Ich war leicht zu begeistern und ließ mich von verschiedensten Studieninhalten faszinieren. Nach dem Diplom wurde ich ermuntert zu promovieren, eine Aussicht, auf die ich selbst nicht gekommen wäre. Aber ich hatte eine Promotionsidee, und mit dieser erhielt ich ein Stipendium bei der Studienstiftung des Deutschen Volkes. Das war damals äußerst komfortabel, und so kam ich Schritt für Schritt vorwärts, ohne von besonderem Ehrgeiz getrieben oder von speziellen Berufszielen gezogen zu sein. Um mich herum herrschte Aufbruchstimmung, an Arbeitslosigkeit dachte niemand. Berufliche Selbstständigkeit war eine Selbstverständlichkeit. Mein Leben war im wörtlichen Sinne ungebunden, und ich fühlte mich vollkommen gleichberechtigt.

Nicht einmal meine Wirtinnen, bei denen ich, wie damals üblich, als Untermieterin in einem kleinen Zimmer wohnte, haben mich irgendwie eingeengt. Ich hatte häufig Männerbesuch, von Studienkollegen, später von meinem Freund, und nicht ein einziges Mal wurde das mit dem Verweis auf den Kuppeleiparagraphen untersagt. Dabei konnte ja bis 1969 noch bestraft werden, wer Gelegenheit zur »Unzucht« verschaffte. Meine Wirtinnen waren da eher großzügig, oft auch neugierig. Vor meinem Freund, einem höflichen und zurückhaltenden Menschen, der gut mit älteren Frauen umgehen konnte, hatten sie richtig Respekt und luden uns öfter zu Kaffee und Kuchen ein. Ich glaube, vieles war möglich, wenn man es selbstverständlich machte. Diese Selbstverständlichkeit habe ich damals als bewusstes Gegenprogramm zu meiner alten Schüchternheit entwickelt: ohne besondere Rücksicht auf herrschende Konventionen das zu tun und zu sagen, was ich für richtig hielt.

Für meine Schwester dagegen sind die fünfziger Jahre so restriktiv gewesen wie ihr Ruf. Sie bekam 1959 als Junglehrerin im Sauerland ein uneheliches Kind. Meine Mutter unterstützte sie trotz anfänglichen Entsetzens, trotz Abwendung eines großen Teils der Verwandtschaft und riesiger Vorbehalte seitens der Umwelt. Sie zog zu ihr und blühte mit der neuen Aufgabe bald richtig auf. Meine Schwester hatte sich das Kind gewünscht, konnte aber mit dem Erzeuger nicht zusammenleben. Er war verheiratet. Für ihr Umfeld war das Kind ein nachhaltiger Fehltritt. Die Schulleitung leitete ein Disziplinarverfahren ein. Meine Schwester wurde in die nächste Großstadt versetzt mit der Auflage, so entfernt wie möglich von der zugeteilten Schule zu wohnen, damit die Schüler ihr nie mit dem Kind begegnen könnten. Als sie sich anfangs an einen Pfarrer um Hilfe bei der Suche nach einer Tagesmutter wandte, wurde sie abgewiesen: »Im Prinzip helfen wir berufstätigen Frauen bei der Kinderbetreuung gern, aber nicht im Fall eines unehelichen Kindes. Dafür ist die Kirche nicht da.« Sie erfuhr immer wieder Diskriminierungen als ledige Mutter, lebte im Bewusstsein des Ausgegrenztseins, wenn auch mit Stolz auf ihren Mut. Wie sich erst Jahrzehnte später anhand vergessener Briefe herausstellte, war die Diskriminierung allerdings weniger durchgängig, als es sich in ihrer Erinnerung festgesetzt hatte. Eine Nachbarin aus Bethel hatte ihr zum Beispiel geschrieben: »Sie sind jetzt allein verantwortlich – welch eine Würdigung!«. Und der Betheler Gemeindepfarrer hatte ihr in einem vierseitigen, handgeschriebenen Brief in warmherzigen Worten zur Geburt ihres Sohnes gratuliert: »Es gibt nichts Schöneres als ein neues Kind« und seine Hilfe angeboten. Warum hat meine Schwester diese positiven Reaktionen vergessen? Wäre ihr Leben vielleicht anders verlaufen, wenn sie solche Stimmen wahrgenommen hätte?

Politik hat mich in den fünfziger Jahren wenig interessiert. Ihr haftete noch der Geruch eines schmutzigen Geschäfts an, dem ich mit Misstrauen begegnete. Ich hielt zwar die Umerziehungsprogramme der amerikanischen Besatzung für wegweisend und beneidete alle Austauschschüler und -studenten, die zu einem USA-Aufenthalt reisen konnten. Aber »Demokratie« war für mich noch ein ziemlich leeres Wort. Das wichtigste Wort war »Freiheit«. Ich war fasziniert von existentialistischen Ideen, von der Vorstellung, dass man sich von Wurzeln und Herkünften selbst entbinden kann, dass man neu anfangen und handeln kann und dafür die volle Verantwortung übernehmen muss. Das heißt natürlich nicht, dass die Fähigkeiten der »Selbsterschaffung« unbegrenzt sind. Aber die Freiheitsidee macht Möglichkeiten sichtbar, die verstellt bleiben, wenn man sich in erster Linie von unterdrückenden Verhältnissen determiniert und als Opfer äußerer Mächte sieht.

Seit 1962 arbeitete ich in West-Berlin als Assistentin, dann als Assistenz-Professorin am Psychologischen Institut und schließlich als Professorin im Fachbereich Erziehungswissenschaften der Technischen Universität. Meine Politisierung entzündete sich am eigenen Arbeitsbereich. Es war die Kritik am mangelnden Gesellschaftsbezug der damaligen Psychologie, durch den die Probleme der einzelnen Menschen immer wieder im psychischen Mikrokosmos gefangen blieben.

Mein Freiheitsverständnis war weder antikommunistisch noch kommunistisch und fand sich weder im konservativen Slogan »Freiheit statt Sozialismus« wieder noch im linken »Lieber rot als tot«. Das Studium marxistischer Klassiker weckte zwar Sympathie für die sozialistische Idee, aber meine Sympathie für die DDR blieb verhalten. Den enttäuschenden und bedrückenden Erfahrungen, die sich auf den Transitstrecken und bei privaten Besuchen regelmäßig wiederholten, wollte ich damals jedoch nicht wirklich nachgehen, denn mit dem Ergebnis wäre man sofort auf die rechte Seite des Politiksystems katapultiert worden.

Mit einigen Kadern der kommunistischen Studentenorganisationen war ich anfangs noch befreundet. Aber meine Distanz wuchs, je dogmatischer und floskelhafter ihr Auftreten wurde. Es waren Nötigungen, Einschüchterungen und Totschlagargumente, eine Ideologieversessenheit, die nur eine Richtung des Denkens gestattete, eine Faschismuskritik, die schließlich Gewalt gegen das »System« rechtfertigten sollte.

Das war nicht das, was ich wollte.

Ich schloss mich der Frauenbewegung an und gründete Mitte der siebziger Jahre den Studienschwerpunkt »Frauenforschung«, der zu einem Sprachrohr vielfältiger Proteste und zu einem feministischen Sammelpunkt wurde. Dabei ging es nicht um Geschlechterbiologie, sondern um eine umfassende Gewaltkritik.

Die feministische Kritik am Ausschluss der Frauen und die Überzeugung von ihrem nicht realisierten Potential provozierte einen ungeahnten Diskussions- und Arbeitseifer, auch heftige Kontroversen, ein Themenspektrum, das geradezu unendlich war. Es war eine euphorisierende Erfahrung von Selbstermächtigung und Mut, die Erfahrung, dass man selbst Initiative ergreifen und mit anderen handeln kann. Viele sagen im Nachhinein: »Das war die lebendigste Zeit meines Lebens.«

Die Wende 1989 brachte dann noch einmal eine deutliche Zäsur. Viele Studierende kamen jetzt aus der DDR, und es stellte sich schnell heraus, dass die meisten von ihnen mit dem Feminismus nicht viel anfangen konnten. »In der DDR hatten wir Gleichberechtigung«, hieß es immer. Dass es im Feminismus um viel mehr ging, war schwer zu vermitteln. Ich fand es falsch, ihnen »unsere« Positionen einfach vorzusetzen, und suchte nach einem Weg, gleichberechtigt an einem Stoff zu arbeiten, der für beide Seiten herausfordernd und neu war. Das führte zu einer jahrelangen Beschäftigung mit dem Thema Dialog und zum Studium der Werke von Hannah Arendt.

Hannah Arendts Art des Denkens, ihre Analyse des Totalitarismus, ihre Beschreibung des banal Bösen, ihr Bestehen auf der Pluralität als Grundlage des Politischen, ihr »Denken ohne Geländer« – das alles waren und sind für mich Inspirationsquellen, Neuanfänge, die mit Brüchen verbunden sind, mit der Verabschiedung festgefahrener Positionen und falscher Beheimatungen. Arendts Denken ist das Glück, die Engen im Kopf erweitern und den Horizont öffnen zu können – und das Glück, die Gedanken mit anderen zu teilen.

Meine Mutter hat mich so lange vorbehaltlos unterstützt, wie mein Weg ihrem traditionellen Lebenskonzept noch nicht direkt widersprach. Das Psychologiestudium hat sie akzeptiert, ebenfalls meinen Freund. Erst als ich Anfang der siebziger Jahre die Konventionen deutlich überschritt, aus einer kurzen Ehe ausbrach, zur alleinerziehenden Mutter wurde und mein Erfolg an der Universität sich abzeichnete, begann ein großes Schweigen. Das höchste Ziel meiner Mutter war gewesen, dass ihre Töchter einen angesehenen Mann heiraten, Kinder kriegen und die Familie an die erste Stelle setzen – Berufstätigkeit erschien ihr wohl doch nur als Mittel zum Zweck. Dass ich Professorin wurde und mich zunehmend öffentlich engagierte, hat sie vor ihren Bekannten immer verschwiegen, ihr war das eher peinlich. Bis zuletzt hat sie hartnäckig übergangen, worum es mir in meiner Arbeit ging, obwohl ich ihr darüber immer berichtet und jede Woche zwei Mal geschrieben habe. Worüber ich nachdachte, welche Projekte ich startete, welche Bücher oder Artikel ich publizierte, das hat sie alles ignoriert. Ihre einzigen Fragen betrafen meinen Sohn, ihren Enkel. Ich aber, ihre Tochter, war ihr irgendwie abhandengekommen. Meine Lebensentscheidungen lehnte sie ab, sie muss sie abwegig gefunden haben, vielleicht hat sie sie auch auf ein Erziehungsversagen ihrer selbst zurückgeführt.

Es ist ein wunder Punkt geblieben. Ich habe zwar oft versucht, aber es nicht geschafft, mich mit ihr zu verständigen. Die Beziehung zu ihr fand dann aber noch ein schönes, versöhnliches Ende. Kurz vor ihrem Tod 2001 war ich in Polen und habe zum ersten Mal meinen Geburtsort besucht. Ich hatte ein eigenartiges Vorgefühl, wollte

27

die Reise auf keinen Fall verschieben. Denn ich wollte Fotos machen, um sie meiner Mutter zu zeigen und ihr etwas aus Neuwedell zu erzählen, wo sie ja die schönste Zeit ihres Lebens verbracht hatte. Mit dem polnischen Priester konnte ich mich sprachlich zwar nicht verständigen. Aber er verstand, wer ich war, als ich ihm ein Foto zeigte, auf dem ich als kleines Mädchen vor dem Pfarrhaus zu sehen war. Er war sehr nett und führte mich durch das Haus und die Kirche. Am nächsten Morgen beim Gottesdienst war die Kirche überfüllt, die Menschen standen noch in Trauben vor der Tür.

Ich habe das alles fotografiert, das Pfarrhaus, den Garten, die Bäume, den See, die Kirche, den verkürzten Kirchturm, die neuen Glocken. Und kam zurück und meine Mutter lebte noch einmal auf, als sie die Bilder sah, und hat immer wiederholt: Ach, das ist ja so schön, dass es da noch Leben gibt. Ist ja egal, wenn die jetzt katholisch sind, ist ja egal. Hauptsache, da sind noch Menschen, und ihnen geht es gut.

Ein paar Tage später ist sie gestorben.

FRAU, EHE UND FAMILIE

D as schaffen wir auch noch.« Dieser Satz der Mutter hat sich der zehnjährigen Bärbel tief eingeprägt, auch wenn die Umstände eher banal waren. Eine Steckdose führte keinen Strom mehr. Da drehte die Mutter eine Sicherung heraus, entfernte die kleinen Schrauben im Innern der Dose, zog den Kabelträger aus dem Putz, befreite einen Draht, der sich gelöst hatte, ein weiteres Stück von seiner Isolierung und schob ihn zurück in den Kabelträger. Seit dieser Reparatur ist Bärbel der festen Überzeugung, dass Frauen fast alles können, wenn sie es mit der nötigen Umsicht angehen.

Bärbel bewunderte ihre starke und entschlossene Mutter. Vor den Bombenangriffen in Berlin hatte sie die beiden Töchter in Ostpreußen in Sicherheit gebracht; vor den anrückenden Sowjets war sie mit ihnen wieder Richtung Westen geflohen. Sie hatte einige Monate Zwangsarbeit durchgehalten, nachdem ihr Treck in Pommern von der Sowjetarmee überrannt worden war (von ihrer Vergewaltigung erfuhr Bärbel erst viel später), und hatte, obwohl durch Fleckfieber völlig entkräftet, die Kinder im Dezember 1945 wieder heil in die Wohnung nach Berlin zurückgebracht.

Da war ihr Mann, ein Huf- und Wagenschmied aus Westpreußen, bereits vollständig erblindet. Das erste Auge hatte er vor dem Krieg durch einen Splitter bei der Arbeit verloren. Das zweite Auge verlor er nach dem Krieg, als er bei Bergungsarbeiten auf eine Mine trat. Bärbel stieß nach der Rückkehr aus Ostpreußen auf einen Vater, der mit seinem Schicksal haderte, weil er die Verantwortung als Familienoberhaupt hatte abtreten müssen. Es war seine Frau, die hamstern und stoppeln ging, als die Familie am Verhungern war, während ihr Mann im Bett lag, um Kalorien zu sparen. Es war seine Frau, die bei Wind und Wetter als Verkäuferin an einem Obststand ausharrte, während er sich von Bärbel führen lassen musste, um ihr die warme Suppe zu bringen, die sie selbst vor Arbeitsbeginn gekocht hatte.

Allein war er zu fast nichts mehr imstande. »Bärbel, scheint die Sonne noch? Passen die Socken zueinander? Wo liegt meine Jacke?« Bärbel, gerade einmal zehn, zwölf Jahre alt, las ihm die Rentenbescheide vor, zwei, auch drei Mal, weil er sich den Inhalt nicht merken konnte. Bärbel schrieb die Antwortbriefe an die Behörden, obwohl sie manchmal einen ganzen Tag lang an einem Satz herumbastelte. Bärbel führte den Vater zum Arzt, zum Blindenverein, und sie führte ihn bis vor die Wohnungstüren seiner Geliebten.

»Warum lässt du dich nicht scheiden«, fragte Bärbel die Mutter. Doch eine gläubige Katholikin ließ sich nicht von einem blinden Mann scheiden. Glücklicherweise, sagte sie später einmal, habe er es nur mit »soliden« Frauen getrieben, die es nicht auf seine Versehrtenrente abgesehen, sondern von der eigenen Kriegerwitwenrente gelebt hätten. Wütend wurde die Mutter nur, wenn sich das Verhalten ihres Mannes gegen die Töchter richtete. Als sie von einer Hamsterfahrt einmal früher als erwartet nach Hause zurückkehrte, sah sie ihn mit eigenartig hüpfenden Bewegungen in der Küche umherlaufen. Er hatte, als sich der Schlüssel in der Wohnungstür drehte, blitzschnell heiße Kartoffeln in die Hosentaschen gleiten lassen. Was für alle gedacht war, sollte eine Mahlzeit nur für ihn werden. Seit diesem Vorfall wusste Bärbel: Wenn Menschen wirklich darben, hört die Solidarität selbst in der Familie auf.

Sie schämte sich für diesen Vater, der seine Frau betrog und umso aggressiver und gemeiner wurde, je hilfloser er sich fühlte. Andere Familien in der Nachbarschaft besaßen Mitte der 1950er Jahre bereits einen Fernseher, doch Bärbels Vater lehnte den Kauf ab: Ich sehe ja sowieso nichts. Er weigerte sich auch, die Stromrechnung zu bezahlen: Ich verbrauche keinen Strom. Um zu zeigen, dass er sich trotz Blindheit nicht hintergehen ließ, sann er auf immer raffiniertere Methoden der Kontrolle. Wenn Bärbel sich abends mucksmäuschenstill in eine Ecke der Wohnung zurückzog, um nicht von ihm in

Dienst genommen zu werden, kontrollierte er die Glühbirnen: Wenn sie heiß waren, wusste er, dass Licht brannte.

Bärbel war oft wütend auf ihn, manchmal hasste sie ihn geradezu. Doch wenn er sich durch das Zimmer tastete, stieg wieder Mitleid in ihr auf. Wir lassen ihn nicht in sein Unglück laufen, hatte sie sich mit ihrer Schwester geschworen. Wir lassen ihn nicht allein in der Stadt zurück, wir verschweigen ihm auch nicht, wenn er oben vor einer Treppe steht. Allein gelassen, verirrte und verletzte er sich. Nicht selten sah Bärbel ihn mit blauen Flecken oder Platzwunden am Kopf, weil er in der Wohnung gegen eine Schranktür gelaufen oder über eine Tasche gestolpert war.

Glücklicherweise entspannte sich die Situation Mitte der fünfziger Jahre. Bärbels Vater wurde als Kriegsopfer anerkannt, erhielt eine Versehrtenrente in der Höhe eines Handwerkerlohns und einen Blindenhund. Die Mutter konnte zu Hause bleiben, Bärbel der Familie entfliehen und ein Studium aufnehmen. Im Rückblick erscheint ihr die Lage schwieriger als damals: »Damals hatten wir nicht das Gefühl, dass es uns besonders schlecht ging. Millionen anderer Haushalte lebten unter ähnlich schwierigen Familienverhältnissen.«[1]

Zwölf Millionen Flüchtlinge und Millionen von Ausgebombten lebten damals in Restdeutschland auf engstem Raum. Fast jede Großfamilie hatte Verluste zu beklagen. 3,25 Millionen Soldaten waren gefallen, 1,21 Millionen kamen noch in der Gefangenschaft um. Die elf Millionen Kriegsgefangenen kehrten erst allmählich zu ihren Familien zurück – die letzten nach Adenauers Intervention in Moskau 1955. Rund 750 000 Schwerversehrte waren zudem von Versorgern zu Versorgten geworden, und unter jenen, die den Krieg äußerlich heil überstanden hatten, hatten viele Schaden in ihren Seelen genommen. Sie schreckten nachts aus den immer gleichen Alpträumen hoch, wurden apathisch, depressiv, lebensuntüchtig. Besonders unter den Spätheimkehrern, die jahrelang gehungert und schwere Arbeiten verrichtet hatten, blieben viele reizbar, egozentrisch, unfähig zum Dialog, selbst wenn sie – nach der häufigen Diagnose von Dystrophie – körperlich wieder aufgepäppelt waren.

Der Gedanke an ihre Liebsten hätte sie am Leben erhalten, so sagten fast alle Soldaten und Spätheimkehrer nach der Rückkehr. Das Heim hatte ihre Hoffnung auf eine liebevolle, ordentliche, geschützte Aufnahme symbolisiert. Umso größer war die Enttäuschung, wenn sie nach Jahren der Abwesenheit nicht mehr die Frauen vorfanden, die sie verlassen hatten.

»Ja, wir haben Haare auf die Zähne gekriegt«, bekannte eine Frau in einem Brief an ihren Mann, »und ich gebe mich da keinen Illusionen hin, so schwer es jetzt auch für uns beide ist, das Bitterste steht uns noch bevor, wenn wir uns wieder zusammenbeißen müssen.«[2] Sie merke, notierte eine Berlinerin 1945 in ihrem Tagebuch, »dass sich mein Gefühl, das Gefühl aller Frauen den Männern gegenüber ändert. Sie tun uns leid, erscheinen uns so kümmerlich und kraftlos. Die männerbeherrschte Nazi-Welt wankt – und mit ihr der Mythos ›Mann‹. Am Ende dieses Krieges steht neben vielen anderen Niederlagen auch die Niederlage der Männer als Geschlecht.«[3]

Manche Männer fühlten sich nicht nur verachtet, sondern auch angeklagt. Die 1943 geborene Journalistin und Schriftstellerin Elke Heidenreich erinnerte sich »an einen entsetzlichen Streit zwischen meinen Eltern, der damit endete, dass meine Mutter meinen Vater kalt ansah und sagte: Spiel dich nicht so auf. Letzten Endes bist du nichts anderes als alle anderen auch – ein Mörder. Mit diesem Satz muss sie eine Mauer eingerissen haben, die er zum Schutz um sich herum aufgebaut hatte. Damals fing er an zu trinken und legte sich die beiden Freundinnen zu. Das war der Anfang vom Ende unserer Familie.«

In Ehen wie dieser kämpften die Frauen nicht mehr um die Männer; sie duldeten die Geliebten und hatten noch einen Grund für Spott. Wenn Elke Heidenreichs Vater nachts wegblieb, weil er angeblich bei seinem Bruder Walter oder Otto übernachtete, pflegte seine Frau nur höhnisch anzumerken: »Sag Walter, er soll weniger Parfum auftragen. Du stinkst entsetzlich, wenn du von dort kommst. Oder: Vergiss nicht, für Otto die Seidenwäsche mitzunehmen, die ich in deinem Schrank gesehen habe.«[4]

Einige Frauen lebten bei der Rückkehr ihrer Ehemänner bereits mit anderen Männern zusammen, weil sie die Angetrauten für tot gehalten oder sich während deren langer Abwesenheit neu verliebt hatten. Oftmals erwiesen sich nicht einmal gemeinsame Kinder als Kitt; Söhne und Töchter hatten kaum Erinnerungen an ihre leiblichen Väter und fremdelten, wenn sie zurückkehrten. Besonders häufig desillusioniert waren Paare, deren Ehen erst während des Krieges geschlossen worden waren. Die Ehepartner hatten nie einen gemeinsamen Alltag bewältigt und nicht gelernt, mit Krisen umzugehen.

»Es wäre müßig«, hieß es Ende 1950 im *Rheinischen Merkur*, »auf der einen oder anderen Seite nach der Schuld zu suchen ... Man kann nicht da fortfahren, wo man vor vier bis acht Jahren aufhörte – ja, man kann nicht einmal ›von vorn‹ anfangen. Zwei Menschen, zwischen denen ›der Stacheldraht‹ stand, können einander fremder sein, als da sie sich zum ersten Mal begegneten.«[5]

Den Männern fehlten oft die Kraft und das Selbstvertrauen, um sich als Familienoberhaupt neue Anerkennung zu verschaffen; vielen Frauen machte die neue Selbstständigkeit erneute Unterordnung schwer, wenn nicht unmöglich. Hatten Scheidungen schon 1939 mit 8,9 auf 10 000 Einwohner einen sehr hohen Stand erreicht, so schnellte diese Zahl bis 1948 in den Westzonen mit 18,8 noch einmal auf über das Doppelte hoch: Allein in diesem Jahr gingen 87 013 Paare auseinander. Noch 1950 blieb die Scheidungsrate mit 16,9 auf einem hohen Niveau und sank erst bis Mitte der fünfziger Jahre etwa auf den Stand von 1939.[6]

Meistens waren es die Frauen, die sich von ihren Männern trennten, obwohl die Chance auf eine neue Ehe äußerst gering war. Deutschland war zum »Land der Frauen« geworden. Es herrschte, wie es allgemein hieß, ein »Frauenüberschuss«. »Welch ein hässliches Wort«, empörte sich die Autorin Helga Prollius in der *Constanze*. »Und welch noch hässlichere Bedeutung! Ein Wort, das ... nichts mehr und nichts weniger bezeichnet als eine Ware, und zwar als eine Ware, die über-schüssig und in letzter Folge über-flüssig ist.

Eine Ware, die nicht gebraucht und nicht ›an den Mann‹ gebracht werden kann.«[7]

Die Ämter registrierten rund 1,2 Millionen Kriegerwitwen,[8] andere Frauen waren als Verlobte oder Freundinnen zurückgeblieben. Bei der ersten, im Oktober 1946 durchgeführten Volkszählung kamen in Ost- und Westdeutschland auf 100 Männer 126 Frauen, in Groß-Berlin waren es sogar 146 Frauen auf 100 Männer. Vier Jahre später, als die meisten Männer aus der Kriegsgefangenschaft zurückgekehrt waren, wurden in der Bundesrepublik auf 100 Männer im Alter zwischen 25 und 40 immer noch 130 Frauen gezählt.[9] Während gerade einmal 3,4 Prozent der Männer verwitwet waren, machten verwitwete Frauen zwölf Prozent der Bevölkerung aus.[10]

An die Stelle der traditionellen Familie traten vielerorts aus Not geborene Gemeinschaften von jungen Frauen mit Müttern, Tanten, Onkeln, Großmüttern und Großvätern, von Kriegerwitwen und ihren Kindern mit den Familien von Brüdern und Schwestern oder auch ganz einfach von verwitweten Frauen mit ihren Kindern. Zwei Drittel der Bewohner Westdeutschlands, so die Soziologin Regina Bohne, lebten in »mehrschichtigen Familienverbänden«.

Die Familie, konstatierte 1953 der Soziologe Helmut Schelsky, sei durch die Kriegs- und Nachkriegsereignisse in eine »außergewöhnliche Gefährdung« hineingeraten, »die ernsthafteste, der die Familie seit langem in unserer Sozialgeschichte ausgesetzt war«.[11] Umso größer wurde der ideologische Druck, dieser »Urzelle der Gemeinschaft unseres Volkes« wieder Geltung zu verschaffen.

Es bedürfe wohl keiner Versicherung, erklärte Konrad Adenauer bei seinem Regierungsantritt 1949, »dass wir fest und entschieden gegenüber allen entgegengesetzten Tendenzen auf dem Boden des Artikels 6 des Grundgesetzes stehen, in dem es heißt: Ehe und Familie stehen unter dem besonderen Schutz der staatlichen Ordnung.«

Die propagierte patriarchalische »Normalfamilie« bestand aus einem erwerbstätigen Mann als Familienoberhaupt, einer Frau in der Funktion als Hausfrau und Mutter sowie mindestens zwei gemeinsamen Kindern. Innerhalb der Familie galt die patriarchale Autorität. Der Ehename war automatisch der des Mannes, der Mann konnte über die Berufstätigkeit der Frau entscheiden, die gesetzliche Vertretung der Kinder lag allein in seinen Händen.

Wenn sich diese juristischen Bestimmungen noch einige Jahre lang halten konnten, obwohl sie im Widerspruch zum Grundgesetz standen, und wenn Westdeutschland strukturell und mental noch einmal zum Status quo ante zurückkehrte, zu »Sittlichkeit« und »Anstand«, zu einer »natürlichen Ordnung von Ehe und Familie«, wie sie angeblich das Leben selbst mit der patriarchalisch geprägten Kleinfamilie entwickelt hätte,[12] lag das nicht zuletzt an ideologischen Kämpfern wie Franz-Josef Wuermeling. Im ersten bundesdeutschen Parlament Leiter der »Kampftruppe für die Familie« innerhalb der CDU/CSU-Fraktion, 1953 bis 1962 Leiter des neu geschaffenen Ministeriums für Familienfragen, wurde er ein vehementer »Advokat und Schutzpatron der deutschen Familie«.

Dem fünffachen Vater und gläubigen Katholiken war das Amt des Familienministers wie auf den Leib geschneidert. Zwar blieb die Gewährung von Kindergeld, Fahrpreisermäßigungen für kinderreiche Familien oder die Förderung des Familieneigenheimbaus letztlich einzelnen Ressorts wie dem Innen-, Finanz- oder Wohnungsbauministerium vorbehalten. Aber Wuermeling, der begabte Redner und dickköpfige, auch sprunghafte Politiker, warb in der Öffentlichkeit für die weltanschaulichen Grundlagen seiner Familienpolitik, verteilte moralische Zensuren und übte politischen Druck in seiner Fraktion wie im Parlament aus.

Für Mutterwirken, erklärte Wuermeling, gebe es keinen vollwertigen Ersatz. Familienbeihilfen sollten die Frau im Haus halten, fehlende Kindergärten es ihnen erschweren, erwerbstätig zu werden. Im Mai 1955 hatten die Frauen mit 33,6 Prozent noch nicht wieder den Anteil unter den Beschäftigten erreicht wie 1939. Zwar verursachte der wirtschaftliche Aufschwung einen Sog in die Betriebe. Doch Frauenarbeit war unattraktiv; der durchschnittliche Bruttolohn lag in der ersten Hälfte der fünfziger Jahre um 35 bis 38,5 Prozent unter dem der Männer.[13] In der Bundesrepublik sollte die Frau ihren Platz am Herd und nicht wie in der DDR an der Werkbank finden. Denn eine Berufstätigkeit, so Wuermeling, führe zu einer »brutalen Sowjetisierung der Frau«; eine Familie, in der sich die Frau auf ihre Rolle als Ehefrau und Mutter beschränke, sei somit das »stärkste Bollwerk der persönlichen Freiheit« im »Kampf gegen den Kollektivismus«. So ließ sich die Familienpolitik sogar im Kalten Krieg instrumentalisieren.

Als treuester Verbündeter stand Wuermeling die katholische Kirche zur Seite, die mit der innerfamiliären Entscheidungsgewalt des Mannes die »natürliche Eheordnung« verteidigte und seine Vorstellung von der Unauflöslichkeit der Ehe stützte (was 1961 dazu führte, dass Scheidungen erschwert wurden). Mitstreiter fanden sich auch unter Medizinern, Pädagogen, Soziologen und Theologen. So gab es Ärzte, die die Erwerbsarbeit bei Frauen für gesundheitsschädigend erklärten und aufgrund der Doppelbelastung vor Frühinvalidität warnten. Es gab Politiker, die die so genannte Zölibatsklausel verteidigten, wonach das Arbeitsverhältnis von Frauen in der Privatwirtschaft wie im Staatsdienst mit der Eheschließung beendet werden konnte – erst 1957 erklärte das Bundesarbeitsgericht diese Regelung für verfassungswidrig. Es gab Fußballfunktionäre, die den DFB-Vereinen 1955 unter Strafandrohung verboten, Frauen Fußball spielen zu lassen: »Im Kampf um den Ball verschwindet die weibliche Anmut, Körper und Seele erleiden unweigerlich Schaden, und das Zurschaustellen des Körpers verletzt Schicklichkeit und Anstand.«[14]

Die juristische und tatsächliche Gleichberechtigung war nur gegen massive Widerstände durchzusetzen. In Anlehnung an die Weimarer Verfassung hatte die Mehrheit der »Verfassungsväter« für das Bonner Grundgesetz zunächst die Formulierung vorgeschlagen: »Männer und Frauen haben dieselben staatsbürgerlichen Rechte und Pflichten«, was die Gleichberechtigung im Arbeitsleben und in der Familie ausgeklammert hätte. Doch glücklicherweise setzte die sozialdemokratische Juristin Elisabeth Selbert mit großer Verve und politischem wie juristischem Sachverstand in zweiter Lesung die schließlich akzeptierte Formulierung »Männer und Frauen sind

... *und am siebten Tage sollst du ruhen. Die Arbeitswoche reichte bis Sams-*
tagmittag. Danach mussten Haus und Garten gewischt beziehungsweise ge-
harkt werden und ein Familienmitglied nach dem anderen in die Zinkbade-
wanne steigen. Erst der Sonntag brachte Entspannung: Nach Kirchgang und
Sonntagsbraten ging es zum Kaffee hinaus ins Grüne.

gleichberechtigt« durch, wie sie der Art. 3 Abs. 2 des Grundgesetzes seitdem festschreibt.

»Ich hatte gesiegt«, erklärte Elisabeth Selbert in einem Vortrag 1978, »und ich weiß nicht, ob ich Ihnen das Gefühl beschreiben kann, das ich in diesem Augenblick gehabt habe. Ich hatte einen Zipfel der Macht in meiner Hand gehabt, und diesen Zipfel der Macht, den habe ich ausgenützt, aber auch in voller Tiefe, in aller Tiefe, in aller Weite, die mir theoretisch zur Verfügung stand. Und es war die Sternstunde meines Lebens, als die Gleichberechtigung der Frau damit zur Annahme kam.«[15]

Die Anpassung an die nun im Grundgesetz verankerte Gleichberechtigung in die übrige Gesetzgebung zog sich allerdings über viele Jahre hin. Bastionen der männlichen Vorherrschaft wie das »Letztentscheidungsrecht« wurden erst 1957 endgültig abgeschafft. Künftig brauchten die Frauen nicht mehr die Erlaubnis des Mannes einzuholen, wenn sie politisch tätig sein, ein Konto einrichten, den Führerschein machen oder über das Vermögen verfügen wollten, das sie selbst mit in die Ehe gebracht hatten. Der Mann besaß auch nicht mehr das Recht, ein Dienstverhältnis seiner Frau fristlos zu kündigen.

Zwei Jahre später verkündete Erna Scheffler, die in der NS-Zeit als Halbjüdin aus dem Richteramt entlassen und 1951 als einzige Frau in das Bundesverfassungsgericht berufen worden war, dass auch der sogenannte Stichentscheid[16] ungesetzlich sei, der bis dahin in Streitfragen der Erziehung die endgültige Entscheidung dem Vater zugesprochen hatte.

Im Alltag blieb für die meisten Männer die patriarchale Autorität allerdings genauso selbstverständlich wie für die Mehrheit der Frauen, die die Verantwortung nach Kriegs- und Nachkriegsjahren schließlich doch nicht ungern wieder an die Männer abgetreten hatten. Frauen wählten mehrheitlich konservativ. 58,5 Prozent der CDU-Wähler waren bei der Bundestagswahl 1953 weiblich. Und da es mehr weibliche Wahlberechtigte gab, hatte die CDU bei einem Gesamtstimmenanteil von 43,6 Prozent einen weiblichen Stimmenüberhang von 2,2 Millionen.[17] Eine wenn auch untergeordnete Rolle innerhalb einer traditionellen Kleinfamilie erschien den meisten Frauen offensichtlich attraktiver als eine Existenz im Heer der »überzähligen« Frauen – der geächteten Geschiedenen, der bemitleideten und gemiedenen Kriegerwitwen oder der jungen Ledigen.

Die »überzähligen« Frauen wirkten wie ein Stachel im Fleisch der Gesellschaft, zumal wenn sie im gebärfähigen Alter waren. Allein durch ihre Existenz sprengten sie das Projekt von Sittlichkeit und Anstand, das auf die »Normalfamilie« festlegte. »*Sie* sind es, die den Krieg mit ihrer Ehelosigkeit zu bezahlen haben«, schrieb die Publizistin Regina Bohne Ende der fünfziger Jahre, »denn für sie wachsen keine Männer mehr nach! Die nachwachsenden Männer sind jünger und fallen in der Regel als möglicher Ehemann dieser Frauen aus.«[18]

Wenn »überzählige« Frauen nicht auf Sexualität oder auf Kinder verzichten wollten, mussten sie Verhältnisse mit verheirateten Männern eingehen. Sie waren eine permanente, als Bedrohung empfundene Konkurrenz für die Ehefrauen und wurden möglichst an den gesellschaftlichen Rand gedrängt. »Die Ehefrauen der Männer, mit denen ich beruflich zu tun habe, sind eifersüchtig darauf bedacht, die Kollegin ihres Mannes ja nicht gesellschaftlich heranzuziehen, wenn diese unverheiratet ist oder wenn sie keinen Freund hat, der mit eingeladen werden kann.«[19] Es kamen tatsächlich auffällig viele uneheliche Kinder zur Welt. Mit der Schande dieses »Fehltritts« belastete die patriarchalisch denkende Gesellschaft aber fast ausschließlich die Frauen.

Es gebe für die »überzähligen« Frauen drei Möglichkeiten, behauptete ein Autor zynisch: Sie könnten – erstens – »verbittern und dann höchstens noch ihre unfruchtbare Armheit genießen«; sie könnten – zweitens – »erraffen (!), was zu erraffen ist und sich schadlos zu halten suchen, so gut es geht«; sie könnten sich aber auch »über ihr scheinbar blind gefälltes Geschick sehend erheben und in der Annahme dieses Geschicks die Bitternis des verlangenden Herzens in die Süßigkeit echter Überwindung verkehren«.[20]

Es gab also nur schlechte Lösungen.

»Ich glaube es keiner Frau in meinem Alter«, erklärte eine 44-jährige Mutter einer 14-jährigen Tochter, »wenn sie behauptet, sie wolle nicht wieder heiraten. Das ist ein Selbstbetrug. Ich selber würde es nicht von mir behaupten. Die Einsamkeit nach der Bürozeit ist trotz des Kindes oft groß; ich brauche im Grunde den Partner, brauche Schutz und Anlehnung. Die Freiheit, in der ich zu leben gezwungen bin, habe ich mir nicht gesucht; aber ich muss gestehen, dass ich heute gar keine Ausschau mehr nach einem Mann halte …, ich denke tatsächlich nicht daran, um es mir nicht schwer zu machen.«[21]

Einigen gelang es immerhin, Ablenkung, vielleicht sogar Befriedigung im neuen oder alten Beruf zu finden und eigenen Interessen nachzugehen. Mit Anerkennung seitens der Gesellschaft konnten hingegen nur jene rechnen, die sich bis ans Ende ihres Lebens als »tapfere Teilhaberin des Lebensopfers ihres Mannes« und »glaubwürdige Hüterin seines geistigen und sittlichen Vermächtnisses« verstanden: »Wenn in ihrem Gemüte, der wahren Familiengruft, der geliebte Tote geistig weilt bis zum Wiedersehen«,[22] wenn Witwen die Bereitschaft zum »allmählichen Mitsterben«[23] entwickelten und aufgrund der nie geheilten Wunde des Verlustes völlig unempfindlich geworden waren für das andere Geschlecht, für ihre weiblichen, auch sexuellen Bedürfnisse, also einen Teil des Frauseins abgespalten hatten. »Von dieser stillen Tapferkeit alleinstehender Frauen und Mütter wäre ein hohes Lied zu singen gewesen, das noch heute viele Zeitungsspalten füllen könnte … als Beispiel von Entsagungskraft und Lebensmut«, lobte der Chefredakteur der Zeitung des Verbandes der Kriegsbeschädigten (VdK) 1957.

Es gab nicht wenige Frauen, die eben dieses Entsagen verinnerlicht hatten. Anfang der fünfziger Jahre, so erinnerte sich der Journalist Thorsten Fuchs, habe ein stattlicher Witwer seiner Großmutter Avancen gemacht. Doch sie wies ihn ab. »Es schien, als habe sie einen Schwur zu erfüllen, als dürfe es nie wieder einen Mann für sie geben, nicht nach ihrem Heinz. Als würde sie ihm nachträglich untreu werden, wenn sie nun einen anderen erhörte … Noch Jahrzehnte später erzählte sie auf Familienfeiern zu späterer Stunde von Heinz' letztem

Schön wollten sie sein, die jungen Frauen, und verführerisch wie Gina Lollo-
brigida, Marylin Monroe oder Grace Kelly. Mit engen Taillen und weit
schwingenden Röcken zogen sie aber nicht nur die Bewunderung der Männer
auf sich, sondern auch den Argwohn der Ehefrauen. Denn es gab viel mehr
Frauen als Männer.

Brief, seiner vor Schwäche kaum mehr leserlichen Unterschrift. Sein Bild stand immer auf ihrem Nachttisch. Nie wieder sollte sie eine Bindung eingehen.«[24]

Es gab allerdings auch Frauen, für die »Lebensmut« nicht in der Entsagung bestand, nicht im Rückzug vom Leben, nicht in einer freiwilligen Selbstbeschränkung, sondern in der Ausgestaltung dessen, was angesichts der Umstände möglich war – auch im Umgang mit Männern.

Als Hildegards Mutter nach der Flucht in einem Dorf in Schleswig-Holstein gelandet war, fiel sie zunächst in eine tiefe Depression. Zwar sollte sie die offizielle Mitteilung vom Tod ihres Mannes erst Mitte der fünfziger Jahre erreichen, doch die innere Gewissheit, dass er gefallen war, trug sie schon seit der Flucht in sich. Da hatte sie ihn im Traum mit einem Kopfverband an einen Baum gelehnt gesehen. Mit 29 Jahren fühlte sie sich heimatlos und als Witwe. Irgendwann in den fünfziger Jahren entwickelte sie erneut Interesse an Männern. Sie schminkte sich dezent, trug ein leichtes Parfum auf und genoss es, die Blicke auf sich zu ziehen. Bei Männern aus ganz verschiedenen Lebensbereichen suchte und fand sie geistige Anregung, Orientierung, Rat und Sexualität – manchmal für ein paar Stunden oder Tage, manchmal über Jahre. Und sie gab ihrerseits Wärme und Sexualität – auch ohne gemeinsame Familie. Sie hatte eine einfache Philosophie, die es ihr gestattete, diese zeitweiligen Begegnungen nicht als ungenügend und quälend, sondern als beglückend und befriedigend zu erleben: Es gibt zu wenig Männer, sagte sie, und die, die zurückgekommen sind, gehören allen.

Zum Beispiel Roswitha Wisniewski

Im Herbst 1945 kamen meine Eltern, mein Bruder und ich als Flüchtlinge aus Stolp in Pommern nach Berlin. Seitdem lebten wir in der »Frontstadt«, jener in den sowjetischen, amerikanischen, britischen und französischen Sektor geteilten Stadt, die umgeben war von der sowjetischen Besatzungszone. Die 1950er Jahre in Berlin haben mein Denken und meine politischen Überzeugungen stark geprägt. Denn wir alle – sowohl die Berliner, die die Eroberung der Stadt miterlebt hatten, als auch wir, die wir als Flüchtlinge hierhergekommen waren – hatten erfahren, was es heißt, von der Roten Armee erobert und beherrscht zu werden. Uns vereinte eine Antipathie gegen die Sowjetunion und ihre Ideologie, egal, ob wir alt oder jung waren, Anhänger von CDU, SPD oder LDP,[25] Intellektuelle oder einfache Menschen. »Die Russen«, alle sprachen nämlich nur von »den Russen«, wurden kollektiv als Bedrohung empfunden.

Das erste Mal erlebte ich die Sowjetarmee im März 1945, kurz vor dem Ende des Zweiten Weltkriegs, als sie meine pommersche Heimat eroberte. Unsere Region war bis dahin vom Krieg weitgehend verschont geblieben, meine Familie ebenfalls. Mein Vater, Jahrgang 1892, war zu alt, mein Bruder, Jahrgang 1930, war zu jung, um zur Wehrmacht eingezogen zu werden. Von längeren Schulausfällen durch Einsätze zum Schanzen und zu Erntehilfen abgesehen war auch für mich als Achtzehnjährige das Leben im Krieg relativ normal verlaufen. In meiner Heimatstadt Stolp begann der Krieg erst, als er sich dem Ende zuneigte. Ab Mitte Januar 1945 strömten Flüchtlinge aus Ost- und Westpreußen durch unsere Stadt, zunächst in Zügen, dann auch im Treck mit Pferdewagen – Frauen, Kinder, Alte, manche gebrechlich, viele verzweifelt. Ich war mit anderen Jugendlichen beauftragt, den Durchreisenden bei eisigen Temperaturen wenigstens etwas heißen Kaffee oder heiße Milch in die völlig überfüllten Züge zu reichen. Irgendwie muss ich mir dabei Scharlach eingefangen haben. Ich wurde krank, und als Anfang März der Befehl zur Evakuierung der Stadt kam, machten sich meine Eltern und mein Bruder zu Fuß und mit Handwagen auf den Weg – ohne mich. Ich war so schwach, dass mich eine Freundin im Leichenwagen aus dem Bestattungsinstitut ihres Vaters mitnahm. Wir treckten nach Osten, Richtung Danzig, denn der Weg in den Westen war durch den Frontverlauf bereits abgeschnitten; die Sowjetarmee war von Süden her bis an die Ostseeküste bei Kolberg vorgedrungen. Wer aus dem östlich davon gelegenen Teil Pommerns fliehen wollte, konnte das nur noch über die Ostsee.

Unser Leichenwagen kam nicht weit. Schon nach etwa dreißig Kilometern fingen uns russische Soldaten ab. Sie benahmen sich genauso, wie wir es gerüchteweise gehört und wie wir es befürchtet hatten. Viele Frauen wurden vergewaltigt, darunter zu meinem grenzenlosen Schrecken auch meine Freundin. Ich selbst blieb zwar wegen meiner Krankheit verschont – vor ansteckenden Krankheiten fürchteten sich die Soldaten sehr –, die Angst vor der brutalen Gewalt um mich herum setzte sich aber auch in mir fest, zumal die Übergriffe andauerten, als wir nach Stolp zurückkehrten. Am Straßenrand fanden wir den Leichnam einer Klassenkameradin; die Häuser der Innenstadt waren in Brand gesteckt oder geplündert worden. Völlig demoliert waren auch unsere Wohnung und das Architekturbüro meines Vaters in dem von ihm erbauten Haus.

In Stolp waren sogar jene Frauen vergewaltigt worden, die bei dem katholischen Pfarrer Paul Gediga Schutz gesucht hatten. Gediga, ein guter Freund meiner katholischen Eltern, stammte aus Oberschlesien und sprach auch Polnisch. Dennoch verschleppten die Sowjets ihn gemeinsam mit zahllosen weiteren Deutschen in Viehwaggons in ein Lager bei Graudenz an der Weichsel. Dort ist Gediga am 12. Mai 1945 elendiglich verstorben. Er hatte seine kargen Rationen noch mit Mitgefangenen geteilt.

Mich bewahrte der Scharlach mit anschließender Ohrenentzündung und entsprechend angeschwollenem Gesicht auch vor der Verschleppung. Und meinen Bruder schützte ein Pole vor der angedrohten Erschießung. Er war bereits im Gefängnis als angeblicher Werwolf[26] verhört worden, als ein polnischer Dolmetscher erklärte, er sei ein Pole. Im Ausweis hatte er den Namen Wisniewski gelesen. Mein Bruder konnte allerdings kein einziges Wort Polnisch. »Bist du wirklich ein Pole?«, hakte der russische Vernehmungsoffizier nach. Und der Dolmetscher bekräftigte: »Ja, er ist ein Pole.« So kam mein Bruder davon. Diese Geschichte erfuhr ich allerdings erst, nachdem ich meine Eltern wiedergefunden hatte. Sie waren ebenfalls nach Stolp zurückgekehrt, und da sich die zurückkehrenden Deutschen östlich vom Fluss Stolpe ein Quartier suchen sollten, waren sie in einem der kleinen Häuser am Stadtrand untergeschlüpft, die meiner Mutter gehörten. Gemeinsam mit Eltern und Bruder zog ich später zu Bekannten, und als auch dieser Stadtteil geräumt werden musste, in eine leer stehende Wohnung in der Nähe des Bahnhofs. Immerzu war man auf der Suche nach etwas Essbarem. Man vegetierte.

Im Juli ging die Verwaltung der Stadt in polnische Hände über; kurz darauf setzte der Druck zur »freiwilligen Ausreise« ein. Es sollte wohl Platz geschaffen werden für die heimatlosen Polen aus den ostpolnischen Gebieten, die an die Sowjetunion gefallen waren. Mir ist in Erinnerung geblieben, wie Polen mit Handwägelchen die Straßen entlangzogen und wir dachten: »Denen geht es wie uns.« Allerdings durften wir nicht einmal so viel mitnehmen, wie auf einen Handwagen gepasst hätte. Trotzdem entschlossen wir uns zur Ausreise, da uns zu Ohren gekommen war, dass mein Vater verhaftet und verschleppt werden sollte. Im September saßen wir in einem völlig überfüllten Zug nach Stettin, in dem wir kurz vor dem Ziel ausgeplündert wurden. Später, auf dem Bahnsteig in einem Stettiner Vorort, wurde uns im Dunkel der Nacht noch der Rest unserer Habe entrissen. Da war ich schon so abgestumpft, dass ich nur noch einen Gedanken hatte: Raus, bloß raus aus diesem Land. Als wir die Grenze überquerten und ich Deutsch um mich herum hörte, war ich unglaublich erleichtert.

Wir kamen nach Berlin. Berlin war völlig zerstört. Die Menschen lebten zusammengepfercht in den wenigen nicht zerbombten Häusern. Sie schlugen sich mehr schlecht als recht mit Schwarzmarktgeschäften durch, suchten in Trümmern und Kellern nach etwas Essbarem und hamsterten auf dem Land. Wir Heimatvertriebenen empfanden dies im Grunde genommen als Erleichterung, denn dadurch gab es keinen Unterschied zwischen Einheimischen und Zugezogenen. Wir alle waren Habenichtse. Und wir alle waren geschädigt und verängstigt durch die Rote Armee. Keiner von uns wusste, ob am nächsten Morgen noch alles so sein würde, wie es am Abend gewesen war. Dazu hörten wir erstmals mit hilflosem Entsetzen die Verlautbarungen über die systematische Vernichtung der Juden und anderer Minderheiten durch die nationalsozialistische Diktatur. Wir waren fassungslos darüber, wie viel Unglück die Nationalsozialisten über die Menschen in unserem Land und in Europa gebracht hatten.

Eigentlich sollten wir Flüchtlinge aus Pommern nach Ludwigslust in Mecklenburg eingewiesen werden, doch meine Mutter erklärte kategorisch: Zu den Russen, sprich in die sowjetische Besatzungszone, gehe ich nicht! Wir kamen bei der Familie meiner Cousine in Berlin-Kreuzberg im amerikanischen Sektor unter, wo wir zu viert in einem Zimmer hausten. Es erschien uns trotzdem fürstlich. Nach einiger Zeit erhielten wir allerdings eine offizielle Zuzugsgenehmigung für Berlin, da mein Vater als Architekt bei der Stadt angestellt worden war. Eine meiner neuen Klassenkameradinnen vermittelte uns nach einigen Wochen eine schöne Drei-Zimmer-Wohnung in Kreuzberg. Wir waren glücklich.

Sehr bald stellte sich allerdings heraus, dass Vater arbeitsunfähig war. Er verfiel in immer stärkere Depressionen. In Stolp hatte er ein eigenes Architekturbüro besessen, hatte Pläne für Häuser und ganze Gebäudekomplexe in der Stadt und beispielsweise auch für die Kir-

Wegen ihrer Kopftücher, Trachten oder Dialekte galten sie als rück-
ständig und hinterwäldlerisch. Geflüchtete Ungarndeutsche wurden als
Zigeuner beschimpft, Vertriebene aus dem deutschen Osten als Pola-
cken. Die neue Heimat begegnete den Heimatlosen oft mit Abwehr und
Ausgrenzung; ein Lächeln setzten sie nur für die Kamera auf.

che in Kosemühl entworfen. In Berlin hingegen war er ein Angestellter, der vor allem zerstörte Häuser aufzunehmen hatte. In Stolp war er eine Person des öffentlichen Lebens gewesen, geschätzt und gefragt und engagiert in der katholischen Gemeinde. In Berlin war er ein Niemand. Wir waren zwar nicht reich gewesen in Stolp, aber doch wohlhabend durch Bauaufträge und Hausbesitz, eine gutbürgerliche Familie, wie man zu sagen pflegt, mit einem Hausmeisterehepaar, einer Haus- und einer Büroangestellten. Hund, Katze und Kanarienvogel hatten ebenfalls zur Familie gehört. Besonders gern erinnere ich mich an die Abende, an denen meine Mutter am Klavier gesessen und gespielt hatte – sie konnte wunderbar spielen und sang auch im Kirchenchor –, während mein Vater auf und ab gewandert war und in seiner Fantasie die nächsten Häuser konstruiert hatte.

All das gehörte nun der Vergangenheit an. Wir hatten die Heimat verloren und waren in die Armut abgerutscht. Mit seinen inzwischen 53 Jahren glaubte Vater nicht mehr daran, noch einmal ganz von vorn anfangen und seiner Familie wieder das bieten zu können, was er ihr in Stolp geboten hatte. Er kam ins Waldfrieden-Krankenhaus nach Zehlendorf und musste längere Zeit wegen seiner schweren Depressionen behandelt werden. Meine Mutter hat unter seiner Abwesenheit sehr gelitten. Geklagt hat sie allerdings nie. Eine Frau aus Pommern tat das nicht. Zudem waren wir nicht die Einzigen, denen es schlecht ging. Ich erinnere mich an eine Klassenkameradin, die in meinem Beisein körperlich und seelisch zusammenbrach. Sie war bei einem Bombenangriff in Berlin verschüttet gewesen; diese traumatische Erfahrung kam immer wieder hoch. Ähnliches passierte vielen um uns herum. Und so ertrugen wir denn das allgemeine Elend gemeinschaftlich.

Als mein Vater einigermaßen wiederhergestellt war, riet ihm sein Arzt, nicht in der zerstörten Stadt Berlin zu bleiben, sondern aufs Land zu ziehen. So ging er nach Prenzlau in die Uckermark, wohl mit dem Hintergedanken: Der Ort liegt in der Nähe von Pommern, vielleicht können wir bald zurück. Er erwarb ein ziemlich großes Grundstück, setzte ein Häuschen mit einem kleinen Büro und einer

Wohneinheit darauf und arbeitete wieder als freiberuflicher Architekt. Arbeit sei immer noch das beste Mittel gegen Niedergeschlagenheit, pflegte er zu sagen. Doch auch der Neubeginn in Prenzlau scheiterte. Im Zuge des »beschleunigten Aufbaus des Sozialismus« wurde das Grundstück samt Büro Anfang der fünfziger Jahre enteignet. Vater kehrte nach Berlin zurück. Er richtete sich, da eine Existenz als Angestellter nicht in Frage kam, ein Zimmer in unserer Wohnung als Büro ein und arbeitete nach einiger Zeit recht erfolgreich wieder als freischaffender Architekt.

Neuen Lebensmut schöpften wir wesentlich aus der Musik. Seit Ende der vierziger Jahre nahmen wir am wieder auflebenden Berliner Kulturleben teil, besuchten Opern und Konzerte. Ich wurde in den Chor der Sankt-Hedwigs-Kathedrale aufgenommen, wenige Jahre später auch mein Bruder. Der Hedwigschor wurde unter dem Domkapellmeister Karl Forster einer der berühmtesten Laienchöre der Stadt. Mit den Philharmonikern unter Wilhelm Furtwängler und Herbert von Karajan haben wir viele Konzerte gegeben und auch für Plattenaufnahmen gesungen – von den Spitzendirigenten zu wirklichen Spitzenleistungen getrieben. Unvergesslich war für mich eine Aufführung der Neunten Symphonie Beethovens unter Furtwängler an einem Silvesterabend Anfang der fünfziger Jahre. Das Haus der Philharmoniker und die Sankt-Hedwigs-Kathedrale waren ausgebombt, deswegen fanden die großen Konzerte im Steglitzer Titania-Palast statt, einem umgebauten Luxuskino, in dem auch Louis Armstrong, Marlene Dietrich und Yehudi Menuhin gastierten und die ersten Berliner Filmfestspiele stattfanden. Hier war damals für kurze Zeit das kulturelle Zentrum der Stadt. Ich bin jedenfalls immer beglückt und heiter nach den gelungenen Auftritten unseres Chors durch das dunkle, nächtliche Berlin zu unserer Wohnung in Kreuzberg gelaufen.

Ich besaß damals noch keine feste politische Überzeugung, neigte aber der CDU zu. Nach den Erfahrungen bei Kriegsende stand für mich vor allem eines fest: Auf keinen Fall wollte ich ein kommunistisches System wie in der Sowjetunion. Deshalb geriet ich bald in Widerspruch zur Berliner Universität im Ostteil der Stadt, der Humboldt-Universität.

Mangels einer Alternative hatte ich nach dem Notabitur erst einmal dort mit dem Studium begonnen. Verwandte hatten meinen Eltern zwar geraten, sie sollten ihre Kinder so schnell wie möglich mitverdienen lassen. Doch diese hatten erklärt: Wenn die Kinder wollen, sollen sie weiter zur Schule gehen und studieren. Das haben mein Bruder und ich den Eltern nie vergessen.

Als Kind wollte ich Priester werden. Als ich merkte, dass das für eine Frau in der katholischen Kirche unmöglich ist, wollte ich Medizin studieren. Doch nach der Flucht stellte sich heraus, dass das für uns zu teuer wäre, und so verfiel ich auf Germanistik. Germanistik war an der Humboldt-Universität allerdings bereits belegt, daher folgte ich dem Rat der Auswahlkommission und studierte Russisch, wo sich zu wenig Bewerber gefunden hatten. Ein Russischstudium fand ich zunächst nicht gerade attraktiv (was sich angesichts der russischen Literatur bald änderte), aber bevor ich gar keinen Studienplatz bekommen hätte, ließ ich mich darauf ein und belegte nebenher Germanistik. Ich bekam sogar ein kleines Stipendium.

Dass die Gebäude der Universität teilweise zerstört waren und es im Hörsaal durchregnete, störte mich nicht. Es war sogar ein wenig abenteuerlich, dass der Griechischunterricht im Keller des Berliner Doms stattfand. Was mir allerdings missfiel, war der zunehmende politische Druck auf die Studenten und Lehrkräfte, die Missachtung der Hochschulautonomie, die Verfolgung von Andersdenkenden. Drei Studenten, die die kritische Studentenzeitschrift *Colloquium* herausgaben, wurde die Studienerlaubnis entzogen. Den Literaturprofessor Hermann Kunisch, der sich gegen die politischen Eingriffe in die Universität ausgesprochen hatte und der über so »verhängnisvolle Sachen« wie die Dichtung Rainer Maria Rilkes las, begleiteten wir mit kleinen Trupps bis zur S-Bahn oder Straßenbahn, damit er nicht auf dem Weg zu seiner Wohnung in West-Berlin behelligt würde. Über zwanzig Studenten und Dozenten, das erfuhr ich später, sind zwischen 1945 und 1948 vom sowjetischen

Geheimdienst verhaftet oder deportiert worden. Einige kamen wieder frei, andere wurden in die Sowjetunion verschleppt, einige sogar erschossen. Die Idee einer neuen, unabhängigen Universität im Westteil der Stadt habe ich von Anfang an unterstützt. Als die Freie Universität im Wintersemester 1948/49 in Dahlem eröffnet wurde, zählte ich zu ihren ersten Studierenden. Die FU war für uns weit mehr als eine wissenschaftliche Institution. Sie war ein Symbol der geistigen Freiheit, ein Symbol auch unseres Freiheitswillens.

Es war die Zeit der sowjetischen Berlin-Blockade. Sämtliche Straßen, Schienen- und Wasserwege nach West-Berlin waren vom Juni 1948 bis Mai 1949 von »den Russen« gesperrt worden. Der öffentliche Verkehr war eingeschränkt, andauernd wurde der Strom abgeschaltet – ich habe meine Referate und Seminararbeiten weitgehend bei Kerzenlicht in der Küche geschrieben, dem einzigen beheizten Raum der Wohnung. Es herrschte Mangel an Brennmaterial und an Nahrungsmitteln. Man fror und fror in jenem Winter über die Maßen. Aber wir waren entschlossen, trotzig durchzuhalten, und gingen des Öfteren auf den Trümmerberg am Tempelhofer Feld, um die »Rosinenbomber« zu begrüßen, die uns Lebensmittel und Kohlen brachten. Auf keinen Fall sollten »die Russen« Berlin ganz und gar vereinnahmen.

An der FU war Germanistik mein Hauptfach. Doch statt zu studieren, habe ich einige Semester vor allem damit zugebracht, Bücher zu beschaffen und einzuordnen. Die Seminarbibliothek in der Boltzmannstraße musste von Grund auf aufgebaut werden. Wir begannen ja bei Null, in jeder Hinsicht. Bald kamen Professoren wie Hermann Kunisch von der Humboldt-Universität herüber, andere wurden aus Westdeutschland oder dem Ausland berufen. Professor Helmut de Boor beispielsweise kam von der Universität Bern. Er war Altgermanist, zweifellos eine Koryphäe auf seinem Gebiet. Bei ihm promovierte ich 1953, danach stellte er mich als seine Mitarbeiterin, dann als Assistentin ein. Das war ein Glück nicht nur für mich, denn von meinem Gehalt in Höhe von 300 Mark musste zunächst auch meine Familie mit unterhalten werden. Was ich damals noch nicht wusste: Dies sollte der Beginn meiner wissenschaftlichen Karriere werden. Ende der fünfziger Jahre erhielt ich ein Habilitationsstipendium der Deutschen Forschungsgemeinschaft. Die Habilitation erfolgte im Januar 1960 mit einer Arbeit aus dem Gebiet der altnordischen Saga. Danach war ich als Dozentin bis 1965 an der Freien Universität tätig.

Anfangs kam noch etwa ein Drittel der Studenten an der FU aus dem Osten. Doch auch bei uns, den Studierenden und Dozenten aus dem Westen, war »der Osten« im Denken ständig präsent. So rief beispielsweise der ASTA dazu auf, sich nicht an den Pfingstmärschen der FDJ und der SED zu beteiligen. Und das studentische Periodikum *Colloquium*, das ebenfalls von der Humboldt-Universität an die FU gewechselt war und seit Mitte 1950 unter dem Titel *Zeitschrift der freien Studenten Berlins* erschien, veröffentlichte regelmäßig die Namen von Studenten und Akademikern, die in der DDR verhaftet worden waren. Ich erinnere mich auch noch gut an die Gruppen, die sich bildeten und diskutierten, wenn FDJ-Funktionäre aus dem Osten auf unserem Campus zu agitieren versuchten.

Verständlicherweise haben wir an den Geschehnissen des 17. Juni 1953 großen Anteil genommen. Als ich morgens nichtsahnend ins Institut kam, riefen mir meine Hilfskräfte zu: »Im Osten gibt es einen Aufstand! Wir fahren rüber!« Sie wollten sich vor Ort solidarisch zeigen. Ich blieb, um auf das Seminar zu achten. Wir fühlten uns als Vorposten der Freiheit, wie eine verschworene Gemeinschaft, die das freie Berlin verteidigte, bis es Teil des ganzen demokratischen Deutschlands werden würde.

»Eine freie Stimme der freien Welt«, so kündigte sich der RIAS immer an. Und nachdem die Amerikaner 1950 eine Freiheitsglocke für das Schöneberger Rathaus gespendet hatten, übertrug der RIAS ihr Läuten jeden Sonntag um 12 Uhr. Wir waren alle begeisterte Hörer der legendären »Insulaner«, des Kabaretts von Günter Neumann. Nach ihren Sendezeiten richteten wir unsere Freizeitplanung. Da *musste* man einfach am Radio sitzen. Alle kannten das Erkennungslied auswendig:

Der Insulaner verliert die Ruhe nicht,
der Insulaner liebt keen Jetue nicht,
der Insulaner hofft unbeirrt,
dass seine Insel wieder'n schönes Festland wird.

Ja, wir verstanden uns als »Insel im roten Meer« und lachten uns unsere Angst weg, wenn der »Jenosse Funzionär« seine Schulungsabende begann: »Und damit, liebe Jenossen und Jenossinnen ...«

Angesichts der Angst vor dem sowjetischen Imperialismus veränderte sich auch unser Verhältnis zu den westlichen Alliierten. Aus den »Besatzern« wurden »Schutzmächte«. Einmal war ich dabei, als die amerikanischen Streitmächte eine große Parade in Dahlem abhielten: Soldaten im Gleichschritt, Militärfahrzeuge, Militärmusik – und Tausende von Berlinern am Straßenrand. Als die Panzer mit großem Lärm vorbeiratterten, rief eine Frau neben mir: »Das sind unsere Friedenstauben!« Ja, so haben wir wohl fast alle gedacht: Ohne die Amerikaner sind wir nichts. Ohne die Luftbrücke wären wir verhungert. Wir waren »den Amis« dankbar. Wir liebten sie geradezu. Und Frauen, die mit »den Amis« gingen, stießen zumeist auf keine Missbilligung.

Für mich war auch klar, dass Deutschland wieder bewaffnet werden musste, um sich gegen den Warschauer Pakt zu verteidigen. Ich erinnere mich noch gut an das erschreckende Ultimatum Chruschtschows im November 1958, in dem er den Abzug der westalliierten Truppen forderte. Berlin sollte eine entmilitarisierte Freie Stadt werden. Dagegen haben sich die NATO-Staaten, die Bundesregierung unter Konrad Adenauer und der Regierende Bürgermeister von Berlin Willy Brandt mit aller Entschiedenheit gewehrt. Auch wir Bürger waren uns einig. Niemals würden wir zulassen, dass West-Berlin faktisch zum Bestandteil der DDR gemacht würde. Chruschtschow hat das Ultimatum nie zurückgenommen, aber glücklicherweise verstrich es aufgrund der entschiedenen Haltung der westlichen Politiker nach einem halben Jahr ohne Konsequenzen.

Ja, wir lebten in einer Frontstadt – und wollten trotzdem nicht wegziehen. Mein Vater hatte wieder Aufträge. Ich verdiente als Assistentin mein erstes Geld, und mein Bruder studierte Architektur an der Technischen Universität bei dem berühmten Architekten Hans Scharoun. Wir hatten Fuß gefasst. Woanders noch mal anfangen, das wollten wir nicht. Wir fühlten uns gut in Berlin. Kalter Krieg hin oder her – das Leben begann endlich wieder lebenswert zu werden. Von meinem Geld als Assistentin kaufte ich mir ein Auto, zwar ein gebrauchtes Vorkriegsmodell, aber es tat seinen Dienst. Ich taufte es Bucephalus nach dem nicht leicht zu lenkenden Pferd von Alexander dem Großen. Mit Bucephalus habe ich meine Eltern fast jeden Sonntag abgeholt zu einer Fahrt an die Havel – viel weiter ging es für uns West-Berliner ja nicht –, aber wir haben es genossen. Später fuhren wir zum Urlaub an den Timmendorfer Strand und nach Niendorf. Die Ostsee hatte uns gefehlt. Schließlich entdeckte mein Vater Heiligenhafen, eine Hafenstadt auf der Halbinsel Wagrien. Dieser Ort wurde unser Ersatz für Stolpmünde, das Ostseebad nahe Stolp. Unser bürgerlicher Lebensstil kehrte langsam zurück.

Für die Ferientage an der Ostsee nahmen wir auch die Fahrten durch die DDR in Kauf, obwohl die Grenzkontrollen höchst unangenehm waren. Oft musste ich das gesamte Gepäck ausräumen. Dann wurden Gepäckraum und Innenraum inspiziert. Selbst unter dem Auto suchten die Grenzpolizisten mit einem Spiegel nach verbotenen Sachen. Einmal stand ich eine ganze Nacht hindurch am Grenzkontrollpunkt Helmstedt, weil die Grenze dichtgemacht worden war. Das Rote Kreuz versorgte uns mit Essen, Trinken und Decken. Ich spürte wieder einmal das starke Gefühl der Zusammengehörigkeit in der westdeutschen Bevölkerung, das im Kalten Krieg gegenüber der Sowjetunion und der DDR bestand.

Mit dem Mauerbau 1961 wurde der Systemgegensatz in Stein gegossen. Wir West-Berliner waren nun noch mehr vom »Festland« abgeschnitten, lebten aber auch nicht mehr in der ständigen Konfrontation mit DDR-Entsandten in West-Berlin. Für mich und die ganze Familie brachten die sechziger Jahre grundlegende Verände-

»… und dann nichts wie raus zum Wannsee.« Manchmal wollten die West-Berliner ihrer eingeschlossenen Stadt allerdings auch entfliehen. Selbst stunden-lange Wartezeiten an den Kontrollpunkten zur DDR hinderten sie nicht, mit dem eigenen Pkw zur Ostsee, zum Schwarzwald oder gar bis zur Riviera aufzubrechen.

rungen. Mein Vater erkrankte erneut und starb 1966. Für meinen Bruder begann das enge Zusammenwirken als Mitarbeiter und später als selbstständiger beruflicher Partner von Hans Scharoun bei Planung und Bau der Gebäude am Berliner Kulturforum: Philharmonie, Musikmuseum, Staatsbibliothek, Kammermusiksaal. Ich stand mit einer Professur an der Universität Kairo (1965–1967) am Beginn eines wissenschaftlichen Wirkens außerhalb von Berlin. 1967 wurde ich auf die Professur für ältere deutsche Sprache und Literatur an der Philosophischen Fakultät der Universität Heidelberg berufen, »als erste Frau seit der Gründung im Jahr 1386«, wie der Dekan in einer kleinen Begrüßungszeremonie hervorhob.

Die politischen Entwicklungen in Berlin verfolgten mich allerdings auch in Heidelberg. Selbst aus der Ferne schockierte es mich, dass im Zuge der Studentenbewegung der Neomarxismus ausgerechnet an der FU Fuß fassen konnte. Die Stadt wurde zu einem Ort der Unruhe, der Krawalle und Großdemonstrationen. Auch vor Heidelberg machte die Achtundsechziger-Bewegung nicht halt. Ich konnte keinerlei Verständnis aufbringen für Antiamerikanismus, Marxismuslob und Kritik an der sozialen Marktwirtschaft, auch nicht für die rüden Diskussionsmethoden, die vor Gewalt gegenüber dem politischen Gegner nicht zurückschreckten. In Heidelberg wurde ich selbst Zeugin von Störaktionen am Germanistischen Seminar. Lehrveranstaltungen wurden gegen den Willen der Hörer gesprengt, Klausuren verhindert, Hörsäle besetzt, Farbbeutel und Stinkbomben geworfen, die persönliche Sicherheit von Lehrkräften konnte nicht mehr gewährleistet werden. Ich entschloss mich, dagegen klare Position zu beziehen, und trat 1972 in die CDU ein. 1976 wurde ich in den Deutschen Bundestag gewählt. 1994 beendete ich meine Bundestagstätigkeit und wurde im selben Jahr wegen Erreichung der Altersgrenze als Professorin emeritiert.

Rückblickend erscheinen mir die fünfziger Jahre in Berlin als die entscheidende Zeit zu einem Neuanfang, eine Zeit des völligen Umbruchs gegenüber Stolp, die Unheil und Segen zugleich in sich barg.

ÜBER SITTLICHE UND
UNSITTLICHE BEZIEHUNGEN

Die fünfziger Jahre – das prüde Jahrzehnt. Wer damals in der Bundesrepublik aufwuchs, litt darunter, dass die Sexualität von Anrüchigkeit und Geheimniskrämerei umgeben war. Selbst liberale Eltern brachten das Thema selten zur Sprache. Jutta Brückner hat die muffige, verklemmte und bedrückende Atmosphäre in ihrem Film *Hungerjahre* rekonstruiert.

Als die etwa dreizehnjährige Ursel auf der Toilette das erste Mal auf eine blutig verschmierte Unterhose stößt, läuft sie erschrocken zur Mutter: »Mama, Mama, ich bin krank! Ich habe Blut in der Hose!«[27]

»Das haben alle Frauen, damit sie Kinder kriegen können«, erklärt die Mutter lakonisch und fügt gleich die Mahnung hinzu: »Du darfst dich auf keinen Fall mehr mit Jungens treffen.«

»Und baden darfst du auch nicht mehr, wenn du *das* hast«, weiß die Großmutter.

Ein Stoffgürtel wird ihr um die Taille gelegt, schmale Streifen mit einem Knopf am Ende baumeln vorn und hinten, an denen die Mutter eine Stoffbinde befestigt. *Das* ist etwas, spürt Ursel, was ihr nicht nur die körperliche Ungezwungenheit raubt, es beendet auch ihre Unbefangenheit im Umgang mit den Jungen. Auf einmal steht sie im Verdacht, verführbar zu sein, ihre Ehre aufs Spiel zu setzen und der Familie Schande zu bereiten.

»Wenn du eines Tages mit einem unehelichen Kind daherkommst – ich bringe dich um, Kind! Das ertrag ich nicht, wenn meine einzige Tochter sich wegwirft.«

Ursel verwirrt die Widersprüchlichkeit der vermittelten Botschaften. Einerseits ist Sexualität faszinierend unanständig. »Papa holt den Dicken raus/Mama zieht sich nackend aus./Einmal rein, einmal raus/Fertig ist der kleine Klaus«, skandieren die kleinen Kinder im Park und freuen sich diebisch, etwas Verbotenes laut ausgesprochen zu haben.

Doch in der Ehe scheint Sexualität mehr Pflicht und Last als Begehren.

»Ich bin ja ganz froh, wenn er mich in Ruhe lässt«, sagt Ursels Mutter zu Ursels Großmutter, »aber das kann doch nur bedeuten, dass er eine andere hat.«

In dieser verklemmten Sexualmoral gibt es keinen glücklichen Ausgang. Ursels Körperlichkeit und Lust werden gestutzt, bevor sie sie entdecken kann. Am Schluss verbrennt ein Foto mit dem Mädchen. Aber nicht die Person wird zerstört, sagt die Regisseurin, sondern das Bild, das sie in sich trägt.

Es gab noch keine Pille. Sich hinzugeben, war bei Frauen immer mit der Angst vor einer Schwangerschaft verbunden. Das traf für Verheiratete, weit mehr noch für Unverheiratete zu.

»Warum küssen wir uns nur«, fragt der junge ungarische Student (Horst Buchholz) die junge Näherin (Romy Schneider) in Helmut Käutners Film *Monpti* (1957).

»Das Andere«, entgegnet die Siebzehnjährige, »das … möchte ich nicht. Ich möchte auch nicht, dass du davon sprichst.«

Denn das »Andere«, so hatte sie wie alle jungen Mädchen gelernt, sei nur in einer Ehe gestattet. Wer ohne Trauschein schwanger wurde, »musste« entweder heiraten, um der vorehelichen Sexualität wenigstens im Nachhinein etwas von der Schande zu nehmen. Oder er stand unter Druck, illegal bei einer »Engelmacherin« oder einem Arzt abtreiben zu lassen beziehungsweise selbst eine Fehlgeburt zu provozieren – ein Dutzend Mal vom Heuboden zu springen, Seifenwasser in die Gebärmutter zu pumpen, mit Stricknadeln oder Fahrradspeichen in die Fruchtblase einzudringen.

Erst nach mehreren vergeblichen Anläufen findet Anne in Martin Walsers *Ehen in Philippsburg* einen Arzt, der den illegalen Eingriff vorzunehmen bereit ist.

»Anne hatte dem Arzt tausend Mark gegeben. Darauf hatte der die Fruchtblase gesprengt und Wehenmittel gespritzt. Zwei Tage geschah nichts … Am dritten Tag blieb Anne vier Stunden im Haus des Arztes. Sie wurde angeschnallt. Die Frau des Arztes gab ihr Spritzen. Dann begann der Arzt die Frucht herauszuschneiden. Anne schrie. Die Betäubung wirkte nicht. Der Arzt sagte: ›Das kommt gleich. Wir haben Ihnen eine schicke Narkose gegeben.‹ … Drei Stunden schnitt und riss er mit Messern und Zangen in ihr herum, förderte blutige Fleischstücke zutage, die er alle in eine große weiße Schüssel warf … Wenn Anne die Augen auch nur für eine Sekunde schloss, stieß die Arztfrau sie sofort heftig ins Gesicht und sagte: ›Was ist los mit Ihnen! Sie! Die Augen auf, he!‹ Sie schien große Angst zu haben. Da wusste Anne, dass man ihr gar keine Narkose gegeben hatte.« Als die Blutung nach der Abtreibung nicht aufhört, sieht sich der Arzt gezwungen, Anne in die Klinik zu schicken. »Ich rufe jetzt einen Wagen. Aber wenn Sie in der Klinik fragen, von welchem Arzt Sie kommen, sagen Sie ja keinen Namen. Die Schwestern werden Ihnen drohen, sie werden sagen: Wir lassen Sie ausbluten, wenn Sie den Namen nicht sagen. Lassen Sie sich nicht einschüchtern. Die müssen Sie behandeln.«[28]

Das Zusammensein von Unverheirateten war nicht nur gesellschaftlich geächtet, seine Duldung wurde juristisch verfolgt. Hauseigentümer, Hotelbesitzer und Verwandte liefen Gefahr, wegen Kuppelei angezeigt zu werden, wenn sie an unverheiratete Paare vermieteten oder ihnen Räumlichkeiten zur Verfügung stellten. In dem Urteil des Bundesgerichtshofes zum »Verlobtenbeischlaf« (1954) wurde sogar eine Mutter verurteilt, weil sie geduldet hatte, dass ihre mit einem geschiedenen Mann verlobte Tochter bei ihr übernachtete – ein Tatbestand der schweren Kuppelei, wie der Bundesgerichtshof meinte, der mit Zuchthaus bis zu fünf Jahren oder Gefängnis bei mildernden Umständen geahndet werden konnte. Erst 1969 wurde der Kuppeleiparagraph abgeschafft.[29]

Nacktheit in der Öffentlichkeit war verpönt. Im Unterschied zur DDR, in der Freikörperkultur weit verbreitet war und 1956 nach einer kurzen, zweijährigen Einschränkung an der Ostsee wieder erlaubt werden musste, kannte die Bundesrepublik nur wenige, streng abgegrenzte Nacktbadestrände an Nord- und Ostsee. Marylin Monroe und Brigitte Bardot, die sich mit Bikinis zeigten, blieben skandalträchtige Ausnahmen. Erst der »Itsy Bitsy Teenie Weenie Yellow Polka Dot Bikini«, der 1960 in den USA und in Deutschland auf Platz Eins der Hitparaden kletterte, leitete den Siegeszug des Zweiteilers in Deutschland ein.

Sittenwächter fanden sich vor allem in konservativen Parteien, der katholischen Kirche und in den mit ihnen verbundenen gesellschaftlichen Organisationen. Besonderen Eifer zeigten der in Köln ansässige Volkswartbund, die »Bischöfliche Arbeitsstelle für Fragen der Sittlichkeit« und ihr Dienstherr, der Kölner Erzbischof und spätere Kardinal Josef Frings. Frings protestierte, als die alliierten Besatzungsmächte Jugendlichen den Besuch von Filmvorführungen erlaubten und die Herstellung und den Vertrieb von Kondomen nicht mehr beschränkten. Er protestierte gegen den Film *Die Sünderin* mit Hildegard Knef (1951), da er auf »eine Zersetzung der sittlichen Begriffe unseres christlichen Volkes« ziele: Nicht nur, dass im Zentrum des Geschehens eine Prostituierte stand; sie unterstützte ihren unheilbar an einem Gehirntumor erkrankten Geliebten auch noch beim Freitod. Ein Christ, der diesen Film besuche, so Frings, mache sich mitschuldig »an einer unverantwortlichen Verherrlichung des Bösen«. Jahrelang stritt Frings auch gegen das »geistige Gift« und das »Niedere« der »Schund- und Schmutzliteratur«, die das Land in Millionenauflage in Form von erotischen Magazinen, Sittenromanen, sexuell aufgeladenen Skandalgeschichten in Wochenendbeilagen oder als so genannte Liebes- und Ehebücher überschwemmte. »Als größtes Hemmnis für einen situationsgerechten Jugendschutz aber muss die Tatsache angesehen werden«, befand der Volkswartbund, »dass … die Freiheit der Kunst als ein höheres Gut angesehen wird als eine gesunde und sittlich intakte Jugenderziehung.«

Freiheitsrechten, so argumentierten SPD und KPD tatsächlich, komme ein höherer Rang zu als der Sittlichkeit. Und sie wehrten sich gegen ein Gesetz, das die Verbreitung jugendgefährdender Schriften beschränken sollte. Erst im Juni 1953 wurde im Bundestag ein Kompromiss erzielt, wonach jugendgefährdende Schriften nicht mehr öffentlich beworben und nicht an Jugendliche unter 18 Jahren verkauft werden durften. Eine neugeschaffene Bundesprüfstelle konnte zudem jugendgefährdende Druckerzeugnisse auf Antrag prüfen und gegebenenfalls auf den Index setzen lassen. (Bis 1958 gerieten 550 Titel auf diese schwarze Liste.) Weitere Maßnahmen zum Jugendschutz sollten ab 1955 den Alkoholkonsum und den Besuch von Gaststätten einschränken. Um 22 Uhr erschienen Zivilstreifen des Jugendschutzes auf Tanzveranstaltungen, Konzerten und Volksfesten, um Besucher unter 18 Jahren vor den »Ausschweifungen«, »Ausartungen« und Verführungen der »unheimlichen Vergnügungssucht« zu schützen.

Neben den strengen Regeln im öffentlichen Raum existierte im Privaten allerdings eine relativ große Toleranz gegenüber »unmoralischem« Verhalten. In einer Studie des Instituts für Demoskopie in Allensbach aus dem Jahre 1953 erklärten zwar 89 Prozent der Befragten die Ehe für notwendig, 71 Prozent aber billigten sexuelle Beziehungen zwischen unverheirateten Personen, wobei die Frauen sich mit 66 Prozent nur unwesentlich in ihrer Haltung von den Männern mit 76 Prozent unterschieden. Eine 36-jährige Beamtenwitwe erklärte: »Man muss gerade heute die Verhältnisse berücksichtigen, die oftmals eine Heirat unmöglich machen.« Ähnlich argumentierte ein Handwerker: »Wenn die unverheirateten Frauen keinen passenden Ehepartner gefunden haben, bleibt ihnen nichts anderes übrig.«[30] 31 Prozent der Befragten nahmen sogar außereheliche Beziehungen weitgehend vorbehaltlos hin. 33 Prozent hatten auch nichts dagegen einzuwenden, dass eine ledige Frau Mutter wird, nur 18 Prozent verurteilten eine uneheliche Mutterschaft von vornherein.

Wie schwierig trotz allem das Leben von ledigen Frauen oder Witwen war, die ohne Trauschein mit Männern zusammenlebten oder uneheliche Kinder gebaren, schilderte Heinrich Böll in seinem Roman *Haus ohne Hüter*.[31]

Es war *unmoralisch*, wusste schon der dreizehnjährige Heinrich, dass seine Mutter sich mit Onkel Leo zusammengetan hatte, ohne mit ihm verheiratet zu sein. Ebenso *unmoralisch* war es, wie sie zuvor mit Onkel Karl und Onkel Gert und Onkel Erich zusammengelebt hatte. Insgeheim fürchtete auch sein Freund Martin, seine Mutter könnte *unmoralisch* sein. Warum blieb ihr Bett manchmal nächtelang leer? Warum fiel die Großmutter bei der Rückkehr über sie her: »Wo treibst du dich bloß immer herum?« Oder warum schrie sie die Tochter an: »Ist die Hurerei wieder im Gange? Dein armer Mann, der in Russlands Erde schläft.«

Als Heinrich Bölls Roman *Haus ohne Hüter* 1954 erschien, war die Diskussion über die so genannten Onkelehen in Westdeutschland gerade auf ihrem Höhepunkt angelangt. Schätzungsweise hundert- bis hundertfünfzigtausend Kriegerwitwen lebten damals unverheiratet mit Männern zusammen, die von den vaterlosen Kindern in der Regel als »Onkel« angesprochen wurden.

»Der Staat betrachtet das Vorhandensein dieser wilden Ehen als unerwünscht«, schrieb die *Frankfurter Neue Presse* im Januar 1951. »Die Bürger nehmen aus sittlichen Gründen dagegen Stellung, und der Gesetzgeber wird in den kommenden Monaten um eine Neuregelung der Renten- und Pensionsansprüche in solchen Fällen kaum herumkommen.« Solange der Staat nämlich die Kriegerwitwenrenten im Fall einer neuen Heirat strich, waren die Betroffenen eher bereit, mit einem schlechten Leumund als mit geringerem Einkommen zu leben.

Das Bundesversorgungsgesetz (BVG) vom 20. Dezember 1950 gestand allen Witwen unabhängig von anderem Einkommen eine niedrige Grundrente[32] und eine Ausgleichsrente zu, sofern sie den weiteren Lebensunterhalt nicht decken konnten. Im Fall einer erneuten Heirat fielen die Rentenzahlungen weg, die Frauen wurden stattdessen mit einer Einmalzahlung von 1200 DM abgefunden. Der Anspruch auf Kriegerwitwenrente lebte auch nicht wieder auf, wenn die Frau aufgrund eigenen Verschuldens geschieden wurde oder ihr zweiter Ehemann starb. Bei einer Adoption der Kinder durch den zweiten

Ehemann fiel außerdem die Waisenrente weg, und Kindergeld wurde in den fünfziger Jahren erst ab dem dritten Kind gezahlt.

»Die an sich zulässige oder jedenfalls rechtlich erreichbare Eheschließung«, konstatierte der Oberregierungsrat Hans Ohle im *Bundesarbeitsblatt* 1957 voller Bedauern, wird »aus wirtschaftlichen Gründen unterlassen, weil nach gesetzlichen Vorschriften öffentlich-rechtliche Renten-, Pensions- oder Unterstützungsleistungen, die meistens den Frauen zustehen, mit der Eheschließung wegfallen oder im Rahmen einer Bedürftigkeitsprüfung von dem jeweiligen Einkommen des anderen Ehegatten abhängig sind«.

Dass es »wegen der Rente« ist, dass seine Mutter keinen der Männer heiratete, mit denen sie zeitweilig zusammenlebte, war Heinrich in *Haus ohne Hüter* spätestens dann bewusst, als er die Haushaltskasse zu führen begann und die Einkäufe für die ganze Familie tätigte. Allein von der Rente und dem Lohn der Mutter hätte die vierköpfige Familie kaum leben können. Ohne Onkel Karl hätte es keine Bonbons und kein Spielzeug für die kleine Schwester gegeben. Ohne Onkel Gert hätten sie nicht zusätzlich Margarine, Brot und Fleisch auf dem Tisch gehabt und »einige Male das, was damals so kostbar, so selten gewesen war, etwas kleines Weißes, wunderbar Schmeckendes: ein Ei«. Ohne Onkel Gert hätte die Mutter auch keine Armbanduhr getragen.

Der Preis für diese Onkelehen war allerdings hoch. Die Milchhändlerin und der Sparkassenbote im Haus zerrissen sich hinter dem Rücken der Mutter das Maul über sie. In der Schule spürte Heinrich, dass die »Schande« der Mutter auf ihn abfärbte. Am besten unter den Halbwaisen hatten es jene, deren Mütter nicht wieder geheiratet hatten und auch mit keinem Onkel zusammenlebten, sie galten als untadelig keusch und treu. Mit weniger Nachsicht auskommen mussten Jungen, deren Mütter mit Onkeln zusammenlebten, ohne mit ihnen Kinder zu haben. Am schlimmsten aber war es für Jungen wie Heinrich, deren Mütter Kinder von den Onkels hatten und sich, wenn sie die Männer wechselten wie Heinrichs Mutter, »von einer Sünde in die andere« begaben.

Unter dem Makel der unehelichen Geburt und der »wilden Ehe« seiner Mutter hat auch der junge Klaus Wowereit gelitten. »Meine Mutter«, schreibt er, »trug zeitlebens den Namen ihres ersten Mannes: Grüner. Das Gesetz forderte jedoch, dass ich den Mädchennamen meiner Mutter annehmen musste: Wowereit. So war ich von klein auf immer wieder mit der peinlichen Situation konfrontiert, erklären zu müssen, warum ich Wowereit, meine Mutter jedoch Grüner hieß.«[33]

Die Mutter des späteren SPD-Politikers und Berliner Regierenden Bürgermeisters hatte fünf Kinder von drei Männern und lebte schließlich mit einem vierten Mann zusammen. Die ersten drei Kinder, geboren zwischen 1935 und 1942, stammten von ihrem Ehemann Herbert, der wahrscheinlich in Rumänien fiel. Das vierte Kind, geboren 1947, stammte von einem zurückgekehrten Soldaten, der nach kurzer Zeit an den Spätfolgen des Krieges starb. Der Vater des 1953 geborenen Klaus Wowereit war fünfzehn Jahre jünger als die Mutter; die ungleiche Beziehung ging nach kurzer Zeit auseinander. Wowereits »männliche Bezugsperson« wurde daraufhin Gustav, »der Lebensgefährte meiner Mutter, den sie als ihren ›Verlobten‹ vorstellte, so wie es damals in Beziehungen üblich war, die nicht dem bürgerlichen Ehe-Diktat entsprachen. Hertha war sehr pragmatisch. Eine neuerliche Heirat hätte ihre kleine Kriegerwitwenrente gefährdet. Dieses Risiko wollte sie, bei aller Liebe, nicht eingehen.«

Der »sittliche Notstand« der Betroffenen ließ selbst die Kirchen nicht ungerührt. In Österreich verschickte die katholische Bischofskonferenz 1953 einen Rundbrief, in dem sie erklärte, dass Priester den jeweiligen Einzelfall zu prüfen hätten und ein Sakrament der Ehe gegebenenfalls auch Paaren nicht verweigern sollten, die nicht standesamtlich getraut seien: Österreich erlaubt Nur-Kirchen-Ehen, wenn sie mit Einwilligung des Bischofs geschlossen werden.

In Deutschland hingegen kam es zu einer Anklage wegen Missachtung des gesetzlichen Verbots einer religiösen Voraustrauung, als bekannt wurde, dass Pfarrer Xaver Neun die Kriegerwitwe Anna Weizhofer und den Milchfahrer Ludwig Stallhofer am 27. März

«Blauer Himmel über der Ruhr» lautete der Slogan, mit dem der spätere Bundeskanzler Willy Brandt 1961 in den Wahlkampf zog. Doch obwohl oft dunkle Rußwolken über der Ruhr hingen, kümmerten sich in jenen Jahren weder Eltern noch Kinder um die Luftverschmutzung. Viel wichtiger war, ob die Kinder ihren Vater verloren hatten oder mit einem »Onkel« einen Ausflug unternehmen mussten, mit dem die Mutter nicht verheiratet war.

1954 heimlich getraut hatte. Die Fast-Eheleute wurden des Konkubinats bezichtigt, Pfarrer Neun und sein ebenfalls eingeweihter Generalvikar wegen Verstoßes gegen Paragraph 67 des Personenstandsgesetzes angeklagt. Wochenlang beschäftigte der Fall die Presse. »Unsoziale staatliche Gesetze«, befand die *Süddeutsche Zeitung* voller Verständnis für das Vorgehen des Priesters, »dürfen Gläubige nicht in Gewissensnot treiben und ihnen die Sakramente vorenthalten.« Der von der Verteidigung aufgebotene Theologieprofessor Klaus Mörsdorf hoffte sogar, das Verhältnis zwischen Staat und Kirche neu aufrollen zu können: »Die Kirche verweigert dem Staat die Kompetenz, über die Ehen der Christen zu entscheiden.«

Die öffentliche Meinung war allerdings gespalten. Auf die Frage des Allensbacher Instituts für Demoskopie, ob die Befragten einen Mann und eine Frau als Ehepaar ansehen würden, die sich kirchlich hätten trauen lassen, ohne vorher zum Standesamt gegangen zu sein, erklärten sechzig Prozent der Männer und Frauen, sie würden die beiden nicht als Ehepaar ansehen, 33 Prozent hielten die beiden für ein Ehepaar (34 Prozent der Männer, 33 Prozent der Frauen), sieben Prozent hatten keine Meinung.[34] Das Gericht beharrte erwartungsgemäß auf der übergeordneten Kompetenz des Staates, zeigte sich durch milde Urteile aber einfühlsam. Die religiöse Voraustrauung wurde als Ordnungswidrigkeit mit einer Verwarnung ohne Bußgeld bestraft.[35]

Auch die evangelische Kirche tat sich schwer mit der Onkelehe. »Um einer Pfarrwitwe den seelischen Konflikt zu ersparen, wenn sie sich wieder verheiraten möchte und ihr die wirtschaftlichen Verhältnisse den Verzicht auf die Witwenpension nicht gestatten«, gestand die Landessynode in Schleswig-Holstein Pfarrwitwen bei Wiederheirat immerhin eine Abfindung in Höhe einer Jahrespension zu. Außerdem lebten ihre Rentenansprüche aus der ersten Ehe nach dem Tod des zweiten Mannes wieder auf und wurden sogar durch die neu erworbenen Ansprüche ergänzt. Aus moralischen Gründen konnte sich die Kirche allerdings nicht dazu durchringen, die Rente auch nach einer Scheidung wieder zu zahlen.

Schätzungsweise lebte in den fünfziger Jahren jede sechste Kriegerwitwe ohne Trauschein mit einem Mann zusammen. Diese Größenordnung wurde durch die Umfrage in einer Volksschule in Schleswig-Holstein bestätigt, in der zwanzig Prozent der Schüler aus häuslichen Verhältnissen stammten, in denen Mann und Frau nicht verheiratet waren. Einen ähnlichen Anteil unverheirateter Paare stellte auch Dr. med. habil. Robert Engelsmann, Dozent für Hygiene und Obermedizinalrat a.D.,[36] in einer Umfrage unter kinderreichen Familien in Lübeck fest, der umfangreichsten Studie, die in Westdeutschland bis 1953 über Kinderreiche angefertigt worden war.

Bei den 2638 Antworten, die bei Dr. Engelsmann einliefen, war in 471 Fällen, also bei fast 18 Prozent der Kinder, als Beruf des Familienoberhauptes »Witwe« eingetragen. Erstaunlicherweise hatten von diesen 471 Witwen noch 403 nach dem Krieg Kinder geboren: 103 Frauen ein weiteres Kind, 58 zwei, 28 drei und 25 vier weitere Kinder. Und noch etwas erstaunte Dr. Engelmann. Während in den »unversehrten« Familien nach dem Krieg durchschnittlich 0,73 Kinder geboren wurden, waren es in den Onkelehen 1,89 Kinder. Engelmanns mannesbewusst vorgetragene Schlussfolgerung: »Der Onkel ist das Salz in der Familie.«[37]

Die Onkelehen enthüllten die Ohnmacht der staatlichen und kirchlichen Tugendwächter, die ihre moralischen Normen nicht gegen finanzielle Erwägungen durchsetzen konnten. Als mit der Neuordnung des Bundesversorgungsgesetzes im Jahre 1960 der Anspruch auf Kriegerwitwenrente auch nach dem Tod des zweiten Mannes und bei schuldloser Scheidung wieder auflebte, verschwand die Onkelehe in kürzester Zeit aus dem gesellschaftlichen Leben. Paare waren nicht mehr gezwungen, zwischen Moral und Geld zu entscheiden.

Als moralisch noch bedenklicher als die Onkelehen galten Beziehungen deutscher Frauen zu den Besatzungssoldaten.

Das Ausmaß der Fraternisierungen überraschte Deutsche und Amerikaner gleichermaßen; diesseits und jenseits des Atlantiks wurden die Kontakte als unpatriotisch und unmoralisch verurteilt. In Deutschland galten die Frauen als Verräterinnen, die die Schicksalsgemeinschaft der Geschlagenen verließen und sich mit dem siegreichen Feind einließen. »Sie vergessen den ganzen Jammer und die Not des Vaterlandes«, klagte ein Stuttgarter Oberkirchenrat im März 1946. »Ihr Benehmen ist eine Schmach für die heimkehrenden Männer und ein Ärgernis für die ganze Öffentlichkeit.«[38]

Deutsche Frauen, die sich mit amerikanischen Soldaten einließen, fügten den deutschen Männern eine zweite Niederlage zu, indem sie den einstigen Feinden den Vorzug gaben. Außerdem genossen diese deutschen Frauen eine Atmosphäre und ein Leben, auf das die deutschen Durchschnittsmänner nur voller Neid und mit Bitterkeit blicken konnten. »Um die amerikanischen Jungen war Luft, die Luft der weiten Welt; der Zauber der Ferne, aus der sie kamen, verschönte sie«, schrieb Wolfgang Koeppen 1951 in seinem Roman *Tauben im Gras.* »Die amerikanischen Jungen waren freundlich, kindlich und so unbeschwert. Sie waren nicht so mit Schicksal und Angst, Zweifel, Vergangenheit und Aussichtslosigkeit beladen wie die deutschen Jungen.« Sie waren nicht die Geschlagenen, sondern die Sieger. Sie kamen nicht abgerissen, verwundet, ohne Selbstvertrauen, sondern als Angehörige einer moralisch und politisch überlegenen Großmacht, die mit Cocktailpartys sowie dem Jazz und Swing ihrer Clubs die Atmosphäre einer heiteren, vitalen Welt verströmten. Viele besaßen zudem eine sexuelle Ausstrahlungskraft, die Leidenschaft, große Gefühle und Lebendigkeit versprach. Statt sich als Witwe in Entsagung zu üben oder als dienende Ehefrau und Mutter an den heimischen Herd zurückzukehren, »sabotierten die ›Fräuleins‹ das nationale Projekt mit ihrer ›Fahnenflucht‹ zum Exotischen, Anderen, das die Amerikaner, vor allem die Afroamerikaner, darstellten.«[39]

In Amerika erschienen die Frauen als Verführerinnen zum Laster. Sie standen am Rande der Autostraßen, »Hunderte gutaussehender gesunder Blondinen, liebeslustig und ohne moralische Hemmungen«, schrieb der Zeitzeuge Arthur D. Kahn. »Sie standen in Gruppen, zu zweit oder zu dritt, manchmal auch zu zehnt, zu

Unpatriotisch und unmoralisch: Deutsche »Fräuleins«, die sich mit Besatzungssoldaten einließen, galten vielen als Verräterinnen, die für Nylonstrümpfe, Zigaretten und Sex der Schicksalsgemeinschaft der Geschlagenen und Besiegten den Rücken kehrten.

zwölft, sie lächelten, winkten, und ihre einladenden Gesten waren deutlich genug.« Um ihre Soldaten von diesen lasterhaften »Fräuleins« fernzuhalten, wurden sie als eine neue Variante der »Nazi-Gretchen« dargestellt, die angeblich besonders anfällig gewesen waren für die Nazi-Ideologie und dem Führer sogar Kinder geboren hatten. »Stay away from Gretchen«, titelte die Zeitschrift *Newsweek* im Juli 1945.

Ein Fraternisierungsverbot, von der amerikanischen Militärführung noch in den letzten Kriegsmonaten erlassen, um die angebliche Unterwanderung amerikanischer Truppen zu verhindern, entfaltete allerdings ebenso wenig Wirkung wie die 250 000 Poster in den Kasernen, die vor dem »hübschen deutschen Mädchen« warnten: »Sie hasst dich, genau wie ihr Bruder, der gegen dich kämpft, genau wie Hitler, der ihre Gedanken laut ausspricht. Don't fraternize.«

»In der ganzen Stadt (Nauheim) gab es Aushänge, auf denen Fraternisierungsverbote und Ausgangssperre für Deutsche verfügt wurden«, bestätigt Katharina Militello, die damals ihren zukünftigen Mann kennenlernte.[40] »Doch schon nach den ersten Ami-Patrouillen, die nach Waffen und Wehrmacht-Nachzüglern suchten, erwiesen sich diese Bestimmungen als gegenstandslos. Jeder wollte, dass der Krieg aufhörte, auch die Soldaten. Es war Mitte März 1945, und im Osten und Süden wurde noch gekämpft … Unsere Treffen fanden dann nur heimlich statt, wenn die Militärpolizei nicht in Sichtweite war, und die meisten von denen hatten ebenfalls deutsche Freundinnen« – Fräuleins.

In den zwanziger Jahren waren »Fräuleins« noch respektierte berufstätige Frauen gewesen, die ihre Unabhängigkeit zu schätzen wussten. Nach dem Zweiten Weltkrieg wurde »Fräulein« zur verächtlichen Bezeichnung für alle Frauen, die Beziehungen zu Besatzungssoldaten aufnahmen. »Amiflittchen« galten als Prostituierte, die mit Sex für Zigaretten, Nylonstrümpfe, Alkohol und Vergnügungen bezahlten. Ob eine Frau zielgerichtet Kontakt zu einem Soldaten aufnahm, weil die Familie Hunger litt, ob sie auf eine Beziehung spekulierte, die sie ins amerikanische Paradies führen würde, ob sie sich verliebt hatte oder mit Drinks und Spaß die triste deutsche Trümmerlandschaft aufhellen wollte, fand höchstens Berücksichtigung bei denen, die als Verwandte oder Freunde von den Kontakten profitierten. Ansonsten galten »Fräuleins« als Gegenbild zu den aufopferungsbereiten Trümmerfrauen, als Inkarnation für den Werte- und Sittenverfall.

»Dagmar trägt ein elegantes Kleid, hochhackige Pumps und ein Paar Nylon-Strümpfe«, so das 1950 erschienene Romanheft unter dem bezeichnenden Titel *Veronika Dankeschön*. »Es ist, als hätte sie mit ihren alten Sachen Kummer und Sorgen abgelegt. Ein angenehmes Prickeln durchläuft ihren Körper, und sie hat das unbestimmte Gefühl, als warte heute noch ein wunderbares Abenteuer auf sie. – Bald darauf erscheinen unter großem Lärm und Jubel Jonny und seine Kameraden mit ihren Freundinnen. Auf der Diele knallen schon die Sektkorken ... Der Raum dröhnt vom Stampfen der Jitterbugtänzer. Plötzlich durchbricht eine Stimme den Lärm: *Hallo, Anita, what about a strip-tease?*«[41]

Das Fräulein »Veronika Dankeschön« verdankte seinen Namen der in Militärkreisen damals üblichen Umschreibung von »venereal diseases« (Geschlechtskrankheiten), die als Folgen der deutsch-amerikanischen Kontakte verstärkt auftraten. Allerdings vermochte selbst die Ansteckungsgefahr nicht abzuschrecken. »Der ›Trieb‹ macht sich dennoch bemerkbar«, hieß es in einer Truppeninformationsschrift vom September 1946 in einem Artikel über den »Preis der Ehre«, »und findet sein Ziel bei einem Typ Mädchen, dessen Verhalten sich völlig von dem unterscheidet, woran der durchschnittliche Soldat zu Hause Geschmack findet.«[42]

Dreigroschenromane lockten vor allem mit der Sinnlichkeit der schwarzen Soldaten, die Sittenwächter als animalisch verurteilten. »Er hatte seine Sachen über einen Sessel gehängt und stand ein bisschen gekrümmt, während er das kurze Unterhemd über den Kopf zerrte. Über und unter dem kleinen, weißen Dreieck seiner knappen Unterhose glänzte die schwarze Haut wie gesalbt. Marlene zog heftig an ihrer Zigarette. Dass es immer wieder so war ..., sie blies eine

Wolke Zigarettenrauch ins Zimmer ..., dass man immer wieder so verrückt sein konnte darauf! Diese junge, dunkle, glänzende Haut! Sie waren alle so jung gewesen, fiel ihr ein, Nick und Bill Simpson und Dan und die anderen, viel jünger als sie selbst. Jung und stark und von nie gekannter unterwürfiger Zärtlichkeit ... Weiße Männer ... Marlene schüttelte den Kopf. Sie konnte es sich schon gar nicht mehr vorstellen. Weißhäutige Männer ... das hatte so etwas Verweichlichtes, Kraftloses.«[43]

Obwohl die deutsch-amerikanischen Beziehungen durchgängig mit dem Etikett der Prostitution versehen wurden, waren nicht wenige von längerer Dauer. Von den etwa 67 700 Kindern, die im ersten Nachkriegsjahrzehnt von Soldaten der alliierten Besatzungsmächte gezeugt wurden, stammten weit über die Hälfte von Amerikanern.[44] »Für die sehr oft vorhandenen Kinder, für Wohnung und Lebenshaltung wird vom Partner großzügig gesorgt«, stellte denn auch ein deutscher Sachautor Mitte der 1950er Jahre fest. »Oft werden Dirnen (!), die unter normalen Verhältnissen wenig Aussicht auf eine Heirat hätten, geehelicht und als Soldatenfrauen in fremde Staaten mitgenommen.«[45]

Die Emigration in die USA erwies sich jedoch als äußerst schwierig, vor allem, wenn es sich bei den Männern um Afroamerikaner handelte. 96 von über fünfhundert schwarz-weißen Paaren in Deutschland haben bei der amerikanischen Militärführung eine Heirat beantragt; nur in einem einzigen Fall wurde dem Antrag stattgegeben. Die wenigen deutschen Frauen, die ihren schwarzen Männern in die USA folgten, erlebten allerdings einen Schock, als sie mit Schildern konfrontiert wurden wie *For Coloured only*. Die Rassentrennung in Amerika wurde erst 1964 aufgehoben.

Von den schätzungsweise 4776 *brown Babys*, die in Deutschland bis 1955 zur Welt kamen, wurden viele zur Adoption freigegeben. Einige blieben in Deutschland, andere gelangten in die USA. Durch Hinweis der Adoptiveltern oder aufgrund eigener Nachforschungen fanden einige von ihnen inzwischen ihre deutschen Geschwister.

Zum Beispiel Friederike Schulze-Holzwickede [46]

W ir mussten ihn Onkel Selk nennen. Er war Marineoffizier und hatte nach dem Krieg eine Anstellung bei der westfälischen Konservenfabrik Hengstenberg gefunden. Als Vertreter für Esswaren brachte er viel Geld nach Hause. Sein Pkw der Marke Borgward und die Dosen mit Ravioli müssen meine Mutter bewogen haben, sich wieder mit einem Mann einzulassen. Dabei war er ziemlich dick und ungebildet. Er hatte keine Kinder, war aber verheiratet, und seine Frau wollte sich nicht scheiden lassen. Meistens besuchte er uns zum Essen, danach stieg er mit meiner Mutter ins Auto und verschwand mit ihr. Über Nacht blieb er nie.

Meine Großmutter hat deutlich zu verstehen gegeben, dass sie das Verhältnis unmöglich fand. Unmoralisch, so was tut man nicht, schon gar nicht, wenn erst drei Jahre seit dem Tod des Ehemannes vergangen sind. Es hat deswegen viel Ärger zwischen den beiden Frauen gegeben. Obwohl ich eifersüchtig war und Onkel Selk nicht ausstehen konnte, habe ich mich immer auf die Seite meiner Mutter gestellt. Was die Beziehung für meine Mutter bedeutete, konnte ich noch nicht ermessen – wahrscheinlich war Sexualität für diese lebenslustige und erdverbundene Frau wichtig. Ich war einfach böse, wenn sie, die ich abgöttisch liebte, mit spießigen Gründen von einer Frau angegriffen wurde, die ich schrecklich langweilig fand. »Völlig egal, was die Nachbarn denken«, habe ich meine Großmutter angebrüllt und die Türen geknallt. Vielleicht waren die im Dorf einfach nur neidisch, dass bei uns Büchsen-Ravioli auf dem Tisch standen …

Mein Vater existierte in der Familie nur als eine Schattengestalt. Als er 1942 in sowjetischer Gefangenschaft starb, war meine Mutter

32 Jahre alt. Gerade einmal sechs Jahre hatte ihre Ehe gedauert. Wenn meine Mutter von ihrem Mann erzählte – und das geschah nur, wenn ich sie ausdrücklich danach fragte –, schilderte sie ihn immer als lustig, aber schwach. Bei Besuchen von Freunden hätte er zunächst die ganze Runde amüsiert und sei dann noch in der Gesellschaft eingeschlafen. Konnte man ihn überhaupt ernst nehmen? Ich weiß nur, dass er gern historische Bücher las. Von meiner Mutter aber hörte ich nur lauter komische Geschichten vom »Sonnyboy«. Angeblich soll seine Mutter meine Mutter vor der Heirat gewarnt haben: Er sei nicht ganz zuverlässig. Er trank gern und hatte ungeheure Schulden.

»Ob unsere Ehe gehalten hätte«, meinte meine Mutter, »weiß ich nicht. Er war halt ein schwacher Mensch.« Und ich dachte, so etwas sagt man kleinen Töchtern nicht.

Sie hat ihn aber auch nie als einen Helden dargestellt, der für das Vaterland gefallen sei. Nur dann, wenn ich zehn Pfennig für die Schulverwaltung brauchte, hieß es: »Ich habe kein Geld, ich habe für das Vaterland mein Liebstes gegeben, was ich hatte.« Dass er zum Helden wurde, wenn es ums Geld ging, hat mich schon als Zehnjährige gegen Heldenverehrung misstrauisch werden lassen. Ich konnte später nur mühsam meine Schwiegermutter ertragen, deren Denken noch nach drei Jahrzehnten um einen idealisierten, gefallenen Ehemann kreiste. Das war die Kriegerwitwe, wie man sie erwartete: treu bis zum Tod.

Im Krieg hatten wir nur die übliche offizielle Vermisstenmeldung erhalten. Etwas später kam ein Brief seines Vorgesetzten, der Vater als liebenswürdigen, zuverlässigen und netten Menschen schilderte. Diesen Brief habe ich immer und immer wieder gelesen, weil aus ihm ein so anderes Bild hervorging als aus den Schilderungen meiner Mutter. Leider ist er irgendwo verschwunden.

Die genauen Umstände vom Tod meines Vaters haben wir erst nach 1945 erfahren. Da tauchte ein Mann auf, der meinen Vater in einem russischen Kriegsgefangenenlager kennen gelernt hatte, ein Schreiner aus dem Nachbardorf, wie sich in ihren langen Gesprächen herausstellte. Mitten im Krieg bei Smolensk hatten sich die beiden kranken Männer auf ihren Pritschen versprochen: Wer überlebt, wird der Familie des Anderen Bescheid sagen. So erfuhren wir, dass mein Vater im Oktober 1942 gefangen genommen worden war und einen Monat später an Typhus oder Entkräftung gestorben ist. Wahrscheinlich stammen auch das Tagebuch, die Blechmarke, der Siegelring und die Brieftasche mit dem Arbeitsbuch meines Vaters von diesem rührenden Kameraden. Er muss sie bis Kriegsende in seinem Gepäck mitgeschleppt haben, um meiner Mutter die Gewissheit zu verschaffen: Ihr Mann ist gefallen.

Ich hätte die wenigen Hinterlassenschaften meines Vaters bei der Auflösung des Haushalts meiner Mutter am liebsten vernichtet. Mein Sohn hat mich davon abgehalten – Gott sei Dank. Heute denke ich, mein Vater darf doch nicht einfach verschwinden. Das Foto, das einst eingerahmt über dem Bett meiner Mutter hing, hängt jetzt neben meinem Bett. Auf die Rückseite habe ich seine Blech-Erkennungsmarke geklebt, die erstaunlicherweise nach seinem Tod nicht durchbrochen wurde. Ich habe auch versucht, über die Kriegsgräberfürsorge herauszufinden, wo er begraben liegt. Hätte er ein Einzelgrab, wäre ich nach Russland gefahren und hätte es besucht. Aber er liegt verscharrt in einem Massengrab. Und wegen eines Massengrabes fahre ich nicht nach Smolensk.

Ich habe nur zwei ganz flüchtige Erinnerungen an meinen Vater, denn als er im September 1939 eingezogen wurde, war ich erst ein halbes Jahr alt. Danach kam er nur immer kurz auf Urlaub. Einmal steht ein Mann in Uniform im Badezimmer, wirft mich in die Luft, und ich lache. Ein anderes Mal liege ich im Bett und bete: Lieber Gott, mach mich fromm, und lass Vati wieder gesund nach Hause kommen. »Heute brauchst du nicht für mich zu beten«, sagt da ein Schatten neben mir, »ich bin ja zu Hause.«

Ich habe ihn stark vermisst, habe im Alter von acht bis zehn Jahren viel geweint, ganz schlimm war es auch in der Pubertät. Gäbe es einen Vater, dachte ich, wäre alles einfacher für mich. Ich fühlte mich vom Schicksal schlecht behandelt. Als Adenauer 1955 die letzten Kriegsgefangenen aus der Sowjetunion holte, habe ich den Fernseher angestellt. Und während Mutter und Großmutter unisono erklärten: »Wir wollen das nicht sehen!«, habe ich gebannt den ganzen Nachmittag vor dem Bildschirm gehockt: Vielleicht ist er ja doch dabei! Vielleicht kommt er doch noch zurück!

Dazu kam, was selten in Deutschland war: Alle meine Schulkameraden in der Grundschule hatten einen Vater. Flüchtlingskinder gab es mehrere, aber in meiner Klasse war ich die Einzige, die aufstand, wenn nach Kriegswaisen gefragt wurde – und das bei 25 Kindern. Das war mir peinlich. Später auf der Oberschule in Hamm war das anders.

Ich sehnte mich nach einer Familie, wie ich sie nicht gehabt hatte, einer Familie mit einem Ehemann und einem Vater. Wahrscheinlich wurde ich deswegen so nachtragend, als mich mein Mann nach fast dreißig Ehejahren verließ. Neben der persönlich bedingten Enttäuschung, neben Wut und Trauer hat mich der Verrat an der *Idee* der Familie verletzt. Zu einer Familie gehört nach meiner Auffassung, dass sie unauflöslich ist.

Auf dem alten Familiengut in Pelkum bei Hamm waren wir gelandet, weil unser Haus bei Bad Salzuflen von der britischen Besatzungsmacht beschlagnahmt worden war. Früher, als die Herren Schulze-Pelkum noch Dorfrichter und Ehrenamtmann des Amtes Pelkum sowie Mitglied des Preußischen Abgeordnetenhauses waren, stellte die Familie etwas dar. Nach dem Tod der Urgroßeltern gegen Ende des Ersten Weltkriegs begann der Abstieg. Mein Großvater zog als Arzt bereits in die Stadt; eine Zeitlang stand der Hof leer. Dann quartierte sich die NS-Reichsbauernschaft Zweigstelle Pelkum ein. Als die Amerikaner 1945 auf die mit nationalsozialistischen Fahnen, Wappen und Abzeichen ausgeschmückten Räume stießen, haben sie das Mobiliar kurz und klein geschlagen, die Fensterscheiben zertrümmert, die Kleidung auf dem Dachboden geplündert, sämtliche Tasten aus Tante Ernas Flügel herausgerissen. Selbst die Jalousien wurden gewaltsam aus ihren Fassungen gezerrt, so dass die Fenster notdürftig mit Holzlatten verschlossen werden mussten.

Nach dem schönen Haus bei Bad Salzuflen empfand ich Pelkum als unglaublichen Abstieg. Das Haus, das einmal einer einzigen Familie zur Verfügung gestanden hatte, beherbergte nun fünfzig Menschen, vor allem Flüchtlinge, die sich zwei Ziehtoiletten und ein Plumsklo teilten, überall standen zusätzlich Pinkelpötte herum. Unser Ziehklo war fast ständig verstopft. Wie das stank!

Und dann diese Weiberwirtschaft! Meine Mutter, meine Großmutter und wir beiden Töchter schliefen zusammen in einem Zimmer: Mutter und Großmutter im Ehebett meiner Eltern, meine Schwester und ich in den »Übereinanderbetten«, die wir gebaut hatten. Zu unserer Großfamilie gehörten noch die beiden verwitweten Schwestern meiner Großmutter. In dem doch recht einfachen Bad hingen für jede Frau ein Handtuch und ein Waschlappen; ich habe immer geschnüffelt, ob jemand mein Handtuch benutzt hat.

Wir gehörten nirgends mehr dazu. Im Dorf gab man uns zu verstehen, dass wir – so ganz ohne Glanz und Gloria und runtergekommen wie einst die Buddenbrooks – keine Autorität mehr darstellten. Außerdem war da der Makel mit dem unmoralischen Verhältnis meiner Mutter. Und in Hamm, wo ich auf das Gymnasium ging, hörte ich immer wieder mitleidige Äußerungen wie: »Die armen kleinen Enkelinnen von Doktor L., die wohnen jetzt auf dem Dorf.« Plötzlich waren wir die Unkultivierten vom Land, obwohl doch meine Großmutter und meine Mutter gutbürgerlichen Familien aus der Stadt entstammten.

Meine Mutter hat immer betont, wie viel besser es wäre, wenn es wieder einen Mann im Hause gäbe. Sie nahm zwar gern selbst die Zügel in die Hand, hätte die Rolle der Alleinverdienerin aber gern aufgegeben für ein angenehmeres Leben wie vor 1939. Da amüsierte man sich in Hamm auf den großen Korpsbällen meines Vaters, traf sich im Ruder- und Tennisklub und gehörte zu den besseren Kreisen. Sie genoss das gesellschaftliche Leben, Hausfrau wollte sie nie sein. Allerdings erwies sie sich als Witwe als erstaunlich selbstständig und handfest. Gleich nach dem Krieg arbeitete sie für einen Holländer, der unseren Hof gepachtet hatte. Sie führte sein Büro, organisierte die Arbeit der Frauen aus dem Dorf und ging selbst mit aufs Feld. Ich sehe sie noch fröhlich mit roten Backen und dicker Schürze über den Hof laufen. Solche Arbeit lag ihr.

Danach übernahm sie die Vertretung für eine Kosmetikfirma. Voller Begeisterung wühlten meine Schwester und ich in ihrem Musterkoffer mit all den Lippenstiften, Nagellackfläschchen und Cremes. Meine Mutter war selbst die beste Reklame für ihre Produkte. Sie schminkte sich, malte sich die Lippen an und hatte rot lackierte Fingernägel – und das bei uns auf dem Dorf! Da war sie schon wieder die »leichte« Frau. Aber es war ihr egal, wenn sich die Leute auf der Straße nach ihr umdrehten und über sie redeten. Sie war, wie sie war: Nehmt mich so, wie ich bin. Das hat mir einerseits imponiert. Sie sah fantastisch aus, war groß wie Ingrid Bergman, strahlte Lebenslust aus und war in jeder Beziehung eine Erscheinung. Andererseits war es mir peinlich, dass sie sehr bunte – zu bunte, wie ich meinte – Kleider trug, dass sie sich die Haare braunrot färbte und laut und volkstümlich derb sein konnte. Bei den Leuten kam das an, ich hingegen genierte mich: »Mutti, musst du so laut sein?« Ich hätte gern eine Dame als Mutter gehabt, eine Intellektuelle dazu. Um mich von ihr abzugrenzen, trug ich graue Faltenröcke und weiße Blusen, und sie sagte mit verächtlichem Blick: »Igitt!« Sie hatte keine Ahnung, was in ihren beiden großen, dünnen Töchtern vorging, die schattenhaft, verschlossen, unsicher und ängstlich waren, so ganz anders als die Mutter.

Schließlich wurde meine Mutter Vertreterin für eine pharmazeutische Firma. Sie hatte ein kleines Auto, verkaufte Heftpflaster, Spritzen und Tabletten an Arztpraxen und tat, als hätte sie als Tochter und Schwester eines Arztes selbst Ahnung von Medizin – dabei verstand sie nichts davon. Doch als Tochter von Doktor L. öffneten sich ihr alle Türen. Auch diese Arbeit hat sie genossen, was sie nicht hinderte, in regelmäßigen Abständen ihr Klagelied anzustimmen: »Ich wünschte, hier wäre ein Mann im Haus.«

Die Beziehung zu Onkel Selk hat sie bis zu seinem Tod 1954 aufrechterhalten. Der Mann gab ihr Geld, Auto, Ravioli, Pelzmantel,

In der Woche trugen Hausfrauen, Arbeiterinnen und Verkäuferinnen selbstverständlich Schürzen über Rock und Bluse. Für Sonn- und Feiertage aber ließen sie schneidern oder schneiderten selbst mithilfe der Schnittmuster von »Burda«. Modezeitschriften zeigten, welche Hüte, Schuhe und Taschen die Dame zu den eleganten Kleidern und Kostümen trug.

Ferien. Er hat sie und uns üppig beschenkt, durch ihn erhielten wir 1954 den ersten Fernseher im Ort.

Wenn Selk nicht regelmäßig kam, rief sie ihn wütend an (wir hatten schon ein Telefon), obwohl sie riskierte, abgewimmelt zu werden: »Ich kann jetzt nicht sprechen. Meine Frau ist im Hintergrund.«

Einmal war Onkel Selk dabei, als wir in Urlaub fuhren, nach Dahme an der Ostsee. Ich fand den dicken Mann mit der Badehose am Strand unendlich peinlich und ekelte mich, wenn er sich im Pensionszimmer in der Waschschüssel wusch. Später habe ich mich gefragt: Wo und wann hatten die beiden Sex? Meine Schwester schlief mit unserer Mutter in einem Ehebett, ich musste mir mit Onkel Selk das Ehebett im zweiten Zimmer teilen. Ich habe getobt wie eine Hornisse und war wütend und neidisch auf meine Schwester, die durchsetzen konnte, dass sie bei Mutter schlief.

Wenn wir aus den Ferien zurückkamen, fragte die Großmutter immer: »War *er* denn auch mal da?« Oder als er mitgefahren war: »Wer hat denn wo geschlafen?« Trotz anders lautender Versprechen ist Onkel Selk jedoch nur ein einziges Mal mitgefahren. Meine Mutter war immer außer sich, wenn er am Tag der Abreise einfach nicht erschien. Ich erhielt allerdings auf diese Weise auf Spiekeroog ein Zimmer ganz für mich allein unter dem Dach.

Dank Onkel Selk erhielten wir, was wir uns sonst nicht hätten leisten können. Meine kleine Schwester ließ sich mit Bonbons bestechen. Das habe ich ihr immer vorgeworfen. Mich hat er nicht einmal mit dem Kleid gewonnen, das er mir für den Abschlussball der Tanzstunde schenkte. Schwerer fiel es schon, seinem Werben zu widerstehen, als er eines Tages mit einem Plattenspieler vor der Tür stand. Und was für einem Plattenspieler: Der Deckel ließ sich aufklappen, darunter befand sich Raum für die Schallplatten, das ganze Dorf stand bewundernd um das schöne Holzgehäuse herum. Sogar für Platten hatte Onkel Selk gesorgt. Aber was war's? Operette. So hatte ich einen guten Vorwand, meine Distanz zu ihm zu wahren, denn ich liebte klassische Musik und Opern.

Von einer Nachbarin erfuhr ich später, dass meine Mutter sich über Onkel Selk auch beschwert hat: »Meine besten Jahre habe ich an diesen Mann verschwendet!« Es hat sie gekränkt, dass sie ihn nie ganz für sich hatte und sich immer mit dem zweiten Platz begnügen musste. Erst als er sehr krank war, wollte sich seine Frau scheiden lassen. »Aber da wollte ich ihn nicht mehr heiraten«, soll meine Mutter der Nachbarin erzählt haben. »Wieso sollte ich jetzt den kranken Mann pflegen?« Ein letztes Mal fühlte sie sich nach seinem Tod zurückgesetzt. Er hatte sie nicht in seinem Testament bedacht. Als ich kurz vor ihrem Tod versuchte, mit ihr noch einmal über die Beziehung zu reden, winkte sie ab: »Über so was spricht man nicht.«

Ich war fünfzehn und erleichtert, als Onkel Selk starb: Den sind wir los! Ich habe die Schuhkartons nach seinen Fotos durchsucht und jedes Foto zerrissen, auf dem er abgebildet war. Ich habe ihn gehasst, weil ich eifersüchtig war, da sie so viel Zeit mit ihm verbrachte. Außerdem hatte sich irgendwie auch in mir etwas von dem Gerede über das unmoralische Verhältnis festgesetzt.

Meine Mutter wirkte in unserem traditionsgeprägten Ambiente wie ein sympathisches, aber nicht wirklich standesgemäßes Enfant terrible. Das Moderne, wie sie es verkörperte, erschien mir unmoralisch, laut, bunt und oberflächlich. Männer, schicke Kleider, Kosmetik, Rock 'n' Roll, Tanzschule wirkten auf mich nicht verführerisch, eher abstoßend. Ich sah mir im Fernsehen lieber Übertragungen von Opern und Theaterstücken an und versenkte mich in Bücher aus unserer Bibliothek, in denen mich beispielsweise Eduard von Keyserling in die Schlösser und Landhäuser der ebenfalls vom Abstieg bedrohten baltischen Adelsfamilien entführte.

Dabei war meine Mutter nicht die einzige Frau, die in unserem Freundeskreis »unmoralisch« lebte. Tante Annemarie, eine ihrer besten Freundinnen, stramm katholisch, aus einer alten Hammer Bürgerfamilie, hatte sich mit Onkel Wilhelm zusammengetan. Da Tante Annemarie ihren Kindern und den anderen Familienangehörigen keine »Schande« bereiten wollte, hat sie Onkel Wilhelm nach einiger Zeit geheiratet. Meine Mutter verstand ihre Freundin damals nicht.

»Wie kann man als Witwe eines Amtsrichters nur auf eine so sichere und gute Pension verzichten! Und dann noch für *den* Mann! Der hat nichts und ist in absentia in Polen zum Tode verurteilt worden wegen SS-Schweinereien. Wieso will sie *den* heiraten?«

Ich bin damals richtig wütend auf meine Mutter gewesen und habe sie angeschrien: »Sonst hast du ja nichts gegen Kriegsverbrecher. Warum auf einmal bei Onkel Wilhelm?«

Das muss 1952 oder 1953 gewesen sein, als ich mitbekam, dass unser schönes zweistöckiges Haus bei Bad Salzuflen einem jüdischen Zahnarzt gehört hatte, der es unmittelbar vor seiner Emigration nach London zu einem Spottpreis an meine Familie verkauft hatte. Nun hatte er uns ausfindig gemacht und forderte die Differenz zum fairen Kaufpreis. Ich höre noch, wie mein Onkel, meine Mutter und meine Großmutter auf übelste Weise über ihn herzogen. »Das ist wieder typisch jüdisch. Der ist nur hinter dem Geld her!«

Damals habe ich meiner Erinnerung nach den ersten Konflikt mit Mutter und Großmutter wegen der NS-Zeit ausgetragen. Meine Großmutter hatte das Haus des jüdischen Zahnarztes aus dem Vermögen ihres verstorbenen Arztgatten gekauft, denn Bekannte aus Militärkreisen im Ersten Weltkrieg hatten prophezeit: »Der nächste Krieg wird fürchterlich, die Deutschen werden sehr schnell die Lufthoheit verlieren. Also: raus aus den Städten.«

So waren meine Eltern kurz vor dem Krieg in die Provinz bei Bad Salzuflen gezogen; während des Krieges war uns die Großmutter aus Hamm gefolgt. Die ersten sechs Jahre meines Lebens bin ich daher in einem geräumigen, gepflegten und wunderschön gelegenen Haus mit Garten aufgewachsen. Allein auf der von uns bewohnten ersten Etage gab es ein Esszimmer, ein Wohnzimmer, ein Herrenzimmer, ein Kinderzimmer, ein Schlafzimmer und ein weiß gekacheltes, immer wunderbar duftendes Bad. Auf einem nach Norden über dem Eingang liegenden Balkon wurde im Sommer gefrühstückt. Oft bin ich zum Spielen an die Bega gelaufen, einen kleinen Nebenfluss der Werra, fast ein Bach, der nur wenige hundert Meter entfernt vorbeifloss.

Dieses relativ privilegierte Leben war bei Kriegsende plötzlich vorbei. Innerhalb weniger Stunden mussten wir raus aus dem Haus, das die Engländer für ihre Offiziere beschlagnahmten. Ich hatte mich wohl gefühlt in der Villa, nun fiel ein Schatten auf die schöne Erinnerung. Mit zwölf, dreizehn Jahren war ich alt genug, um zu erkennen, dass Mutter und Großmutter die Notlage des Zahnarztes ausgenutzt hatten. Ihr Vorgehen verletzte mein Gerechtigkeitsempfinden, ihre Uneinsichtigkeit weckte meinen Zorn. Jedenfalls war ich erleichtert, als wir zahlen mussten.

Ich setzte das Wissen, das ich in Gesprächen, Büchern und Filmen über den Nationalsozialismus einsog, mehr und mehr als eine Waffe ein, um mich von meiner Mutter abzunabeln. Sie war doch eine Täterin! Dabei war sie nicht einmal in der Partei. Sie hatte doch eine Freundin mit einem SS-Mann! Dabei interessierte sie im Kern ausschließlich das Private. Wenn meine Mutter mit uns Töchtern nach Münster fuhr, um die Auslagen in den eleganten Geschäften zu bestaunen und den Nachmittag im Café Schucan ausklingen zu lassen, einem der schönen, alten Cafés der Stadt, lief ihre Tochter, kaum dass sie ihren Kakao ausgetrunken hatte, hinüber zum Dom, um eine Kerze für den Bischof von Galen anzuzünden. Ich hatte nämlich erfahren, wie mutig dieser Theologe gegen die Euthanasie gekämpft hatte. Mir war eine Geste der Bewunderung wichtig, meine Mutter hat sie missbilligt.

So habe ich Großmutter und Mutter über Jahre hinweg gereizt. Habe beide wie eine Hornisse immer wieder attackiert. Weil sie schwiegen und im besten Fall abgedroschene Sätze wiederholten wie: »Hitler hat doch die Autobahnen gebaut.« Oder: »Damals konnte man ein Taschentuch fallen lassen, und wenn man eine Viertelstunde später zurückkam, lag es immer noch dort.« Sie ließen mich mit meinen Fragen allein. Ich weiß noch, wie entsetzt ich 1960 nach Hause kam, nachdem ich Erwin Leisers Dokumentarfilm *Mein Kampf* im Landkino des Nachbarortes gesehen hatte. Ich habe geheult, war fix und fertig und habe Mutter und Großmutter angeschrien: »Wie konntet ihr das zulassen?«

Die Vorstellung, dass mein Vater in Russland vielleicht in Morde an Zivilisten verwickelt gewesen sein könnte, war für mich entsetzlich. Zu Hause wurde nie über die Verbrechen der Wehrmacht und die Ermordung der Juden geredet. Stattdessen wurde von Armand erzählt, dem französischen Kriegsgefangenen im Dorf meiner Großeltern väterlicherseits: Wie gern er mit meiner Großmutter gesprochen hätte, weil sie als gebildete Frau natürlich das Französische beherrschte. Wunderbar habe er sich bei ihr gefühlt – wie ein Mitglied der Familie. Habe er nicht zwei Adventsengel für mich und meine Schwester geschnitzt? Der Krieg sei für die Opfer der Deutschen doch nicht immer nur schrecklich gewesen. Und immer wieder hörte ich: »Wir armen Deutschen. Wir armen Opfer. Das Haus zerbombt, der Ehemann gefallen.« Da war Vater plötzlich »das Liebste, das ich gegeben habe«.

Diese doppelbödige Moral hat mich ebenso wütend gemacht wie die stillschweigende Duldung diskriminierender und schließlich mörderischer Politik. Ich mochte das Gegen-den-Strich-Bürsten, das Wider-den-Stachel-Löcken, wie es auch in den fünfziger Jahren in den Programmen der »Stachelschweine« und des »Kom(m)ödchens« geschah. Ich kann mich auch bestens erinnern an Hansjörg Felmy, Johanna von Koczian und Wolfgang Neuss in *Wir Wunderkinder* und an Martin Held in *Rosen für den Staatsanwalt*. Meiner Neigung zum Sarkasmus kam besonders der Film des Berliner Emigranten Ernst Lubitsch *Sein oder Nichtsein* entgegen. Die Geschichte einer kleinen Schauspielertruppe in Warschau, die sich unter deutscher Besatzung in eine Widerstandsgruppe verwandelt, gelangte in Deutschland ja erst 1960 in die Kinos, achtzehn Jahre nach der Erstaufführung des Films.

Sie mussten doch etwas gewusst haben! In Großmutters Straße wohnten doch ein jüdischer Zahnarzt, ein jüdischer Rechtsanwalt, ein jüdische Arzt, die genau wie sie zum Bürgertum von Hamm gehört hatten. »Wieso fandest du gar nichts dabei«, warf ich ihr vor, »dass die eine Hälfte wegziehen musste, weil Hitler den Juden die Existenzgrundlage entzog, und die andere Hälfte verschwand, weil

Hitler die Juden ausrotten ließ? Wenn sie auch nicht deine Freunde waren, so waren sie doch deine Nachbarn!« Dann hörte ich von meiner Großmutter immer nur: »Wir konnten nichts tun. Das war doch alles angeordnet von Berlin!« Und ich: »Na und, wurde es dadurch besser?« Und sie: »Ich habe Dr. Goldschmidt doch noch geholfen und ihm den Teppich abgekauft.«

Wir hatten also nicht nur ein Haus von einem Juden, wir hatten auch einen Teppich von einem Juden. Erst lag er im Wohnzimmer meiner Großmutter, dann im Esszimmer meiner Mutter. Und nun liegt er bei mir. Er ist ziemlich zerfetzt, nichts mehr wert, aber ich habe ihn im Schnee gereinigt und notdürftig reparieren lassen. Meine beiden Söhne haben bereits ihr Interesse bekundet, ihn nach mir zu übernehmen. Vielleicht ist das irrational. Aber der Teppich ist für mich gegenständlich gewordene deutsche Geschichte. Durch ihn fühle ich mich mit der Vergangenheit und irgendwie auch mit einer Unterlassungsschuld der Familie verbunden.

Vor kurzem stieß ich im Radio zufällig auf Arnold Schönbergs *Ein Überlebender aus Warschau*. Der Text wurde auf Englisch gesprochen. Als im Englischen plötzlich die deutschen Wörter *Achtung!* und *Aufstehen!* auftauchten, stiegen Scham- und Schuldgefühle in mir hoch. Hätte ich nicht gewusst, dass das Stück nur elf Minuten dauert, hätte ich das Radio abgestellt. Ich konnte es kaum ertragen.

Im Nachhinein betrachtet hat die familiäre Vergangenheit wohl tiefere Spuren hinterlassen, als mir lange bewusst war. Schon als Kind habe ich mich für Geschichte interessiert. Andere haben Märchen gelesen, ich aber habe gebettelt: »Großmutter, erzähl mal, wie es früher war!« Oder ich habe mir den *Bildersaal deutscher Geschichte* gegriffen, den dicken Geschichtsschinken von 1890. Bis heute erinnere ich mich an den ersten Satz, den ich daraus lesen lernte: »Wutentbrannt durcheilte Hermann die deutschen Auen.« Ich habe meine Großmutter so lange gequält, bis sie mir die gotischen, altdeutschen Buchstaben erklärte. Als ich mir irgendwann, da kann ich noch keine sechs Jahre gewesen sein, den ersten Satz zusammensetzen konnte, war es *das* Erfolgserlebnis meines kleinen Lebens. Später waren die

Lehrer verzweifelt, wie sie diesem seltsamen Kind die lateinische Schrift und die richtige Rechtschreibung beibringen sollten, denn ich schrieb Tod mit dt und rot mit h am Ende.

Historische Bücher wurden und blieben meine Leidenschaft. Einmal hat mir meine Mutter zum Geburtstag *Karin von Schweden* geschenkt, eine Biographie über die Frau von Gustav Wasa, der Schweden von Dänemark befreite. Obwohl ich das Buch mit zehn Jahren las, fiel es mir sofort wieder ein, als ich fünfzig Jahre später nach Stockholm flog. Und ich bin sofort ins Museum gelaufen, um die Skulptur von König Gustav Wasa zu sehen, der es schaffte, Schweden aus der Kalmarer Union zu lösen.

Am liebsten hätte ich Geschichte studiert. Aber dann habe ich das Abitur geschmissen. In allen schöngeistigen Fächern gab es keine Probleme, aber hoffnungslos gescheitert bin ich in Mathematik, Physik und Chemie. In allen drei Fächern hatte ich drei Jahre lang eine Fünf. Irgendwann in der Unterprima legte ich deshalb meiner Mutter die Abmeldung vor: »Entweder du unterschreibst, oder ich fälsche die Unterschrift. Ich werde Buchhändlerin, da kann ich endlich alles lesen, was ich will.« Ich wurde tatsächlich Buchhändlerin und konnte alles lesen, was ich wollte. Doch der Beruf hatte einen Makel. Buchhändlerinnen waren damals höhere Töchter, die es zum Studium nicht geschafft hatten. Das fehlende Abitur hat mich noch jahrzehntelang verfolgt. Ich war schon längst verheiratet, hatte Kinder und lebte in Amerika. Doch noch immer träumte ich, ich säße auf der Schulbank und fürchtete, das Abitur nicht zu bestehen. Immerhin stellte sich wenigstens im Traum das sichere und beglückende Gefühl ein: »Ich *will* es schaffen, ich gebe nicht auf!«

Schon in Paris in der zweiten Hälfte der fünfziger Jahre gab ich nicht mehr auf, obwohl ich mich als Au-pair-Mädchen vom Lande in der riesigen Großstadt gänzlich verloren fühlte. Damals war eine Au-pair-Zeit noch nicht üblich, meine Mutter hat mich geradezu in die Selbstständigkeit gestoßen, weil die Buchhändlerlehre erst ein halbes Jahr nach dem Schulabgang begann. Alles war anders in Paris. Wenn wir samstags auf den Markt gingen, mussten wir uns manchmal unter die Tische werfen, weil zwischen französischen Polizisten und Algeriern ein Schusswechsel ausbrach. Das war auf der Höhe des Algerienkrieges. Algerien rückte nahe an mich heran, auch weil der Hausherr als Ingenieur in Algerien arbeitete. Das war der Ausnahmefall, in dem ich mich für Politik interessierte.

Nach den Erfahrungen mit unserer Weiberwirtschaft verwirrten mich in Paris außerdem die Verhältnisse in einer richtigen Familie. Ich hatte nie mit einem Mann in einer Wohnung zusammengelebt, war nicht gewohnt, morgens aufzupassen, wenn ich ins Bad ging, und hatte nie gelernt, einem erwachsenen Mann mit gleicher Souveränität zu begegnen wie einer erwachsenen Frau. Männer waren für mich eine Terra incognita. Mutter und Großmutter hatten uns Sex zudem als etwas Gefährliches und Schmutziges dargestellt, ich hatte Angst vor Männern und brauchte lange, bis ich diese Furcht abschütteln konnte.

Als meine Freundinnen in der Stadt anfingen, mit Jungen zu poussieren, saßen meine Schwester und ich im Dorf und hatten niemanden zum Poussieren. Es gab nur Bauernjungen. Und als sich Karlchen, der Sohn vom Schweizer, für mich interessierte, kamen die Großtanten und Urgroßtanten mit rauschenden Seidengewändern zusammen und erklärten: »Der ist nichts für dich. Der passt nicht zu uns.« Ich fand Karlchen nett. Er übte Mathematik mit mir, obwohl er gar nicht auf die Oberschule ging, da sein Vater entschieden hatte: »Du sollst nichts Besseres werden!« Karlchen musste beim Klempner in die Lehre gehen, und ich lernte, dass man nicht schwanger wird, wenn ein Mann einen küsst.

Im Nachhinein denke ich, dass die Deklassierung unserer Familie, die mir nach 1945 so deutlich vor Augen geführt wurde, eine gewisse Abwehr gegen die neue Zeit in mir hervorgerufen hat. Was »früher« gewesen war, erkannte ich noch an den herrschaftlichen Möbeln und dem schweren Silberbesteck. Ich konnte es auch ahnen, wenn meine Großmutter und ihre Schwestern sich am Telefon mit »Frau Justizrat K.« und »Frau Sanitätsrat L.« meldeten. Und wenn sie sogar in den kargen Nachkriegsjahren darauf bestanden, die

Mahlzeiten an einem Tisch mit weißer Tischdecke einzunehmen, die jeden Mittwoch und Sonntag gewechselt wurde. Dieser Stil und diese Ästhetik banden mich noch an die Zeit in Pelkum, als ich in Dortmund bereits meine Buchhändlerlehre absolvierte. Lieber nahm ich jeden Tag eine Stunde An- und Abfahrt in Kauf, als in einem möblierten Zimmer in Dortmund zu wohnen. Die Familie hatte zwar bessere Zeiten gesehen, aber Teile des alten Stils strahlten hinüber in die Nachkriegszeit. So trage ich beispielsweise bis heute einen Goldring, den meine Großmutter auf wundersame Weise aus den Trümmern ihres zerbombten Hauses rettete.

Ich fühle mich einer Welt zugehörig, die bereits untergegangen ist, und habe das Gefühl, nie dort angekommen zu sein, wohin ich zu gehören glaubte. Wahrscheinlich nutze ich meinen Sarkasmus, um die Trauer darüber wegzudrücken.

FRAUENPOLITIK – DAS VORZEIGEPROJEKT DER DDR

Die Ausgangslage war ähnlich: Auch in der Sowjetisch Besetzten Zone (SBZ) und dem Ostsektor Berlins waren es vor allem die Frauen, die nach Bombenangriffen, Flucht und Vertreibung die Trümmer beseiteräumten, für ein Dach über dem Kopf sorgten, Hamsterfahrten unternahmen, Tauschhandel betrieben oder irgendwo arbeiten gingen, um sich und die Familien zu ernähren. Es waren auch Frauen, die sich auf die Suche nach versprengten und vermissten Verwandten machten und Alte und Kranke pflegten, deren Zahl aufgrund ansteckender Krankheiten, mangelnder Hygiene und unzureichender medizinischer Versorgung in die Höhe schoss. Auch in der SBZ hatten Frauen lernen müssen, Verantwortung zu übernehmen und auf eigenen Füßen zu stehen, zwangsläufig waren sie auch in der SBZ selbstbewusster geworden. Und sie waren wie in den Westzonen in der Überzahl: Die Volkszählung am 1. Dezember 1945 registrierte 9,6 Millionen Frauen bei einer Gesamtbevölkerung von 16,2 Millionen. In der Altersgruppe der 18- bis 30-Jährigen kamen auf 100 Männer 297 Frauen, in der Altersgruppe der 30- bis 40-Jährigen 241. Insgesamt betrug der Frauenüberschuss 3 Millionen.[47]

Unterschiede zu den westlichen Besatzungszonen ergaben sich in erster Linie durch das Verhalten der Besatzungsmächte. Schon auf dem Vormarsch der Roten Armee war es in Ostpreußen, Pommern, Schlesien und Brandenburg zu zahlreichen Einzel- und Massenvergewaltigungen durch sowjetische Soldaten gekommen. In der SBZ und der ehemaligen Reichshauptstadt Berlin, so ein SED-Funktionär 1947, sei etwa jede zwanzigste Frau vergewaltigt worden. Publikationen im Westen sprachen sogar von bis zu neun von zehn Berlinerinnen. Wenn auch nur etwa sieben Prozent der Frauen in Berlin missbraucht worden sein sollten (wovon heute in der Regel ausgegangen wird), ergaben sich daraus bei 1,4 bis 1,8 Millionen Frauen etwa 100 000 bis 125 000 Vergewaltigungsopfer.[48]

Viele Frauen wurden schwanger; wahrscheinlich neunzig Prozent der Föten wurden abgetrieben. »Russenkinder« waren für die betroffenen Frauen ein Grund der Scham und für zurückkehrende Ehemänner häufig ein Scheidungsgrund. In der DDR war das Thema offiziell unterdrückt, in der Bundesrepublik freiwillig verschwiegen. Marta Hillers Tagebuchaufzeichnungen unter dem Titel *Eine Frau in Berlin*, in denen sie die Lage der Frauen in den ersten zwei Monaten nach dem Einmarsch der Sowjetarmee in Berlin schildert, riefen bei ihrem ersten Erscheinen in Deutschland 1959 vor allem negative Reaktionen hervor. Erst nachdem das Buch 2003 unter dem Titel *Anonyma – eine Frau in Berlin* erneut aufgelegt worden war, stand es wochenlang auf der Bestsellerliste und wurde verfilmt.

Anders als in den westlichen Besatzungszonen wurden in der SBZ und späteren DDR von 1948 an die Soldaten der Besatzungsmacht streng kaserniert. Wenn es nach Begegnungen im Alltag dennoch zu Verhältnissen kam, auf die sich die Frauen teils aus pragmatischen Gründen der Anschaffung, teils aus wirklicher Zuneigung einließen, hatten die Soldaten in der Regel mit sofortiger Versetzung in die Sowjetunion zu rechnen, während die Frauen Anklagen etwa wegen Spionage riskierten.

Über die tragische Beziehung seiner Mutter Wendelgard mit dem sowjetischen Leutnant Wladimir Jegorowitsch Fedotow hat Ulrich Schacht in dem autobiographischen Roman *Vereister Sommer* berichtet.[49] Die Besiegte und der Sieger hatten sich im Sommer 1949 auf einem Tanzvergnügen in Wismar kennen und lieben gelernt, im Sommer 1950 war Wendelgard Schacht schwanger geworden. Eine Heirat und eine gemeinsame Zukunft in der Sowjetunion scheiterten am Widerspruch der Besatzungsmacht, eine Flucht in den Westen kam für Wladimir Jegorowitsch Fedotow nicht in Frage.

Allein die Erörterung der Flucht reichte aus, Wendelgard Schacht zu verhaften und am 18. November 1950 zu zehn Jahren Arbeitslager wegen »Verleitung zum Landeshochverrat« zu verurteilen. Wladimir Jegorowitsch Fedotow hingegen wurde als angeblich »moralisch nicht gefestigte Person« in den äußersten Osten Russlands verbannt, von wo er erst nach fünf Jahren in seine Heimatstadt Moskau zurückkehrte.

Wendelgard Schacht brachte ihren Sohn Ulrich am 9. März 1951 im Frauenzuchthaus Hoheneck zur Welt. Er kam in ein Kinderheim der Leipziger Volkspolizei, später zu einer Wismarer Familie. Zwar erfuhr Ulrich Schacht im achten Lebensjahr von seiner Mutter über den russischen Vater. Doch erst nach dem Zusammenbruch des Kommunismus und nach sechs Jahren Recherche konnte er ihn in Moskau an der Seite seines russischen Halbbruders Slawik in die Arme schließen – da war er 48 Jahre alt.

Ausgerechnet die sowjetische Besatzungsmacht, die gefürchtet und teilweise verhasst war, weil sie ihre Soldaten nicht von der Jagd auf Frauen zurückgehalten hatte, sollte in der Frauenpolitik doch noch eine fortschrittliche Rolle spielen. Am 17. August 1946 verkündete die Sowjetische Militäradministration in Deutschland (SMAD) mit dem Befehl Nr. 253 die gleiche Entlohnung von Arbeitern und Angestellten für gleiche Arbeitsleistung – unabhängig von Geschlecht und Alter. »Viele von uns sind Frauen ohne Männer geworden und müssen für die Kinder und die Familie genauso sorgen, wie die Männer es tun«, erklärte Liesbeth Pätsch aus der Maschinenfabrik Rohrbacher, in der Frauen 25 bis 80 Pfennig weniger Stundenlohn erhielten als die Männer. »Jetzt sind wir Ernährer und Haupt der Familie. Auf uns ruhen alle Lasten. Wir müssen und wollen auch arbeiten, aber wir würden es lieber tun, wenn die Lohntüte am Wochenende etwas dicker wäre. Haben wir das nicht genau so verdient wie die Männer?«[50]

Die Frauenpolitik wurde ein Vorzeigeobjekt. Anders als die Bundesrepublik hob die DDR mit Inkrafttreten der Verfassung 1949 sofort »alle Gesetze und Bestimmungen (auf), die der Gleichberechtigung der Frau entgegenstehen«. Nach dem neuen Familienrecht von 1950 konnten Frauen über das Vermögen, das sie in die Ehe einbrachten, und über das Geld, das sie selbst verdienten, auch selbst entscheiden. Sie konnten ohne Genehmigung durch den Ehemann ein Bankkonto einrichten sowie ihren Beruf und ihren Arbeitsplatz wählen. Ehefrauen, die im Geschäft des Mannes arbeiteten, hatten einen Anspruch auf Lohn. Allerdings, kommentierte *Die Frau von heute*, sei die Frau auch verpflichtet, »einen Teil zur Aufrechterhaltung des gemeinsamen Haushalts beizutragen; denn Gleichberechtigung heißt gleiche Rechte, aber auch gleiche Pflichten«.[51] Die Mutter trug nun die gleiche Verantwortung für die Kinder wie der bisher allein erziehungsberechtigte Vater. Eine Verbesserung für die Frauen brachte auch die Verordnung über die Eheschließung und -auflösung von 1955. Das Scheidungsverfahren wurde vereinfacht; statt des bis dahin gültigen »Verschuldensprinzips« galt seitdem das »Zerrüttungsprinzip«, das in der Bundesrepublik erst gut zwanzig Jahre später eingeführt wurde.

Die Emanzipation der Frau hatte für die SED eine große ideologische Bedeutung. Erst wenn die wirtschaftliche Abhängigkeit von ihren Ausbeutern aufgehoben sei, so hatten bereits Clara Zetkin und August Bebel in der frühen Arbeiter- und Frauenbewegung argumentiert, könne sich die Frau gesellschaftlich und intellektuell bestmöglich entfalten; die Lösung der »Frauenfrage« sei insofern gebunden an den siegreichen Kampf gegen die kapitalistische Herrschaft. Im Sozialismus galt Arbeit dann als inneres Bedürfnis, als immanenter Bestandteil der sozialistischen Persönlichkeitsentwicklung und als ein »Herzstück sozialistischer Lebensweise« (Lenin).

Für die Einbeziehung der Frauen in die sozialistische Produktion sprachen aber auch handfeste ökonomische Gründe. Der Wirtschaft fehlten die Männer, die im Krieg gefallen waren oder die sich noch in Gefangenschaft befanden. Ihr fehlten auch die Facharbeiter, die sich zunehmend und in großer Zahl in den Westen absetzten. Zudem waren die Familien aufgrund von niedrigen Durchschnittslöhnen oft auf die Zuarbeit der Frauen angewiesen.

Vollwertige und gleichberechtigte Arbeitskräfte sollten die Frauen in der DDR sein. In den typischen Männerberufen in der Industrie oder auf dem Bau – wie hier in der Berliner Stalinallee – waren sie allerdings nur solange gelitten, wie es an männlichen Arbeitskräften fehlte. Nach Rückkehr der Männer setzte sich wieder die traditionelle Arbeitsteilung durch: Frauen verdienten weniger, trugen die Hauptlast der Hausarbeit und waren weitgehend für die Betreuung der Kinder zuständig.

Frauen übernahmen unter diesen Umständen auch klassische Männerberufe – Titelblätter der Zeitschriften zeigten sie auf dem Mähdrescher und am Schaltrad eines Großbetriebes, vor Hochöfen und als Lokführerinnen. Frauen eroberten ehemalige Männerdomänen in Industrie, Bergbau und der noch nicht mechanisierten Landwirtschaft. Der Staat war stolz auf sie, die Partei stützte sie. Auf Fotos sieht man konzentrierte, leistungsfähige Frauen, für die weibliche Attribute wie schöne Frisuren, Kleidung, Kosmetik keine oder nur eine untergeordnete Rolle spielten. Das Geschlechtswesen trat hinter der Berufstätigkeit zurück. Auch darin wurden geschlechtstypische Zuweisungen durchbrochen – öfter jedoch aus Not denn aus Überzeugung.

»Der massenhafte Eintritt von Frauen ins Berufsleben und vor allem in traditionelle Männerberufszweige schuf tiefgreifende soziale Probleme, zuallererst für die unmittelbar Betroffenen selbst, die Frauen, die sich die Anerkennung ihrer Leistungsfähigkeit und die notwendigen sozialen und individuellen Voraussetzungen ihrer Berufstätigkeit erst ›erarbeiten‹ und vor Ort erkämpfen mussten«, stellte eine Analyse Ende der achtziger Jahre fest. »Aber auch die Männer ... sahen sich mit Anforderungen konfrontiert, die neu und ungewohnt waren ... In ›milden‹ Formen äußerte sich diese Haltung in ständigem Räsonnieren männlicher Kollegen über die Leistungsfähigkeit der Frauen: ›Die schaffen das sowieso nicht!‹ Schon drastischer war die Praxis, bei knapper und stockender Produktion die Arbeit so zu organisieren, dass ›zuerst die Männer auf ihr Geld kamen‹ oder wenn in metallverarbeitenden Betrieben bei gleicher Qualifikation den männlichen Kollegen die Maschinenbedienung bevorzugt zugewiesen wurde.«[52]

Bei Rückkehr der Männer aus der Gefangenschaft wurden Frauen auch in der DDR oft ins zweite Glied zurückverwiesen. Nicht einmal die Anfang der fünfziger Jahre gegründeten Betriebsfrauenausschüsse konnten verhindern, dass Frauen in Verwaltungsbereiche oder auch in Putz- und Küchenbrigaden abgeschoben wurden und dadurch einen sozialen und finanziellen Abstieg erlebten. Rechte auf dem Papier waren noch keine selbstverständlichen Rechte in der Praxis.

Sehr verbreitet waren Witze und Karikaturen, in denen Frauen als keifende Putzteufel, klatschsüchtige Angestellte, herrschsüchtige Werkleiterinnen dargestellt wurden, als Frauen also, die die Gleichberechtigung vor allem als Umkehr der Geschlechterhierarchie verstanden und nach Unterordnung der Männer strebten. Aber auch auf attraktive Sekretärinnen oder Kolleginnen entluden sich Ironie, Spott und Schadenfreude der Männer: Dachten die nicht mehr ans Schminken als an die Arbeit? War für sie die Arbeit nicht in erster Linie eine Gelegenheit, sich einen Mann zu angeln?

Patriarchale Denkmuster standen einer Veränderung der traditionellen Arbeitsteilung weiter im Wege. Männer gehörten danach in die Industrie, Frauen in pädagogische Einrichtungen und in den Handel.[53] Auch die Führungspositionen im Arbeitsleben gehörten von den Männern besetzt. »Mann belehrt Frau« zeigten die Fotos in den Illustrierten. Das erschien nicht nur den meisten Männern selbstverständlich, das entsprach auch den Haltungen vieler Frauen, die sich überwiegend als Verkäuferinnen, als Angestellte im Post- und Fernmeldewesen, als Friseurinnen sahen; die nicht nach einem Studium strebten, sondern die Berufe der Krankenschwester, Kindergärtnerin, Lehrerin wählten,[54] selbst wenn derartige Berufe durch ihre »Feminisierung« schlechter entlohnt wurden. Größere Bedeutung als die berufliche Qualifizierung besaßen für sie die Länge des Anfahrtsweges, günstige arbeitszeitliche Bedingungen oder nette Kolleginnen und Kollegen.

Denn auch in der DDR blieben Haushalt und Kinder zunächst den Frauen überlassen, und anders als Clara Zetkin prognostiziert hatte, wurden die Frauen durch ihre Erwerbstätigkeit nicht automatisch von der Herrschaft und Ausbeutung des Mannes in Familie und Haushalt befreit. Drei Viertel von Hausarbeit und Kindererziehung – manchmal noch mehr – blieb an den Frauen hängen. Obwohl die staatliche Kinderbetreuung zur Norm erklärt war, fehlten in den fünfziger Jahren noch fast überall Krippen und Kindergärten.

Junge Mütter, die nicht auf Großeltern oder Nachbarinnen zurückgreifen konnten, mussten ihre Arbeit zeitweilig aufgeben. Und jene Mütter, die einen Platz für ihr Kind erhielten, waren meist von schlechtem Gewissen geplagt, weil sie dem Kind so wenig Zeit widmen und ihm so wenig gerecht werden konnten.

Denn Frau bettelte auf den Ämtern um eine neue Wohnung, Frau suchte endlos nach neuen Schuhen für die Kinder oder nach einer modischen Bluse für sich selbst, Frau stand Schlange beim Fleischer.

Bis Ende der 1950er Jahre waren es daher vorwiegend ledige Frauen, die eine Berufstätigkeit aufnahmen.[55] Nicht zuletzt aufgrund der starken Abwanderung von Werktätigen in den Westen sah sich die SED dann gezwungen, stärker auch verheiratete Frauen und Mütter in den Produktionsprozess zu integrieren. Die schon 1952 geschaffenen Hausfrauen-Brigaden, in denen ungelernte Hausfrauen in ansonsten verpönter Teilzeitarbeit oder mit nur einer Schicht in der Konsumgüterproduktion, im Handel- und Dienstleistungsgewerbe eingesetzt werden konnten, hatten den Arbeitskräftemangel nicht beheben können. Technisierung und Automatisierung machten die Qualifizierung weiterer weiblicher Arbeitskräfte erforderlich. 1950 stellten die Frauen 40 Prozent aller Werktätigen, 1960 waren es bereits 45,4 Prozent.

Seit den sechziger Jahren bemühte sich die SED, durch Teilzeitarbeit, die Versorgung mit Kinderbetreuungs- und Dienstleistungseinrichtungen, Erhöhung des Schwangerschafts- und Wochenurlaubs, Arbeitszeitverkürzungen für berufstätige Mütter bei vollem Lohnausgleich, Babyjahr oder bezahlte Freistellung zur Pflege kranker Kinder die Vereinbarkeit von Beruf und Familie weiter zu verbessern. Anders als in der Bundesrepublik wurde so für immer mehr Frauen die in der Regel lebenslange Erwerbstätigkeit zur Selbstverständlichkeit. 1989 waren 92 Prozent der Frauen in der DDR erwerbstätig.

Zum Beispiel Herta Kuhrig

Am 20. Juli 1946 bin ich in die SED eingetreten. Damals wusste ich noch nicht, dass genau zwei Jahre zuvor ein Attentat auf Hitler verübt worden war, doch das erfuhr ich bald darauf. Deshalb werde ich dieses Datum nie vergessen. Ich war fast sechzehn Jahre alt, hatte Ferien und befand mich bei meinen Eltern im mecklenburgischen Grabow, wo Vater als hauptamtlicher Parteisekretär tätig war. Als ich mich in seinem Büro einmal nach Literatur umsah, stieß ich auf Aufnahmebögen für die Partei. Ich brauchte nicht lange zu überlegen. Ich füllte einen Antrag aus. In diese Tradition war ich hineingeboren: Wir wollen eine bessere Gesellschaft aufbauen, ohne Krieg, ohne Kapitalisten! Später traf ich Genossen, die der Parteibeitritt in ein Dilemma stürzte, weil sie sich gegen die Familie entscheiden mussten. Dieses Problem kannte ich nicht. Die Familie war die Partei, und die Partei war wie meine Familie – da gehörte man bei meiner Herkunft einfach dazu.

Mein Vater war Kommunist, meine Mutter war Kommunistin, und mein Großvater hatte sich an einer Demonstration zum 1. Mai beteiligt, obwohl er dadurch seine Arbeit in einem Sägewerk verlor. Es imponiert mir bis heute, dass ein Mann mit sieben Kindern seine politische Haltung demonstriert, obwohl er damit die Entlassung riskiert.

Wir lebten in der Tschechoslowakei, in der Nähe des Bäderdreiecks Marienbad, Karlsbad und Franzensbad. Ursprünglich arme Bauern, Knechte und Mägde hatten Verwandte von Vaters wie Mutters Seite zunehmend Stellen als ungelernte Arbeiter in der Industrie gesucht. Meine Tante lief jeden Tag und selbst bei Schnee und Eis zwei Stunden zur Neudeker Wollkämmerei und Kammgarnspinnerei NWK. Die Arbeit begann früh um sechs. Für mich ist sie noch heute eine Heldin, die aus ihrem Leben etwas machte, obwohl sie keine Ausbildung besaß. Auf dem Totenbett gestand sie mir: »Ach, Herterl, heute Nacht musste ich daran denken, wie mir die Tränen die Backen herunter liefen, als ich mit vierzehn die Schule verlassen musste.« Auch für meinen Vater, der nur die einklassige beziehungsweise zweiklassige Dorfschule besucht hatte, besaß Bildung einen sehr hohen Wert. Deswegen war in unserer Familie von Anfang an klar: Das Herterl studiert.

Die ersten Jahre meines Lebens verbrachte ich bei den Familien meiner Mutter im Dorf Thierbach. Wir hatten weder Strom noch Gas noch Wasser im Haus, aber starke Frauen. Wenn ich nach einem Leitbild suche, dann ist das meine Großmutter. Sie, die kaum lesen und schreiben konnte, hatte das Heft fest in der Hand, auch wenn das nicht nach außen betont wurde. Von ihr und nicht vom Großvater hingen Wohl und Wehe der Familie ab. Sie hat zehn Kinder geboren, sieben davon sind erwachsen geworden.

Ein Jahr vor meiner Einschulung kam ich zu meinen Eltern nach Chodau, einem Ort zwölf Kilometer entfernt von Karlsbad, wo mein Vater sich mit einer kleinen Bierabfüllerei selbstständig gemacht hatte. Die Stadt zählte etwa 6000 Einwohner, bis auf einige tschechische Staatsbedienstete wohnten hier nur Deutsche. Unter dem Einfluss meines Vaters hätte ich in der dritten Klasse gern das Angebot zum Tschechischunterricht genutzt. »Herterl, soviel Sprachen du sprichst, so oft bist du Mensch«, pflegte er zu sagen. Doch bereits einen Monat nach dem Beginn des Schuljahrs holte uns Hitler »heim ins Reich«. Da war von Tschechisch für sudetendeutsche Kinder keine Rede mehr.

Mein Vater wurde nicht zur Wehrmacht eingezogen. Sein Lkw war gefragt als Transportfahrzeug für Wirtschaftsunternehmen; er war sozusagen im Wohnort dienstverpflichtet. Und da seine kommunistische Gesinnung in Chodau nicht so bekannt war wie in seinem Heimatdorf, überstand er die NS-Zeit ohne Verfolgung.

Für meine Eltern war klar, dass sie weder der NSDAP noch irgendeiner ihrer Gliederungen beitreten würden. Ich aber wollte unbedingt zu den Jungmädels gehören. Schon früher hatte ich beim Religionsunterricht die Klasse verlassen müssen, da mich meine kommunistischen Eltern nicht hatten taufen lassen – unter 39 Klassenkameraden war ich die einzige Atheistin. Im Zeugnis stand unter Religion »gottlos«, worunter ich sehr litt. Nun sollte ich wieder nicht dazugehören? Die Jungmädel machten so tolle Sachen, die gingen wandern und veranstalteten Heimabende! »Herterl, geh doch lieber nicht«, baten die Eltern. Doch da sie sich stärkeren Widerspruch nicht getrauten und ich als Neunjährige von Ideologie noch nichts verstand, bin ich gegangen. Ich bin ein Mensch, der Gemeinschaft braucht.

Bei Kriegsende musste die Familie meine Entscheidung teuer bezahlen. Als Antifaschisten fielen wir zwar nicht unter das Dekret, das die Enteignungen der Deutschen vorsah. Wir trugen auch keine weißen Armbinden wie die übrigen Deutschen, sondern rote. Doch auch in unserem Haus lungerten ständig zwei junge tschechische »Kommissare« herum, die mit der Enteignung deutschen Besitzes beauftragt waren. Arglos zeigte ihnen meine Mutter eines Tages unser Familienalbum, in dem das Herterl mit dunkelblauem Rock, weißer Hemdbluse und schwarzem Halstuch auftauchte. Also war doch ein Familienmitglied in einer faschistischen Organisation gewesen! Innerhalb einer Stunde mussten wir die Wohnung räumen; gerade einmal 35 Kilo Gepäck pro Person waren erlaubt. Wir waren obdachlos und mussten die Hilfe eines Nachbarn in Anspruch nehmen, der uns einen Raum über seinem Pferdestall anbot. Für meine Eltern war das schrecklich. Etliche Nachbarn hingegen dürften sich gefreut haben: Hatte mein Vater als Roter etwa gedacht, er sei etwas Besonderes? Schon nach drei, vier Tagen verließen wir Chodau und zogen zurück zu den Großeltern aufs Dorf.

Jetzt bin ich aber schon vorausgeeilt und wollte doch noch vom Kriegsende erzählen. Das Egerland war im Krieg weitgehend von Bombenangriffen verschont geblieben. Mein Cousin war allerdings gefallen, und die Wohnung meiner Tante, deren Mann beinamputiert im Lazarett lag, war bei dem einzigen Luftangriff auf Karlsbad zerstört worden.

Bei uns tauchten die Amerikaner am Morgen des 7. Mai auf. Aus den Häusern, aus denen seit 1938 die Nazi-Fahnen gehangen hatten, hingen nun weiße Bettlaken. Und einige Frauen, deren Männer sich noch im Krieg oder in Gefangenschaft befanden, liefen den Soldaten entgegen: »Tschocklett, Tschocklett!« Die Freigiebigkeit der amerikanischen Soldaten hatte sich in Windeseile herumgesprochen. Damals drängte sich mir das Gedicht »Deutschland über alles« von Walther von der Vogelweide auf, das wir gerade in der Schule besprochen hatten: »... Deutsche Fraun sind engelschön und rein/ Töricht, wer sie schelten kann,/... Zucht und reine Minne/Wer sie sucht und liebt,/Komm' in unser Land, wo es noch beide gibt ...« Wenn später immer wieder Empörung über die Vergewaltigungen der Russen laut wurde, habe ich nur gesagt: »Die Amis hatten das ja nicht nötig, denen haben sich die Frauen auch so an den Hals geschmissen.«

Wir konnten das Land dann doch noch privilegiert mit einem antifaschistischen Transport verlassen. Dass Antifaschisten mehr Gepäck mitnehmen durften, nutzte uns allerdings wenig. Wir besaßen kaum etwas außer zwei Betten. Die Ausreise vom Bahnhof Neudek war für den zweiten Weihnachtsfeiertag geplant. Stundenlang warteten wir bei Schneetreiben vergeblich auf einen Zug; erst am 28. Dezember 1945 ging es tatsächlich los, angeblich nach Thüringen. Unterwegs hieß es aber plötzlich: Nicht nach Thüringen, sondern nach Mecklenburg. Für die Egerländer Erzgebirgler war das ein Schock. Einige Männer, die das Land aus dem Krieg kannten, malten eine öde Gegend: Sand, Sand, Wüste. Keine Berge und keine Schwammerln! In schlechter Stimmung landeten wir in der Silvesternacht 1945/46 in Ludwigslust.

Wir wurden nach Grabow eingewiesen. Unter der Woche zog ich nach Schwerin, um die Fachschule für Wirtschaft und Verwaltung zu besuchen. Als erste in meiner Familie sollte ich Abitur machen. Ich kam bei Leuten unter, die wegen der Wohnungsnot eines ihrer drei Zimmer hatten abtreten müssen. Bald wurde ihre Wohnung jedoch von der sowjetischen Kommandantur übernommen. Und da ich in der neuen Zweizimmerwohnung des Ehepaars nur noch Platz auf der Wohnzimmercouch fand, ging ich viel ins Theater und ins Kino und setzte mich am Sonnabendmittag schnell nach Hause ab, um ihnen nicht in die Quere zu kommen.

Kommunist zu sein, war damals nicht populär. In der Klasse waren sechs Mädchen und achtzehn Jungen, viele Kleinbürgertöchter und -söhne aus Stettin und anderen hinterpommerschen Orten, die Jungen alle älter, teilweise mit Kriegserfahrung, die meisten hauten nach der Ausbildung in den Westen ab. Wenn meine Deutschlehrerin mal nicht Frau von Stein oder Goethe oder Schiller behandelte, durfte ich Vorträge halten etwa über meinen geliebten Arbeiterschriftsteller Willi Bredel oder über den Verfassungsentwurf für Mecklenburg. Doch niemand schlug sich auf meine Seite. Die Klasse fand mich nicht unsympathisch, nahm mich aber nicht ernst, belächelte mich vielmehr nach dem Motto: Die tobt sich noch aus. Oder: Die spinnt, lass die doch.

Ab und zu versuchte ich, jemanden zur FDJ-Gruppe einzuladen. Doch niemand kam mit. Umso mehr freute ich mich, als ich erfuhr, dass eine Mitschülerin und mein Klassenkamerad Jürgen in die Partei eingetreten waren, ohne es mir zu sagen. Beide sind dabei geblieben und haben später an der Akademie für Gesellschaftswissenschaften beim ZK der SED studiert. Sehr überrascht war ich allerdings, als mir der Chemielehrer beim Abiturball 1949 gestand, auch er sei Mitglied der Partei – das hatte er die drei Jahre, in denen ich von ihm unterrichtet wurde, nie zu erkennen gegeben!

Nach dem Abitur bewarb ich mich in Leipzig für das Studium zum Diplomhandelslehrer. Als wir dann aber im Rahmen der Zweiten Hochschulreform 1950 gefragt wurden, ob wir, die wir uns für die Erwachsenenbildung entschieden hatten, die Ausbildung in dem neu eingerichteten und für alle Studenten obligatorischen gesellschaftswissenschaftlichen Grundstudium übernehmen würden, habe ich sofort ja gesagt und folgende Fächer studiert: Grundlagen des Marxismus-Leninismus, politische Ökonomie, dialektischen und historischen Materialismus, Geschichte der Arbeiterbewegung, ein bisschen Pädagogik, ein bisschen Psychologie.

Wenn ich mich später manchmal fragte, was aus mir wohl im Westen geworden wäre, habe ich mich immer nur als Verkäuferin gesehen. Tatsächlich wies die westdeutsche Soziologin Helge Pross in ihrem Buch über die Bildungschancen von Mädchen Ende der sechziger Jahre nach, dass es für ein Arbeitermädchen dort kaum Chancen auf ein Studium gab. In der DDR aber stiegen viele Arbeiterkinder auf wie ich. Nicht, dass ich dem Staat dafür dankbar gewesen wäre, nein, Dankbarkeit spürte ich nicht. Ich sah die DDR ja als *meinen* Staat, er gab mir, und ich gab zurück. Ich hatte sofort ein schlechtes Gewissen, wenn ich mich nicht genügend für Partei und Gesellschaft anstrengte oder dem Privaten Vorrang vor der Politik gab. Das Erste, was mir einfiel, als ich nach der Geburt meiner Tochter langsam aus der Narkose aufwachte: Jetzt muss aber schnellstens die Diplomarbeit fertig gestellt werden!

Noch im Studium lief mir der Landwirtschaftsstudent Heinz Kuhrig über den Weg, ein FDJ-Sekretär an der Landwirtschaftlichen Fakultät in Leipzig, genauso links wie ich und anderthalb Jahre und einen Tag älter. Heinz Kuhrig kam aus ärmlichen Verhältnissen. Sein Vater bezog als Invalide eine minimale Rente, die Mutter verdiente etwas mit Schwarzarbeit dazu, indem sie zu Hause nähte. In seiner Kindheit hatte Heinz oft beim Kaufmann anschreiben lassen müssen und beim Großbauern für fünfzig Pfennig oder eine Mark drei Mal in der Woche den Hof gefegt. Auch er wusste um die Bedeutung der Bildung. Offensichtlich war er der Richtige für mich, und ich hoffe, ich war die Richtige für ihn.

Uns erging es wie fast allen jungen Paaren in der DDR: Unser Kind wurde früher als neun Monate nach der Eheschließung geboren. Man heiratete, wenn man schwanger war. Ich war eine von neunzig Prozent. Die DDR hatte das Spießige noch nicht überwunden. Bis heute frappieren mich diese Ungleichzeitigkeiten: Erstaunlich fortschrittliche Regelungen und Denkweisen existierten neben sehr rückschrittlichen. Wir waren jedenfalls mehrere Monate verheiratet und lebten in anderthalb Zimmern im Studentenheim mit Gemeinschaftsküche und Gemeinschaftsbad, als unsere Tochter am 4. April 1952 zur Welt kam.

Meine Kommilitonen machten genau zu diesem Zeitpunkt Examen; ich und drei weitere Frauen waren wegen Schwangerschaft verhindert. Als wir die Prüfung im September nachholten, hat uns der Institutsdirektor des Franz-Mehring-Instituts in Leipzig bei der feierlichen Überreichung der Zeugnisse nicht nur beglückwünscht, sondern auch unüberhörbar kritisiert: Es wäre eigentlich unsere Aufgabe gewesen, das Studium zum früheren Zeitpunkt abzuschließen und uns nicht mit so etwas wie dem Kinderkriegen zu befassen. Damals konnte er mir tatsächlich ein schlechtes Gewissen machen. Dreißig Jahre später dachte die offizielle Politik schon ganz anders. Da gab es Gesetze zur Förderung von Studentinnen mit Kind und Sonderstudienpläne, damit Frauen studieren und auch Kinder bekommen konnten. Meine Tochter beispielsweise hat während ihres Studiums zwei Kinder bekommen. Auf diese Entwicklung bin ich stolz. Wir hatten in der DDR die aktivste Frauenpolitik von allen sozialistischen Staaten.

Mit Abschluss des Studiums änderte sich unser Leben einschneidend. Mein Mann und zwei weitere Kommilitonen seines Studienjahres waren auserwählt als junge Mitarbeiter für die Abteilung Landwirtschaft des Zentralkomitees der SED, das heißt, sie sollten nach Berlin. Allerdings zog sich die Überprüfung von Heiner ungewöhnlich lange hin. Zunächst glaubten wir, das läge an seiner Schwester, die sich 1950 in den Westen abgesetzt hatte. Sie war acht Jahre älter als mein Mann und hatte mit meinem Schwager ein kleines Kurzwarengeschäft in Strehla geführt. Da das Ehepaar fürchtete, enteignet zu werden, war es mit seinem vierjährigen Sohn in den Westen abgehauen. Es stellte sich allerdings heraus, dass Bedenken nicht wegen der Schwester existierten, sondern wegen eines Onkels, der in den 1930er Jahren der KPD-Opposition angehört hatte, die auch nach dem Krieg teilweise in Widerspruch zur sowjetischen Politik stand. Schließlich gab die gute Arbeit von Heiner als FDJ-Sekretär den Ausschlag: Er konnte am 1. August 1952 seine Tätigkeit in Berlin aufnehmen, ich blieb mit unsrer Tochter Bärbel noch bis zu meinem Examen in Leipzig.

Im Herbst 1952 erreichte mich ein Brief, in dem mir mitgeteilt wurde, dass ich der Hochschule für Ökonomie in Berlin zugewiesen worden sei und mich dort vorstellen solle. (In der DDR bewarben wir uns ja nicht selbst, sondern wurden durch die Absolventenvermittlung zugeteilt.) Ich hatte aber unser Kind zu betreuen und sah keine Möglichkeit, die Arbeit zu übernehmen. Überraschenderweise stellte sich jedoch heraus, dass die Hochschule schon über eine Wochenkrippe verfügte. Ich fing also am 1. November in der Hochschule für Ökonomie an, schon nach knapp zwei Monaten erhielt unsere kleine Familie eine Zweieinhalb-Zimmer-Wohnung für 64 Mark in Pankow, weil die Mieter in den Westen abgehauen waren.

Wir hatten zwar nicht die Ideologie wie in Westdeutschland: Die Frau gehört ins Haus. Aber bei uns galt immerhin: Die Mutter kleiner Kinder sollte bei ihren Kindern bleiben. Ich wäre tatsächlich gern eine Zeitlang bei meiner Babsi geblieben. Ein Platz in einer Wochenkrippe war bei meiner politischen Überzeugung allerdings schwer abzulehnen. Die Politik gab den Wocheneinrichtungen damals noch den Vorzug, weil wir dachten, Kleinkinder sollten nicht täglich zwischen Krippe und Eltern wechseln. Erst später wurde das geändert, weil sich herausstellte, dass es für Kinder förderlicher ist, wenn sie abends nach Hause kommen. Jedenfalls ging ich heulend aus der Wochenkrippe raus, wenn ich das Kind am Montag abgab und erst am Freitag wieder abholen konnte. Ein Trost war nur, dass ich die Kleine noch ziemlich lange stillte, so dass ich sie jeden Mittag sehen konnte.

Nach der Geburt des zweiten Kindes 1954 entschloss ich mich, ein halbes Jahr zu Hause zu bleiben. Beim zweiten Mal wollte ich das kleine Wunderwerk bewusst wahrnehmen, wollte sehen, wie es sich entwickelt – ein bisschen Wunsch kann schon sein. Am liebsten hätte ich ein Jahr ausgesetzt, aber da die Genossen dachten, vielleicht spränge ich dann ab in den Haushalt, drängten sie nach einem halben Jahr auf Rückkehr in die Hochschule. Eine Nachbarin, die ein gleichaltriges Kind hatte, fungierte wie eine Tagesmutter, und ich fuhr zwei Tage in der Woche zu meinem Seminar.

An der Hochschule für Ökonomie wurden wissenschaftliche Kader für die Planwirtschaft ausgebildet. Sehr schnell führten wir zusätzlich ein Fernstudium ein, so dass Genossen der ersten Stunde, die ohne entsprechende Ausbildung in hohe und höchste Stellen gekommen waren, ihre Qualifikation nachholen konnten. Wir hatten dadurch einen ganz ausgesuchten Studentenkreis, Bewährte und Arbeiterkinder, denen ich als Assistentin für Marxismus-Leninismus die drei Bestandteile des Marxismus beizubringen hatte: die marxistische Philosophie, den historischen Materialismus und die politische Ökonomie. Ich führte auch Seminare durch über die Geschichte der Arbeiterbewegung, über die Rolle der Partei, die Rolle des Staates, die vier Grundsätze der Dialektik und die drei Grundsätze des Materialismus entsprechend Stalins *Geschichte der KPdSU (B), kurzer Lehrgang*. Da saßen in den Seminaren wahrscheinlich zehn künftige Minister und ihre Stellvertreter und Dutzende künftiger Leiter Volkseigener Betriebe (VEB).

Meine Einführung in den historischen Materialismus begann ich immer mit den »Fragen eines lesenden Arbeiters« von Bertolt Brecht: »Wer baute das siebentorige Theben?/In den Büchern stehen die Namen von Königen./Haben die Könige die Felsbrocken herbeigeschleppt?/Und das mehrmals zerstörte Babylon/Wer baute es so viele Male wieder auf? In welchen Häusern/des goldstrahlenden Lima wohnten die Bauleute?/Wohin gingen an dem Abend, wo die Chinesische Mauer fertig war/die Maurer? … So viele Berichte./So viele Fragen.«

Es war eine gute, aber auch anstrengende Zeit für mich. Ich glaube, dass die Studenten dort glücklich waren, dass sie gern studierten und stolz waren, an der Hochschule für Ökonomie angenommen worden zu sein. Die ersten Studienjahrgänge hatten große Chancen, wissenschaftliche Mitarbeiter zu bleiben oder in hohe Funktionen zu gelangen, weil die Ministerien erst einmal ihr eigenes Potential aufbauten. Ein Genosse, der Minister für Außenhandel wurde, hat immer gesagt: »Die Herta hat mir den Marxismus beigebracht.«

Ich habe in den Jahren 1952 bis 1957 an der Hochschule für Ökonomie ausschließlich unter Genossen gearbeitet, in einer abgetrennten Welt. Mir ist nicht ein einziger Fall in Erinnerung, dass in meinem Umkreis jemand verhaftet wurde oder einer von unseren Studenten abhaute. Ich mache diese Einschränkung: Mir ist keiner in Erinnerung. Im Übrigen war klar, dass wir Republikflüchtlinge scharf verurteilten. Die hatten mit Geldern der DDR studiert, und dann gingen sie! Und die DDR blutete aus! Ein gewisses Verständnis für die Flucht ist mir erst ganz spät gekommen, im Herbst 1989, als Honecker diesen unsäglichen Satz sagte, dass er den massenhaft Fliehenden »keine Träne« nachweine.

Inzwischen denke ich: Ein System, dem die Leute davonrennen, und ein System, das verlangt, dass du deinen Bruder oder deine Schwester oder deinen Vater nicht mehr kennst, weil er woanders wohnt, hat seinen humanistischen Anspruch verwirkt. Das ist aber das Urteil von heute. Damals dachte ich nicht so. Damals las ich Westliteratur nur zur ideologischen Schulung, unterhielt keinerlei Kontakt zur Schwägerin und zu meinen Verwandten in Westdeutschland und fuhr nie rüber nach West-Berlin – all das war ZK-Mitarbeitern und ihren Familienmitgliedern untersagt. Es hat mich auch nicht gereizt. Wirklich nicht. Wenn ich nach langen Parteiversammlungen spät abends nach Hause fuhr, habe ich richtig aufgepasst, dass ich in der S-Bahn-Station Schönhauser Allee aussteige und nicht eine Station weiter in Gesundbrunnen im Westen lande. Mir wäre nie in den Sinn gekommen, etwas Illegales zu tun, denn ich war überzeugte Kommunistin wegen der frühen Erfahrungen mit Armut und Ungerechtigkeit in der Familie.

Bertolt Brechts »Lied vom Klassenfeind« kann ich noch heute fast auswendig:

Als ich klein war, ging ich zur Schule
und ich lernte, was mein und was dein.
Und als da alles gelernt war,
schien es mir nicht alles zu sein.
Und ich hatte kein Frühstück zu essen,
und andre, die hatten eins:
Und so lernte ich doch noch alles
vom Wesen des Klassenfeinds.
Und ich lernte, wieso und weswegen
da ein Riss ist durch die Welt?
Und der bleibt zwischen uns, weil der Regen
von oben nach unten fällt.

Nach der Wende fragten mich meine Enkelkinder – eines war damals fünfzehn, das andere dreizehn –, warum ich immer noch der
Meinung sei, der Sozialismus sei besser als der Kapitalismus; ich
hätte den Kapitalismus doch bei meinen Reisen zu Kongressen im
Westen kennen gelernt. Da habe ich gesagt: »Weil das, was ich dort
gesehen habe, mich davon überzeugt hat, dass der Kapitalismus eben
auch nichts ist.« 1975 war ich beispielsweise zum Internationalen
Jahr der Frau in New York. Da erzählte eine Amerikanerin bei der
Anreise im Auto von einer Freundin, die wegen Gallensteinen ope-
riert werden müsse. Und die andere: »Mein Gott, woher nimmt sie
denn das Geld?« Das war für mich unfassbar! Du bist krank, und als
erstes kommt die Frage nach dem Geld! Als mich eine Bekannte am
Abend mit nach Hause nahm, klingelte sie drei Mal, damit ihr Mann
wusste, dass sie es ist. Erst dann machte er die vier Schlösser auf.
Und als ich am nächsten Tag durch die Straßen lief, stieß ich auf
Leute, die an den U-Bahn-Schächten lagen, wo schöne warme Luft
hoch stieg. Damals habe ich gedacht: »Mein Gott, wir sollten unsere
Leute eigentlich fahren lassen, damit sie die kapitalistische Realität
selbst sehen können.«
Mein Glauben an den Kommunismus wurde nicht erschüttert.
Als Stalin 1953 starb, haben wir an der Hochschule eine Mahnwache

vor seinem Porträt organisiert. Wir waren sehr betroffen, und einer meiner besten Studenten sagte im Seminar: »Wir müssen nun der Tatsache ins Auge sehen, dass wir dem Krieg ein Stück näher gerückt sind.« Ein anderer Student hat sich vor lauter Erschütterung das Leben genommen. Wir alle waren uns Stalins außergewöhnlicher Persönlichkeit und seiner Rolle in der Geschichte bewusst.

Die Enthüllungen über seine Verbrechen auf dem 20. Parteitag drei Jahre später haben mich sehr schockiert und erschüttert. Aber damals ist die Geheimrede von Chruschtschow nicht vollständig veröffentlicht worden; und den Sender Freies Berlin, der den gesamten Text am 21. Juni 1956 sendete, habe ich selbstverständlich nicht gehört. Ich war nur wütend – allerdings im stillen Kämmerlein –, als die Fehlerdiskussion auf dem Parteiplenum der SED gleich wieder abgewürgt wurde. Wir müssten vor allem nach vorn schauen, hieß es da, und die Fehler »im Vorwärtsschreiten« überwinden. Die älteren Genossen taten so, als hätten nur wir jüngeren uns ein heroisiertes Bild von Stalin gemacht, sie selbst seien nie Anhänger des Personenkults gewesen. Damals habe ich mich am Schriftsteller Willi Bredel aufgerichtet, der erklärte, wir müssten die Sache ernsthafter und tiefer diskutieren. Gott sei Dank, dachte ich, einer sagt, was in diesem Moment gesagt werden muss.

Als die Arbeiterproteste am 17. Juni 1953 begannen, waren wir an der Ostsee, im Gästehaus des Zentralkomitees in Ahlbeck, das erste Mal im Urlaub. Wir haben die Ereignisse nur über Funk und Fernsehen verfolgt und stimmten völlig mit der Parteilinie überein, dass es sich um eine bewusste Provokation des Westens handle: Vom Klassengegner gewollt, aber nicht von der Arbeiterklasse. Ich hatte keinerlei Verständnis für die Proteste. Den Gedanken, dass so viele Menschen in einem spontanen Aufbegehren nicht gesteuert sein können, konnte ich damals nicht zulassen. Nee.

Auch beim Ungarnaufstand von 1956, als die Aufständischen kurze Zeit eine Regierung mit Imre Nagy an der Spitze bildeten, war ich fest davon überzeugt, die Massen auf der Straße, das sei die Konterrevolution. Denn wenn eines wirklich tief in unserem Bewusstsein verankert war, dann war es die Lehre vom Klassenkampf. Hier sahen wir den Beweis, dass die unterlegene Klasse nicht freiwillig abtrat. Mein Mann und ich hingen am Radio und dachten: Wenn das so weitergeht, werden demnächst *wir* am Pfahl hängen. Wir glaubten fest: »Die Partei hat immer recht.« Wenn jemand aus einem anderen Kulturkreis oder politischen Milieu das Lied von Louis Fürnberg hört, denkt er wahrscheinlich, das sei ein Kabarett-Text. Er kann nicht die tiefe Verbundenheit nachfühlen, die ich bei diesen Worten über »die Partei« empfand:

Sie hat uns niemals geschmeichelt.
Sank uns im Kampfe auch mal der Mut,
Hat sie uns leis' nur gestreichelt,
»Zagt nicht«, und gleich war uns gut.
Die Partei, die Partei, die hat immer recht!
Und, Genossen, es bleibe dabei;
Denn wer kämpft für das Recht,
Der hat immer recht
Gegen Lüge und Ausbeuterei.

Die Partei war etwas Heiliges. Als einem Genossen auf einer Parteiveranstaltung einmal das Parteibuch aus der Tasche fiel, gab es der, der es aufhob, nicht einfach zurück. Nein, er ging zur Parteileitung und sagte: »Mit diesem edelsten Dokument, das es auf der Welt gibt, ist ein Klassengegner nicht gut umgegangen.«

Den Zentralismus habe ich voll akzeptiert, die Parteidisziplin war für mich die Bedingung des Erfolgs. Ich hatte überhaupt kein Verständnis für die Gruppe um den Philosophieprofessor Wolfgang Harich, der nach der Chruschtschow-Rede gegen Stalin 1956 einen besonderen deutschen Weg zum Sozialismus propagierte und die Auflösung der Stasi, freie Wahlen und eine Allianz mit der SPD vorschlug. Als er 1957 wegen Bildung einer konspirativen, staatsfeindlichen Gruppe zu zehn Jahren Zuchthaus verurteilt wurde, habe ich die Argumente gegen ihn auf der Auswertungsveranstaltung voll gebilligt. Die Sache betraf auch unser Institut, denn einige Studenten aus dem Grundstudium waren in die Sache verwickelt. Nein, ich hatte keine Sympathie für die Strömung, denn sie war gegen die Disziplin. Wir aber waren so erzogen, dass schon die Gedanken an das, was der Parteilinie widersprechen könnte, abgewehrt wurden.

Vielleicht darf ich zur Erklärung noch geltend machen, dass ich die ganze Zeit über eine 25- bis 27-jährige Frau berichte, die sich neben dem Beruf und der Partei noch um zwei kleine Kinder zu kümmern hatte und deren Mann viel unterwegs und voll ausgelastet war. Viel mehr als die ideologischen Probleme beschäftigten mich häufig banale Fragen wie: Sind meine Kinder heute wieder die letzten, die abgeholt werden? Oder: Wo bringe ich sie bloß unter, wenn aus der Krippe der Anruf kommt, sie seien grippekrank?

Außerdem hängt sehr viel vom Charakter ab. Wenn ich mich zu einer Sache entschlossen habe, bleibe ich dabei. Ich lernte meinen Heiner vor fast sechzig Jahren kennen und bin nie auf die Idee gekommen, mich von ihm zu trennen. Getrennt wurden wir erst durch den Tod. Kurz vor der Goldenen Hochzeit hat er mich Richtung Friedhof verlassen. Ich habe in meinem Leben auch niemals gekündigt. Nicht einmal beim Zusammenbruch der DDR. Zwei Millionen Mitglieder sind aus der SED ausgetreten, ich hingegen gehöre zu der Minderheit von 50 000, die treu geblieben sind. Denn ich sage: »Ich habe früher so viel mitgetragen, dass ich jetzt auch für die Schulden aufkommen möchte.« Die meisten Menschen entscheiden sich in Krisen eher dafür, einen scharfen Schnitt zu machen und von Neuem anzufangen. Ich will lieber so hintrappeln. Einfach so hintrappeln und höchstens das verändern, was ist.

Ich war inzwischen fünf Jahre an der Hochschule. Wenn ich im Wissenschaftsbereich bleiben wollte, musste ich meine berufliche Qualifizierung vorantreiben und promovieren. Fragte sich nur, wie ich das angesichts der Doppel- und Dreifachbelastung anstellen könnte. Da las ich, dass am Institut für Gesellschaftswissenschaften beim ZK der SED die Möglichkeit der Aspirantur bestünde, das

Für den Aufbau des Sozialismus! Es war nur eine Minderheit, die sich in der DDR für ein antifaschistisches, sozialistisches System einsetzte – zunächst in der Regel getragen vom Wunsch nach einer Gesellschaft ohne Ausbeutung und Krieg, später vom Willen nach Machterhalt, von ideologischer Verblendung oder weil es ganz einfach leichter war, sich opportunistisch anzupassen, als sich zu entziehen.

heißt, eines weiteren Studiums mit dem Ziel eines wissenschaftlichen Abschlusses.

Also habe ich mich dort beworben. Eine Frauenquote war in der DDR nie festgeschrieben, aber hinter den Kulissen hat es sie immer gegeben. Wir hätten nicht so viele Frauen in der Volkskammer gehabt, wenn nicht klar gewesen wäre, dass mindestens ein Drittel der Sitze mit Frauen zu besetzen sei. Obwohl ich nicht alt genug war und nicht im Parteiapparat gearbeitet hatte, wurde ich aufgrund der Frauenförderung zum 1. Dezember 1959 am Institut für Gesellschaftswissenschaften angenommen, wo die Grundlinien der Parteipolitik erarbeitet und kontrolliert wurden.

Lange Zeit fand ich kein Promotionsthema. Dann aber nahm eine Delegation von DDR-Philosophen am Weltkongress für Soziologie im französischen Evian teil. Als mein Institutsdirektor zurückkehrte, erzählte er von westlichen Kollegen, die gefragt hätten, warum wir keine empirischen Forschungen betrieben und neben der Makro-Ebene nicht auch die Folgen der neuen ökonomischen und sozialen Verhältnisse auf kleine Gruppen untersuchten, etwa auf Familien oder auf Frauen. Ein neues Feld eröffnete sich plötzlich für mich, ich spürte eine große Erleichterung. Ich musste nicht über die Pariser Kommune oder den blutigen Sonntag in St. Petersburg forschen, ich konnte produktiv nutzen, was ich aufgrund eigener Lebensumstände kannte. Aach! Ich schrieb also eine Zulassungsarbeit über die Bäuerinnen in der DDR und ihre gesellschaftliche Stellung in den Genossenschaften. Meine Dissertation untersuchte die sozialistischen Familienbeziehungen in der DDR.

Da ich weitermachen wollte mit den Themen Frau und Familie, bin ich schließlich an der Akademie der Wissenschaften gelandet, wo Mitte der sechziger Jahre die wissenschaftlichen Grundlagen für die Frauenpolitik geschaffen wurden. Mit dieser Aufgabe konnte ich mich voll identifizieren.

Die Arbeit an der Akademie war aber nicht immer leicht. Wie oft wurde ich abgekanzelt von Inge Lange, der zuständigen Sekretärin im Zentralkomitee für die Frauenarbeit: Dass ich die Arbeit nicht im Griff hätte! Dass ich wieder etwas nicht richtig gemacht hätte! Ich habe den Mund gehalten und gegenüber den Mitarbeitern die offizielle Linie vertreten. Eine gute Freundin von mir, Chefredakteurin der *Für Dich*, hat mir oft gesagt: »Mädchen, wie lange willst du dir das noch gefallen lassen?«

Ja, warum habe ich mir das gefallen lassen?

Da war es wieder: Wegen der Partei. Der Zentralismus hatte doch auch viel Positives. Ich stand mit meinem Namen für eine Frauenpolitik, die im Verhältnis zu den anderen sozialistischen Staaten wirklich klasse war! Bei uns gab es Kinderkrippen, Kindergärten, Beruf und Familie waren vereinbar. Und für eine gute Sache … aach … steckt man eine Menge ein. Man könnte mich als Opportunistin abtun. Ich habe mir aber gesagt: »Wenn du jetzt einen Schritt weitergehst, bist du weg vom Fenster. Und eine Nachfolgerin dürfte es nicht besser machen als du.« Also habe ich mich arrangiert.

Mein Mann hat öfter den schönen Spruch benutzt: Die meisten Dellen am Helm eines Kommunisten stammen nicht vom Klassengegner. Heiner musste das noch viel stärker erfahren als ich. In den sechziger Jahren stieg er Schritt für Schritt auf, im Herbst 1973 wurde er sogar Landwirtschaftsminister. Doch eines Tages traf ich ihn unerwartet am Nachmittag zu Hause an. Nach einem Kurswechsel 1982 war er von einem Tag auf den anderen kaltgestellt worden. Heiner sollte aus Gesundheitsgründen um seinen Rücktritt bitten. Da war er 53 Jahre alt und kerngesund. Er wurde abgeschoben auf den Posten des Generalsekretärs der Gesellschaft für Deutsch-Sowjetische Freundschaft (GSF).

Seitdem war sein Lebensnerv getroffen. »Siehste«, sagte er, »ich habe mir immer ausgemalt, wie es sein würde, wenn ich entlassen werde. Aber dass es wirklich so sein würde, wie es ist, habe ich nicht geahnt.« Er wurde nicht mehr gebraucht und musste mit der Demütigung leben. Genossen kannten ihn auf einmal nicht mehr und wechselten die Straßenseite, um ihm nicht zu begegnen. Eines Tages im November 1988 ließ Heiner auf dem Nachhauseweg den Fahrer kurz halten, um an einer kleinen Bude noch etwas einzukaufen. Auf dem Rückweg erfasste ihn ein Auto; er hatte eine Gehirnerschütterung, Knochenbrüche der Beine, die nie wieder zusammenwuchsen; er wurde von außen verplattet, von innen verplattet. Seitdem war Heiner auch körperlich schwer angeschlagen.

Es wird immer nur der Opfer gedacht, die gestorben sind, weil sie die DDR verlassen wollten und an der Grenze erschossen wurden. Ich kenne aber eine Menge Leute, die sich das Leben genommen haben nach 1989, weil sie eine Sache verloren hatten, an die sie geglaubt haben.

Mein Heiner hat sich am 13. September 2001 das Leben genommen. Mit einem Kopfschuss aus seinem Jagdgewehr.

Warum? Der Sinn des Lebens besteht doch wesentlich darin, dass man gebraucht wird und einen Platz hat in der Gesellschaft. Ich machte mich nach 1989 noch einmal auf; Heiner konnte mit seinen Krücken an irgendwelche Aktivitäten nicht mehr denken. Die ersten ein, zwei Jahre fuhr er mich, wenn ich Angst hatte, mich zu Frauenseminaren in den Westen aufzumachen, und lächelte noch, wenn er erklärte: »Ich bin der Fahrer meiner Frau!« Später wollte er von meinen neuen Erfahrungen nichts mehr wissen. Einmal ist er noch aufgelebt – eine Frau interviewte ihn für eine Dissertation über die Gesellschaft für Deutsch-Sowjetische Freundschaft. Ansonsten war er nicht mehr gefragt. Da hatte eine böse Krankheit ein Leichtes, diesen Menschen zu besetzen, der nicht mehr die Kraft aufbrachte, sich gegen sie zu wehren.

Ich denke, der Sozialismus war ein Experiment, das gründlich schiefgegangen ist. Wir waren doch am Ende. Selbst die Treuesten waren überzeugt, so geht es nicht weiter. Und mag es auch zynisch klingen: Wenn diesem ersten sozialistischen Experiment wenigstens gelungen sein sollte, das erste Regime zu sein, das ohne einen Tropfen Blut zu vergießen abgetreten ist, dann bestünde darin schon eine humanistische Leistung. Unsere Funktionäre haben verantwortlich gehandelt und die Waffen nicht gegen das Volk gekehrt. Der Anteil der Treuesten am Untergang dieses Systems ist nicht zu unterschätzen.

VON DEUTSCHLAND
NACH DEUTSCHLAND

In Deutschland treibt es die Menschen am Ende des Krieges in die eine oder andere Richtung. Die Einen suchen nach Familienangehörigen, Verwandten, Freunden, die Anderen eine neue Unterkunft oder eine neue Arbeit. Zwangsarbeiter, Kriegsgefangene und KZ-Insassen kehren zurück in ihre Heimat im Westen oder Osten; geflüchtete und vertriebene Deutsche trecken aus Polen, der Tschechoslowakei, Jugoslawien und Ungarn nach Deutschland; innerhalb Deutschlands setzen sich Bürger aus der Sowjetisch Besetzten Zone in die Besatzungszonen von Amerikanern, Engländern und Franzosen ab. Die Grenzen zwischen den vier Besatzungszonen, die am 12. September 1944 im Londoner Protokoll von den Siegermächten des Zweiten Weltkriegs festgelegt worden sind, bilden noch keine ernsthafte Barriere für die Menschenströme; sie sind als unbefestigte Verwaltungsgrenzen gedacht und grundsätzlich offen.[56]

1,6 Millionen Deutsche wechselten zwischen Oktober 1945 und Juni 1946 aus der SBZ allein in die britische Zone. Den thüringischen Kontrollpunkt Arenshausen überquerten beispielsweise von Ende Oktober bis Ende November 1945 (also in nur einem Monat) 275 000 Personen – durchschnittlich mehr als 13 000 Personen pro Tag in beide Richtungen. Es gab Zehntausende, die auf der einen Seite der Demarkationslinie wohnten und auf der anderen arbeiteten; es gab Landwirte, deren Höfe in der einen und deren Felder in einer anderen Zone lagen, und es gab Familien, die in benachbarten Orten oder – wie im Fall des kleinen Mödlareuth – im selben Dorf wohnten, aber zu verschiedenen Besatzungszonen gehörten.

Die ersten Kontrollmaßnahmen wurden Mitte 1946 eingeführt, in erster Linie aufgrund des florierenden Schwarzhandels. Die Sowjetische Militäradministration (SMAD) sperrte Ende Juni die Grenze zu den westlichen Besatzungszonen für vier Monate, gleichzeitig setzte sie im Alliierten Kontrollrat die Einführung von Interzonenpässen im innerdeutschen Reiseverkehr durch.[57] Doch während zwischen der britischen und der amerikanischen Zone alle Reisebeschränkungen bereits am 23. Juli 1946 wieder fielen, wurde für die Reise in die sowjetische Besatzungszone beziehungsweise spätere DDR ab Juli 1948 neben dem Interzonenpass auch noch eine Aufenthaltsgenehmigung der örtlichen Behörden erforderlich.

In den ersten Nachkriegsjahren war die Demarkationslinie nur provisorisch mit Hinweisschildern und einzelnen Stacheldrahtzäunen gekennzeichnet. Wer sie nach dem Sommer 1946 jenseits der offiziellen Übergänge überschritt, handelte allerdings illegal, auch wenn er noch kein sonderliches Risiko einging. Von der Schusswaffe wurde bis Anfang der fünfziger Jahre bei unbewaffneten Grenzgängern kein Gebrauch gemacht.[58]

Ab Dezember 1946 begann die SMAD mit dem Aufbau einer Grenzpolizei. 1946/47 umfasste sie 2500 Mann und hatte neben der knapp 1400 Kilometer langen Demarkationslinie zu den Westzonen auch die Grenze zu Polen (460 Kilometer) und zur Tschechoslowakei (395 Kilometer) zu kontrollieren. Auf einen Einzelposten entfiel ein Streckenabschnitt von mehreren Kilometern; es war unmöglich, die große Zahl der illegalen Grenzübertritte zu unterbinden.[59] Trotzdem wurden 1947 allein in Thüringen rund 165 000 Personen beim illegalen Grenzübertritt erwischt (sowohl von West nach Ost wie von Ost nach West), meist kleine Händler und Schieber, die ihre Familien mit Tauschgeschäften durchbrachten. Daneben wurden auch Personen gefasst, die in den Schmuggel großen Stils verwickelt waren. Im Juli 1947 etwa stellte eine einzige Grenzdienststelle 33 Lkw mit Maschinen und Betriebsausrüstungen sicher, allein Thüringen konfiszierte im Herbst 1947 fünf Tonnen Leder, Stoffe, Gardinen und Glühbirnen.

Als die Grenzpolizei Mitte 1949 auf 15 000 Mitglieder aufgestockt war, erhöhte sich auch die Zahl der aufgegriffenen »Grenzverletzer«. Zwischen Juni 1948 und Juli 1949 wurden 214 »Spione und Saboteure«, 2418 »kriminelle Verbrecher«, 668 »Großschieber« und 2115 »Schmuggler« festgenommen.[60] Wer unter den insgesamt 482 605 Aufgegriffenen nicht zu diesen kriminalisierten Personengruppen zählte, musste zwar mit Festnahme und Verhör rechnen, doch kam er meist mit einer geringfügigen Geldstrafe davon, so dass, wer an der einen Stelle nicht durchgekommen war, es in der Regel an einer anderen oder zu einem anderen Zeitpunkt noch einmal versuchte.[61]

Noch bildeten die Flüchtlinge eine Minderheit unter den Grenzverletzern, Tendenz allerdings rapide steigend. Hatten 1949 erst 129 345 Personen das Land verlassen, so waren es 1952 bereits 182 393 Personen, darunter beispielsweise Mutter und Kinder Kautzenbach aus Franzburg bei Stralsund.

Vater Kautzenbach, Vorsitzender der CDU-Ortsgruppe, Fraktionsführer im Stadtrat und Kreistag sowie Synodaler in der Kreis- und Landessynode der evangelischen Kirche Greifswald, war bereits im März 1950 geflüchtet, da er nach seiner Suspendierung als Lehrer und der kurz darauf erfolgten Entlassung aus dem Schuldienst mit weiteren Repressionen zu rechnen hatte. Frau und Kinder folgten Anfang Juli, nachdem der Sohn das Abitur bestanden hatte. Trotz Warnungen fuhren sie im Zug, kamen aber glücklich bei ihrem Fluchthelfer in einem Grenzort in Sachsen-Anhalt an. Am ersten Abend konnten sie nicht zur Grenze geführt werden, weil der Trupp mit sechs Grenzgängern bereits voll war. Am nächsten Abend wurden sie geschnappt, so schrieb der Sohn im Telegramm an den Vater nach gelungener Flucht, »150 m vor der Grenze. Zu scharf. Kein Durchkommen. In derselben Nacht hier und Umgebung 150 Grenzgänger geschnappt.«[62] Sie kamen in einen Bunker, wurden verhört, mussten Geld und Pässe abgeben. »ALLES kam raus. Du Westen, politisch. Kein Auge zugemacht, nur Stühle, kalt, furchtbares Gewitter, wir aber Glaube, Gebet.« Am nächsten Morgen erfolgte die Überfüh-

rung in einen vier Kilometer entfernten Bunker. Würden sie nochmals verhört, käme die Mutter sogar ins Gefängnis? Doch dann die
große Erleichterung: »Wir alle unsere Ausweise und Geld zurück ...
man ließ uns als *ERSTE!* trotz Dir laufen. 52,– Mark sollten wir zahlen, doch erst, wenn zu Hause. Denken die!«

Für Mutter und Kinder Kautzenbach gab es nur das Vorwärts
über die Sektorengrenze in Berlin und die anschließende Ausreise
in die Westzonen. Am 7. Juli meldete Sohn Friedel dem Vater aus
Mackendorf im Kreis Helmstedt die Ankunft in der britischen Besatzungszone.

Die Abwanderung aus der SBZ und später aus der DDR stieß bei
den Machthabern in Ost-Berlin erstaunlich lange auf relatives Desinteresse. Es kam der SED anfangs nicht einmal ungelegen, wenn
Angehörige der alten Eliten ausreisten, ersparte es ihr doch Kon-
flikte beim personellen Wechsel in Staat und Wirtschaft.[63] Nach
Bodenreform (»Junkerland in Bauernhand«), Enteignungen und
Entnazifizierungen weinte man jenen keine Träne nach, die in der
neuen Ordnung als Störenfriede empfunden wurden: Großgrundbe-
sitzer, »Faschisten und Kriegsverbrecher«, »Kapitalisten«, Juristen,
Professoren, Ingenieure, die als nicht integrierbar in die »antifaschis-
tisch-demokratische Umwälzung« galten, Mitglieder von SPD, CDU
und LDP, die sich der Unterwerfung ihrer Parteien unter das SED-
Regime widersetzten. »Solche Fluchten vor Repressionsmaßnahmen
oder -drohungen bedauerten die Kommunisten nicht als Verluste,
sondern interpretierten sie als Bestätigung ihrer zuvor gehegten Ver-
dachtsmomente.«[64]

Ausreise bedeutete zudem Entspannung der Versorgungslage.
Es gab zu wenig Lebensmittel, zu wenig Arbeitsplätze, zu wenige
Wohnungen. Wer abhaute, musste nicht mehr versorgt werden und
nahm etwas von dem politischen und ökonomischen Druck. Noch
im August 1952 wies die Hauptabteilung Pass- und Meldewesen
die Landespolizeibehörden an, jede Übersiedlung nach Westdeutschland zu genehmigen, »wenn der DDR ein Vorteil daraus
entsteht«.[65]

Andererseits konnte die SED nach Gründung der DDR 1949 den Grenzübertritten nicht weiter tatenlos zusehen, demonstrierten sie doch, dass der neue Staat unfähig war zur Bewachung seiner eigenen Grenzen. Sie konnte auch die Augen nicht mehr davor verschließen, dass massenweise Menschen die DDR verließen, die dringend gebraucht wurden: Wissenschaftler, technische Intelligenz, Facharbeiter, Klein-, Mittel- und Neubauern, die zuvor noch nicht auffällig geworden waren. Selbst Grenzpolizisten flohen. Am 4. September 1950 wurden zwölf Kameraden des Grenzkommandos Kietz/Elbe bei Eldena verhaftet und über das Ministerium für Staatssicherheit in Schwerin den Sowjets übergeben. Das Sowjetische Militärtribunal Nr. 48240 verurteilte den zwanzigjährigen Egon Roth, einen gelernten Flugzeugmetallbauer, und fünf seiner Kollegen wegen Spionage, Aufstand, antisowjetischer Tätigkeit und Propaganda sowie Aufbau einer konterrevolutionären Organisation zum Tod durch Erschießen. Das Präsidium des Obersten Sowjets lehnte die Gnadengesuche ab, die Todesurteile wurden am 18. und 24. April 1951 in Moskau vollstreckt.[66] Es war das schärfste Vorgehen gegen Grenzpolizisten in jener Zeit.

Nicht zufällig traten neue Grenzsicherungsmaßnahmen am 27. Mai 1952 in Kraft, dem Tag, an dem Konrad Adenauer den Vertrag für eine Europäische Verteidigungsgemeinschaft (EVG) unterschrieb, ein Bündnis, das dem späteren NATO-Beitritt vorausging. Westdeutschland konnte als Spalter dargestellt werden, als Land, das durch seine militärische Westbindung das Ziel der Einheit aufgab und kein Entgegenkommen mehr verdiente.

Die DDR-Regierung antwortete mit der Errichtung einer fünf Kilometer breiten Sperrzone. Unmittelbar an der Demarkationslinie wurde ein zehn Meter breiter Kontrollstreifen gerodet, der den Grenzposten ein freies Blick- und Schussfeld bot, allein von ihnen betreten werden durfte und jedes Frühjahr und jeden Herbst frisch gepflügt und geeggt werden musste. »In den Wäldern arbeiteten Kolonnen mit Motorsägen«, schrieb der *Rheinische Merkur*. »Dann wuchsen auf diesem Streifen die ersten Hindernisse, um hier, mitten in Deutschland, eine solche Grenze zu schaffen, wie sie im Westen nicht einmal an den echten Landesgrenzen zu finden ist.«[67] Dahinter folgte ein 500 Meter breiter »Schutzstreifen«, in dem »feindliche, verdächtige und kriminelle Elemente« ausgesiedelt und Gaststätten, Pensionen und Erholungsheime geschlossen wurden. In der anschließenden fünf Kilometer breiten »Sperrzone« erhielten Einwohner einen besonderen Stempel in die Ausweise und durften keinen Interzonenpass mehr beantragen. Anfang Juni 1952 erhielt auch die bis dahin unbewachte Ostseeküste eine fünf Kilometer breite Sperrzone.

Den größten Schock rief die Aussiedlung von Grenzbewohnern hervor. 8351 Menschen mussten im Mai/Juni 1952 innerhalb von 24 Stunden ihre Häuser räumen. Die »Aktion Ungeziefer« traf vor allem selbstständige Landwirte, Kaufleute und Gaststättenbesitzer. Die meisten wurden ins Innere der DDR deportiert, etwa 1900 entzogen sich der Deportation durch Flucht in den Westen. »Wir waren unfähig, dieses Ereignis zu begreifen, geschweige denn, es richtig einzuordnen«, schrieb die Bauerntochter Christa Schleevoigt, geb. Walther, aus dem kleinen thüringischen Dorf Heubusch. »Den Hof und das Haus verlassen, das war nur im Todesfall denkbar. Bauern sind traditionsbewusst, handeln immer im Sinn der Vorfahren und bedenken das Leben der Nachkommen. Mein sonst so tatkräftiger Vater ging mit hängenden Armen durch alle Zimmer des Hauses, in den Stall, in die Scheunen, in den Garten, ohne etwas zu tun oder zu sprechen. Meine Mutter stand mit Nachbarinnen in der Küche. Sie machten sich Gedanken, was nun werden wird, ob wir etwa nach Sibirien oder nur an die polnische Grenze als Landarbeiter kämen.«[68] Die Familie landete in zwei Räumen ohne Wasseranschluss in einem Behelfsheim im Jenaer Stadtteil Lobeda, wo einst Kriegsgefangene untergebracht worden waren und noch immer Flüchtlinge und Vertriebene lebten. Zum ersten Mal in ihrem Leben waren die Eltern gezwungen, sich einen Broterwerb außerhalb des Hauses zu suchen.

In manchen Dörfern stieß die »Aktion Ungeziefer« auf massiven Widerstand. Im thüringischen Dorndorf beispielsweise weigerten

*Im Rahmen der »Aktion Ungeziefer« wurden im Jahr 1952 Tausende Grenz-
bewohner ausgesiedelt, die der SED als nicht linientreu galten. Wer in der neu
eingerichteten, fünf Kilometer breiten Sperrzone entlang der deutsch-deutschen Grenze wohnen blieb, brauchte einen besonderen Genehmigungsstempel
im Ausweis. Der Flüchtlingsstrom konnte trotzdem nicht eingedämmt werden.
Bis zum Mauerbau 1961 verließen 2,7 Millionen Menschen die DDR.*

sich drei Familien, ihre Wohnungen zu verlassen. »Und die ganze Bevölkerung einschließlich der FDJ ergriff für die Ausgewiesenen Partei«, notierte Kirchenrat Paul Dahinten in der Kirchenchronik des Nachbarortes. »Die Polizei war machtlos. Als sie von der Schusswaffe Gebrauch machen wollte, wurde ihr bedeutet, wenn ein Schuss fällt, verlässt kein Polizist lebend Dorndorf.«[69] Im thüringischen Streufdorf liefen, als morgens um sechs Uhr die Glocken läuteten, Bauern und Jugendliche auf die Straße, um die Evakuierungsmaßnahmen zu verhindern; Schuldirektor Herbert Böhm ließ Schüler der Klassen 7 und 8 bereits verladene Möbeln wieder von den Lkw holen. Erst mit Hilfe von Wasserwerfern der Bereitschaftspolizei aus den umliegenden Orten und mit fünfzig Mann berittener Polizei konnte der Widerstand der Dorfbevölkerung gebrochen werden. Schuldirektor Böhm wurde zusätzlich ausgesiedelt, drei Streufdorfer Bürger erhielten vom Bezirksgericht Suhl am 23. September 1952 Zuchthausstrafen zwischen vier und acht Jahren.[70]

Nach Einrichtung der Sperrzone verblieben von ursprünglich 38 Eisenbahnlinien zwischen der Bundesrepublik und der DDR nur sechs, von Hunderten größerer und kleinerer grenzüberschreitender Straßen nur fünf Übergänge. In Berlin wurden 200 von 277 Verbindungsstraßen geschlossen und die direkten Fernsprechleitungen von Ost- nach West-Berlin unterbrochen.

Um den Fluchtgedanken erst gar nicht aufkommen zu lassen, berichteten Rückkehrer im *Neuen Deutschland* von katastrophalen Zuständen in den Flüchtlingslagern, von Erpressungen durch westliche Geheimdienste und vom »ausweglosen Elend« im »Goldenen Westen«. Dabei war die Lebensmittel-Rationierung in der Bundesrepublik bereits zum 1. Mai 1950 aufgehoben worden, während in der DDR die Lebensmittelmarken und die Rationierung von Fleisch, Fett und Zucker erst im März 1958 abgeschafft wurden. Abschrecken sollten auch verstärkte Kontrollen auf den Zufahrtswegen nach Berlin, etwa in Personen- und D-Zügen im Bezirk Rostock, wo Einsatzgruppen der Kriminalpolizei im Herbst 1952 gezielt nach Republikflüchtlingen fahndeten, um sie speziellen Vernehmungsgruppen zuzuführen. Man achtete allerdings stärker auf den Einzelfall, um nicht nur abzuschrecken, sondern auch zu werben. Der Neubauer A. aus Jamel im Kreis Wismar, der Mitglied der SA und NSDAP sowie einer Polizeieinheit zur Bekämpfung von Partisanen gewesen war, außerdem als ehemaliger Ostpreuße aus Westdeutschland den *Ermländer Pfingstboten* bezog und illegal Zuckerrübenschnaps herstellte, konnte nicht mit mildernden Umständen rechnen und wurde der Staatsanwaltschaft übergeben. Der Mittelbauer L. aus dem Kreis Bützow hingegen, der angeblich den Einflüsterungen eines unbekannten Fremden erlegen war und kurzfristig die Auswanderung nach Afrika erwogen hatte, erhielt eine zweite Chance und durfte als Reumütiger mit Frau und Kindern straflos auf seine Scholle zurückkehren.[71]

Doch weder administrative noch propagandistische Maßnahmen vermochten die Fluchtbewegung wirksam einzudämmen. Im Gegenteil. Die Beschlüsse auf der II. Parteikonferenz der SED im Juni 1952 trieben noch mehr Menschen aus dem Land. Denn an die Stelle des demokratisch-antifaschistischen Aufbaus der ersten Nachkriegsjahre trat der beschleunigte Aufbau des Sozialismus. Dem Ausbau der Schwerindustrie wurde der Vorrang eingeräumt, private Handels- und Industriebetriebe gerieten unter stärkeren Druck, Hausbesitzern, Großbauern und anderen wurden im Zuge eines »Sparsamkeitsregimes« die Lebensmittelkarten entzogen. Auf dem Land wurden Gründung und Ausbau der landwirtschaftlichen Produktionsgenossenschaften (LPG) beschleunigt und die Steuer- sowie Ablieferungsschulden der Einzelbauern verstärkt eingetrieben. Mehr als 15 000 Bauern verließen von 1952 bis zum 17. Juni 1953 ihre Höfe und flohen in den Westen. Vor allem Selbstständige und politisch Andersdenkende sahen für sich keine Zukunft mehr in der DDR. Die Zahl der Flüchtlinge stieg im Laufe des Jahres 1953 auf die Rekordhöhe von 331 000.

Explizit mit Verweis auf die hohen Flüchtlingszahlen forderte die sowjetische Besatzungsmacht Anfang Juni 1953 eine Korrektur der Beschlüsse vom II. Parteitag: eine Drosselung des Tempos bei der Umgestaltung von Wirtschaft und Gesellschaft, damit der

Widerstand in der Bevölkerung nicht weiter anwuchs. Das Politbüro versprach zwar umgehend, die Erhöhung der Arbeitsnormen zurückzunehmen, ferner den Klassenkampf gegen die privaten Bauern zu mildern, die Rückkehr von Republikflüchtlingen zu erleichtern und beschlagnahmtes Eigentum zurückzuerstatten. Doch der »Neue Kurs« kam zu spät, um den Ausbruch der Unruhen am 17. Juni noch zu verhindern, zudem war er, wie sich sehr schnell zeigte, rein taktischer Natur gewesen. Die vorübergehenden Lockerungen bei der Ein- und Ausreise wie die übrigen Liberalisierungen ließen die Flüchtlingszahlen zwar auf 181 000 im Jahr 1954 fallen – viele wollten an eine Entspannung glauben. Doch bereits 1954 kehrte die SED allmählich zur alten Politik zurück. So stieg beispielsweise der Anteil der Landwirtschaftlichen Produktionsgenossenschaften, in die die Bauern nicht nur Boden und Maschinen, sondern ihren gesamten landwirtschaftlichen Besitz einschließlich Vieh und Gebäuden einbrachten, zwischen Oktober 1954 und Ende 1956 von 58,3 auf 83,8 Prozent.

1955 kletterten die Flüchtlingszahlen wieder um 69 000 auf 253 000; 1956 und 1957 blieben sie mit 279 000 und 261 000 Flüchtenden ähnlich hoch. Daran änderte selbst die Aufstockung der Grenztruppen nichts. Ihre Gesamtstärke wuchs von rund 23 000 Mann im September 1953 auf etwa 30 700 Mann im Jahr 1954 und 39 200 Mann im Jahr 1956.[72]

Im Grenzbereich wurde eine strengere Melde- und Aufenthaltspflicht für DDR-Bürger eingeführt, Grenzbewohner waren außerdem verpflichtet, Personen zu melden, die sich widerrechtlich in der Sperrzone aufhielten. Zudem sah das DDR-Passgesetz vom 15. September 1954 in Paragraph 8 erstmals explizit eine Strafe von bis zu drei Jahren für Republikflucht vor, in der erweiterten Fassung vom 11. Dezember 1957 wurde neben dem Versuch auch die Vorbereitung zur Flucht kriminalisiert.[73] Bis dahin war Republikflucht unter Vorwänden wie Steuerhinterziehung, Verstoß gegen Verordnungen des innerdeutschen Zahlungsverkehrs, Verbrechen gegen die Wirtschaftsordnung und Ähnliches verfolgt worden.

Ulf Meyer aus dem Ostseebad Wustrow wollte nichts riskieren und beantragte Mitte der fünfziger Jahre offiziell eine Besuchsreise in den Westen. Er hatte sich zwar dank alter Beziehungen seines Vaters an der Universität Rostock im Fach Medizin einschreiben können, obwohl ihm als Kind eines Arztes im Arbeiter- und Bauernstaat kein Studienplatz zugestanden hätte. Aber dann stolperte er über den Marxismus-Leninismus, der selbst im Medizinstudium zum obligatorischen Lernfach erklärt worden war. Sein Vortrag auf einem der vierzehntägig stattfindenden Seminare galt als Hetze. »Wenn Sie weiter studieren wollen«, so wurde ihm erklärt, »müssen Sie auf die Militärakademie nach Greifswald gehen oder sich ein paar Jahre in der Produktion bewähren«, sprich auf dem Bau arbeiten. Ulf Meyer wählte den Westen. Glücklicherweise hatte er in der DDR schon vier Semester studiert, so dass sein Abitur in der Bundesrepublik anerkannt wurde. Als auch seine Mutter eine Besuchsgenehmigung in den Westen erhielt, war sein Start nahezu reibungslos: Die Mutter musste seine Anträge im Notaufnahmelager Uelzen unterschreiben, damit er in der Bundesrepublik eine Aufenthaltsgenehmigung als alleinstehender Jugendlicher erhielt. Er war nämlich erst zwanzig Jahre alt – in der DDR seit zwei Jahren volljährig, im Westen aber immer noch minderjährig.

Die Motive für die Flucht waren vielfältig: Die Einen zog es in den Westen, weil sie dort Verwandte hatten, bessere Arbeitsbedingungen vorfanden, mehr verdienten oder weil sie – etwa nach dem 17. Juni 1953 – politisch verfolgt wurden, nicht der Landwirtschaftlichen Produktionsgenossenschaft beitreten wollten oder wegen ihres Glaubens vom beruflichen Aufstieg ausgeschlossen waren. Eine große Zahl von Oberschülern und Studenten verließ das Land, weil sie als Kinder von Akademikern kein Abitur machen durften oder nicht zum Studium zugelassen wurden. Viele junge Männer wollten sich auch der Werbung für die Kasernierte Volkspolizei entziehen, mit der seit 1952 der Grundstock für eine reguläre Armee gelegt wurde. Noch andere flüchteten aus der Enge, die ihnen nicht einmal einen Urlaub im Ausland ermöglichte.

Lehrer gingen, weil sie sich der ideologischen Ausrichtung der Schulen entziehen wollten oder als Christen die Entlassung fürchteten; Ärzte und Zahnärzte mit ausgeprägtem Besitzstandsdenken stießen sich an dem Angestelltenstatus in Polikliniken und Ambulatorien – schätzungsweise 5700 Mediziner kehrten der DDR bis 1961 den Rücken.[74] Es gingen auch solche, die sich am Arbeitsplatz überfordert sahen, familiären Problemen entfliehen wollten oder straffällig geworden waren.

Manchmal zogen Unternehmer, die in der DDR enteignet worden waren, große Teile der alten Belegschaft in ihre neuen Firmen im Westen nach, wie etwa der Tuchfabrikant Hentschke aus dem Kreis Forst, dem so viele Arbeiter folgten, dass sein Betrieb in Iserlohn als Klein-Forst bezeichnet wurde. In anderen Fällen wechselten Facharbeiter aus der DDR in entsprechende Betriebe in der Bundesrepublik, etwa die Spezialisten aus der Musikindustrie Klingenthal im Vogtland zu den Hohner-Werken in den Schwarzwald. Eine Abwerbung zog oft die nächste nach sich. In einigen Firmen der Bezirke Halle, Bitterfeld, Gera, bei den Zeiss-Werken Jena, den Dessauer Großbetrieben oder der Filmfabrik Agfa Wolfen schrumpfte die Belegschaft erheblich.

Der Biologiestudent Werner Meinel ging, weil er für sich keine wissenschaftliche Zukunft in der DDR sah. Und er ging, weil er seine Kinder nicht einer permanenten Diskreditierung aufgrund ihres christlich-bürgerlichen Elternhauses aussetzen wollte. Er hatte großes Glück, als seiner gesamten sechsköpfigen Familie Ende der fünfziger Jahre eine Besuchsreise in die Bundesrepublik genehmigt wurde. Allerdings musste er den größten Teil seines Geldes auf dem Konto zurücklassen und konnte Porzellan, Silber und Schmuck nur einem guten Bekannten übergeben in der Hoffnung, er würde sie nach und nach bei einem Antiquitätenhändler verkaufen können. Papiere wie Geburts-, Approbations- und Promotionsurkunden, die unerlässlich waren für einen Neuanfang im Westen, verschraubte er in der Hohlkehle der Stoßstange seines Wartburgs. Liebesbriefe an seine Frau, die in die Hände von Grenzern oder Sicherheitsbeamten hätten fallen können, verbrannte er stundenlang im Ofen der Zentralheizung, und zwar nachts, damit der rauchende Schornstein den Nachbarn nicht auffiele.

Dem gläubigen Protestanten Meinel fiel die Flucht nicht leicht. Er wusste, dass seine Kirche die Entscheidung missbilligen würde. Franz-Reinhold Hildebrandt, Präses der Kirchenkanzlei der Union Evangelischer Kirchen in der EKD, kritisierte ihn denn auch in einem Brief wegen des »uns sehr betrübenden Beispiels für Ihre Kollegen, die die Kirche ständig um des christlichen Gehorsams willen ermahnt, ihren Dienst in unserem Land nicht zu verlassen.«[75]

Meinel verstand den Schmerz der Zurückbleibenden. Aber hatten die Gehenden nicht auch ein Recht auf die freie Gestaltung ihres Lebens? Für Meinel jedenfalls erfüllte sich sein beruflicher Traum. Er promovierte und habilitierte sich in Gießen, von 1971 an war er Professor für Zoologie und Vergleichende Anatomie an der Universität Kassel.

Immer öfter versuchten die DDR-Behörden, Fluchten schon im Vorfeld zu verhindern. Gezielt wurden IM (Inoffizielle Mitarbeiter) der Staatssicherheit unter Briefträgern, Taxifahrern, Fahrkartenverkäufern, Bankangestellten et cetera angeworben. Sie sollten über auffälliges Verhalten von Personen berichten, die etwa bei den verschiedenen Geldinstitutionen größere Summen abhoben oder Möbel, Fahrzeuge und andere Wertgegenstände verkauften. In den Zügen wurden vermehrt Gepäckkontrollen durchgeführt, auf Fernverkehrsstraßen und Zufahrtsstraßen nach Berlin Autos stichprobenartig kontrolliert, an den Sektorengrenzen in Berlin Geschwindigkeitsbeschränkungen eingeführt und Stopp-Schilder aufgestellt zur Verhinderung gewaltsamer Durchbrüche. Doch keine dieser Maßnahmen war wirklich effektiv. Nach einem kurzen Rückgang der Flüchtlingszahlen 1958 (144 000) stiegen die Republikfluchten 1960 auf 199 000 an. Von insgesamt 202 gewaltsamen Grenzdurchbrüchen von Ost nach West mit 275 Personen erfolgten 179 in den ersten drei Quartalen 1960. In einigen Fällen durchbrachen Bauern die Grenze mit Vieh, Fahrzeugen und Hausrat am helllichten Tag.

Deutschland war geteilt, aber noch nicht endgültig. Die Grenze war deutlich mit dem Kontrollstreifen gezogen, aber ein einfacher Stacheldrahtzaun von zwei Metern Höhe war das einzige Hindernis, das zudem in manchen Bereichen noch fehlte. So standen sich die Zweierstreifen der Grenzpolizei, wenn sie hüben und drüben unterwegs waren, fast täglich »Auge in Auge« gegenüber. Dies führte, weiß Herbert Böckel, der Ende der fünfziger Jahre auf westdeutscher Seite an der hessisch-thüringischen Grenze eingesetzt war, »zwangsläufig und automatisch zu verschiedenen menschlichen Begegnungen, Kontakten und Gesprächen mit nicht ganz linientreuen Genossen und Kameraden in der anderen Uniform«. Vom Westen aus wurden manchmal Schokolade, Südfrüchte, Schallplatten und Nylonstrümpfe über den Draht gereicht, der Osten revanchierte sich mit Souvenirs aus der Bekleidungs- und Ausrüstungskammer der Grenzkompanie, manchmal auch mit Informationen über Standorte und Streifentätigkeiten, um die der Westen gar nicht gebeten hatte.

Am nachdrücklichsten ist Herbert Böckel der Heiligabend 1959 in Erinnerung. Ein Trupp des Bundesgrenzschutzes verlief sich an diesem Tag bei Nebel, Schneegestöber und Dunkelheit im Wald. Schließlich landeten die sieben Westgrenzer in einem Gasthaus auf der DDR-Seite, in dessen Hinterzimmer es sich drei DDR-Grenzer gemütlich gemacht hatten und Skat spielten. »Der erste der drei Volkspolizisten stand sprachlos und völlig erstarrt im Raum und wischte sich mit der Hand über das Gesicht, als traue er seinen Augen nicht … Da waren die Schergen des Klassenfeindes, vor denen man sie öfter eindringlich gewarnt hatte, doch tatsächlich und leibhaftig … mit der Waffe in der Hand eingedrungen und schickten sich an, das eigene, als unantastbar geltende Territorium zu besetzen … Es war eine angespannte, brisante Situation zwischen Erstarren, Angst und Bangen sowie einer spürbaren Ratlosigkeit entstanden. Keiner sagte ein Wort, und die Gedanken der Anwesenden konnte man nicht lesen, sondern nur erahnen.« Böckel fasste sich als Erster, ging auf die »feindlichen Brüder« zu und streckte die Hand aus: »Na denn, Jungs, frohe Weihnachten!« Der Abend endete bei einem gemeinsamen Essen mit Bier und Schnaps. Dann brachten die Ostgrenzer die Westgrenzer zurück, und die Westgrenzer einigten sich, dass es die eleganteste Lösung wäre, eine Meldung zu unterlassen und sich so alle unangenehmen Fragen und vielleicht sogar Disziplinarmaßnahmen zu ersparen.[76]

Wer nicht den schwierigen Weg durch die Sperrzone riskieren wollte, dem blieb der Weg über Berlin. Die Grenze zwischen dem Ostsektor und den Westsektoren war offen, noch im Sommer 1961 wurde sie täglich von gut 56 000 DDR-Bürgern passiert, die in West-Berlin arbeiteten, und von knapp 13 000 West-Berlinern, die eine Arbeitsstelle in Ost-Berlin hatten.[77] Dazu kamen die Besucher, die es hinüber und herüber zog, sei es, um im Osten an der Komischen Oper eine Inszenierung von Walter Felsenstein zu sehen oder sich billig die Haare schneiden zu lassen, sei es, um im Westen echten Bohnenkaffee zu trinken oder Fahrradersatzteile einzukaufen, an denen im Osten Mangel herrschte.

Wer im Verdacht stand zu fliehen, musste zwar mit seiner Festnahme rechnen. Die meisten kamen aber ungehindert durch, wenn sie sich mit wenig oder gar keinem Gepäck zu Fuß oder in der S-Bahn auf den Weg machten. Die ersten Anlaufstellen im Westen waren in der Regel die Notaufnahmelager. Spandau »war restlos überfüllt«, berichtete der Übersetzer Karl Dedecius, der aus sowjetischer Kriegsgefangenschaft heimkehrte. Das Aufnahmeverfahren zog sich über zwei Wochen hin. »Noch im Dezember hatten zahlreiche Untersuchungen stattgefunden – ärztlicher Dienst, Schirmbildstelle, Sichtungsstelle, Zuständigkeitsprüfung, Polizei.« Zudem wurden er und seine hochschwangere Frau von amerikanischen, britischen sowie französischen Beamten nach Herkunft und Zukunftsplänen befragt (sollten sie beispielsweise als sowjetische, polnische oder DDR-Spione eingeschleust werden?), auch vor dem Untersuchungsausschuss freiheitlicher Juristen und der Ländervertretung Rheinland-Pfalz (wo die Familie von Karl Dedecius wohnen wollte) hatten sie Rede und Antwort zu stehen. Erst Mitte Februar 1953 wurde der

»Flug eingeleitet«, gleichzeitig erfolgte die Aushändigung der Aufenthaltsbewilligung. »Am Ende der befreiende Seufzer: Flüchtlingsausweis A. Im Westen willkommen.«[78]

Bis zum Bau der Mauer am 13. August 1961 verließen 2,7 Millionen Menschen die DDR. Eindeutig dokumentiert wurden bis zu diesem Zeitpunkt siebzehn Todesfälle an der innerdeutschen Grenze und zwei weitere in Berlin.[79]

Zum Beispiel Heidi Lüneburg

Dass wir fliehen würden, erfuhr ich erst, als meine Mutter mit mir und meinem Bruder bereits im Zug nach Berlin saß. Ich war eine Plaudertasche, und Mutter hatte Angst, ich könnte uns verraten. Mein Vater lebte der Arbeit wegen schon seit 1949 in Hamburg, meine Mutter war mit uns Kindern noch auf dem Fischland an der Ostsee geblieben. Sie war sehr traditionsbewusst und heimatverbunden. Sie hätte auch niemals ihren alten Vater allein zurückgelassen. Wir gingen erst, als mein Großvater im Oktober 1952 gestorben war. Hätte er noch zehn Jahre länger gelebt, wäre sie zehn Jahre länger geblieben.

Mein Vater hatte eine Ausbildung an der Seefahrtsschule in Wustrow gemacht. Wie viele angehende Kapitäne heiratete er eine Einheimische und blieb auf dem Fischland hängen. Nach der Hochzeit 1938 wohnte das junge Paar in dem unmittelbar an Wustrow angrenzenden Barnstorf, im reetgedeckten Haus meines Großvaters direkt am Saaler Bodden, dem großen Binnengewässer, nur wenige Hundert Meter von der Ostsee entfernt.

Im Krieg nahm mein Vater am Frankreichfeldzug teil, dann wurde er als Staffelkommandant bei der Luftwaffe im besetzten Posen stationiert. Die ersten vier Jahre meines Lebens verbrachte ich daher in einem Haus, das einem polnischen Arzt gehörte. Der Pole war mit seiner Familie in den Keller verbannt, seine Praxis im Erdgeschoss einem deutschen Arzt, seine Wohnung im ersten Stock meiner Familie zugewiesen worden. Neben Reichsdeutschen wie uns brachte Hitler im besetzten Warthegau die Deutschen unter, die er aus dem Baltikum, aus Wolhynien, Bessarabien und anderen osteuropäischen

Ländern »heim ins Reich« holte. Eines Tages war der polnische Arzt verschwunden. Er war wahrscheinlich mit Hunderttausenden seiner Landsleute in das Generalgouvernement umgesiedelt worden. Später fragte ich meine Mutter: »Hast du dich jemals erkundigt, wohin die Familie gebracht wurde?«

»Naja, man hat sich schon nicht mehr getraut zu fragen«, lautete die etwas überraschende Antwort. Eigentlich hatte meine Mutter nämlich eine Menge Zivilcourage. Aber damals hat sie nichts riskiert. Sie bekam natürlich mit, dass die polnische Bevölkerung malträtiert wurde.

Im Januar 1945 sind meine Mutter, mein Bruder und ich aus Posen geflohen, zunächst zurück ins mecklenburgische Barnstorf, nach dem Einmarsch der sowjetischen Truppen weiter zu Mutters Schwiegereltern nach Rohrsheim in den Harz, das damals noch in der amerikanischen Besatzungszone lag. Als Staffelkommandant und überzeugter Nazi hätte mein Vater im sowjetisch besetzten Teil Deutschlands mit Verschleppung in ein sowjetisches Speziallager oder nach Russland rechnen müssen. Deshalb ließ er sich aus der englischen Kriegsgefangenschaft zu seinen Eltern nach Rohrsheim entlassen. Etwa ein Jahr lang wohnten wir dort, mein Bruder ist dort eingeschult worden. Dann kehrten wir zurück nach Barnstorf, da die Rote Armee vom Fischland abgezogen war und sich die Lage etwas beruhigt hatte.

Vater brauchte nun keine Verhaftung mehr zu fürchten, fand allerdings keine Arbeit in seinem Beruf als Kapitän. Die wenigen Schiffe, die bei Kriegsende im Hafen von Rostock lagen, waren von der Roten Armee beschlagnahmt und als Kriegsbeute abgefahren worden. Es war nicht absehbar, wann die Ostzone wieder eine See-schifffahrt aufbauen würde. Eine Zeitlang arbeitete mein Vater beim Goldschmied Kramer in Ribnitz und stellte Aschenbecher, Teller und ähnliche Gegenstände aus Kartuschen her, die sich in den Beständen der Küstenartillerie am Hohen Ufer fanden, der Steilküste westlich von Ahrenshoop. Dann wechselte er zur Fischerei in Sassnitz auf Rügen, die unter russischer Aufsicht in der Ostsee fischte. Auch das hat ihn nicht befriedigt. Er wollte wieder als Kapitän auf einem richtigen Handelsschiff zur See fahren. Als Anfang 1949 ein Telegramm aus Hamburg eintraf, in Westdeutschland ginge es wieder los mit der Schifffahrt, hat er sich sofort aufgemacht und bei derselben Reederei angeheuert, mit der er auch vor dem Krieg zur See gefahren war.

Meine Mutter hat immer gehofft, die Verhältnisse würden sich bessern, sie könnte in ihrem geliebten Barnstorf bleiben und zwischen Ost und West pendeln. Aber das Pendeln erwies sich von Anfang an als schwierig. Die ersten Jahre ging sie über die grüne Grenze bei Boizenburg in Mecklenburg oder auch in Rohrsheim in Sachsen-Anhalt. Der Bauernhof ihrer Schwiegereltern lag inzwischen in der Sowjetisch Besetzten Zone, direkt an der Zonengrenze; mein Vater hat vor seiner eigenen Flucht viele Menschen in den Westen gebracht. Er führte sie nachts von seinem Elternhaus zu einem schmalen Grenzgraben, dort lag im Gebüsch ein Brett versteckt, das über den Bach geworfen wurde. So balancierten die Menschen hinüber, einige kamen auf demselben Weg zurück. Bei einem dieser Grenzübertritte ist meine Mutter festgenommen worden. Sie hatte sich nachts verlaufen, es war schlechtes Wetter, ihr war kalt. Da ließ sie sich bewusst aufgreifen – es hatte sich herumgesprochen, dass man damals in der Regel nach nur einem Tag wieder freikam – und fand in der Zelle die Inschrift: »Hier saß ich 24 Stunden gefangen, weil ich von Deutschland nach Deutschland ging.« Ich fand den Irrsinn der Lage gut in diesem Spruch wiedergegeben.

Als an der Zonengrenze die Sperrzone eingerichtet wurde, fuhr meine Mutter nur noch über Berlin. Sie führte zwei Existenzen. Mein Vater hatte sie in Hamburg angemeldet und ihr dadurch auch einen westdeutschen Pass verschafft. Auf der Hinreise nach Hamburg reiste sie also mit ihrem ostdeutschen Ausweis nach West-Berlin, dort tauschte sie in der Pension, in der sie regelmäßig für ein oder zwei Nächte abstieg, ihren ostdeutschen gegen ihren westdeutschen Ausweis, kaufte ein Flugticket – nur so konnte sie ohne Kontrolle durch die DDR-Behörden nach Westdeutschland kommen – und flog vom kurz zuvor wieder für die zivile Luftfahrt frei gegebenen

Tempelhofer Flughafen nach Hamburg. Auf der Rückreise verlief die Prozedur umgekehrt. Der westdeutsche Pass wurde wieder in der Berliner Pension hinterlegt, damit durfte sie in der DDR nicht erwischt werden.

Mein Vater war schnell zum Republikflüchtling erklärt worden. Wir hatten aber keine Nachteile dadurch, im Gegenteil. Der republikflüchtige Vater im Westen verschaffte uns im Osten große Vorteile. Mit seinem Westgeld konnte meine Mutter im Westen einkaufen. In dieser Hinsicht ging es uns besser als den meisten DDR-Bürgern. Ich hatte beispielsweise rote Schuhe mit weißen Kreppsohlen und Faber-Castell-Buntstifte, auf die alle Mitschüler neidisch waren. Meine Mutter kehrte auch jedes Mal mit größeren Mengen an Zigaretten und Nylonstrümpfen zurück, hoch begehrten Tauschobjekten im Osten. Dafür bekam man fast alles. Ich weiß nicht, wo sie die Sachen versteckte, aber sie ist in der Berliner S-Bahn oder im Zug nach Rostock niemals aufgeflogen. Dank der Westwaren erhielten wir wieder eine Nähmaschine, unsere alte war von den Russen konfisziert worden. Wir bekamen auch wieder eine Kuh und hatten niemals Probleme mit Handwerkern, wenn etwa das Dach repariert werden musste.

Wir lebten, als hätten wir in Barnstorf eine Zukunft. Ich habe nie den Eindruck gehabt, wir säßen auf gepackten Koffern. Erst nach dem Tod meines Großvaters begann meine Mutter, Sachen »rüber« zu bringen. Bei jeder Reise nahm sie möglichst viel Gepäck mit, und fast jeden Tag brachte sie ein Paket zur Post. Sie machte das, wenn wir Kinder in der Schule waren, so dass wir es nicht merkten. Dem Postbeamten in einem so kleinen Ort wie Wustrow war natürlich klar, dass jemand abhauen wollte, wenn er in kürzesten Abständen Riesenpakete in den Westen schickte. Doch weder meine Mutter noch andere sind verraten worden. Die Pakete wurden nicht einmal kontrolliert. Vielleicht war der Druck zur Kontrolle noch nicht so stark, vielleicht gab es auch eine Solidarität unter den Alteingesessenen. Jedenfalls wundere ich mich heute, was alles möglich war.

Das letzte Schlupfloch: Am einfachsten gelang die Flucht in Berlin, wo Zehntausende täglich die Übergänge von Ost nach West und umgekehrt passierten, um zur Arbeit zu gelangen. Weil die Flüchtlinge nicht auffallen wollten, verließen die meisten ihre Heimat nur mit Handgepäck. Im Westteil der Stadt führte der erste Weg in eines der Notaufnahmelager. Diese Frauen und Kinder streben im Januar 1953 in das Notaufnahmelager in der Kreuzberger Cuvrystraße.

Als wir die DDR in der Nacht vom 20. zum 21. Januar 1953 verließen, lag hoher Schnee. Der Mann aus Wustrow, der eines der ganz wenigen Autos besaß und quasi Taxifahrten durchführte, kam nicht zu unserem Hof durch. Da mussten wir unsere Koffer auf einen Schlitten laden und den Kilometer bis zum wartenden Auto ziehen – mein Bruder mit einem Rucksack, meine Mutter mit einem Rucksack und ich mit einem Rucksack. Ich erinnere mich: Meine Mutter war ziemlich schroff und blickte einfach nur stur geradeaus. Sie hat sich nicht ein einziges Mal umgedreht, nicht ein einziges Mal. Später, als ich erwachsen war, habe ich gedacht: Wie konsequent sie war!

In Rostock verließen wir das Auto in einer Seitenstraße und gingen die letzten Meter zu Fuß. Das werde ich nie vergessen: Wir kamen auf einen hell erleuchteten Bahnhofsvorplatz, zu dem Hunderte von Menschen aus allen Himmelsrichtungen strömten. Alle schwer bepackt, alle zum Zug, der um Mitternacht von Rostock nach Ost-Berlin fuhr. Wir hätten alle wegen Republikflucht verhaftet werden können. Aber nichts geschah. Weder auf dem Rostocker Bahnhof noch im völlig überfüllten Zug, auch nicht auf dem düsteren, noch schrecklich zerstörten Bahnhof Friedrichstraße in Ost-Berlin, wo die Massen auf den Bahnsteig hasteten, von dem die Züge Richtung Westen fuhren.

In die erste Bahn kamen wir gar nicht hinein. Die war rappelvoll. Die nächste Bahn nahm uns mit. Nach kurzer Fahrt sagte meine Mutter: »Jetzt sind wir im Westen.« Der U-Bahnhof war hell erleuchtet, ein Kiosk war geöffnet, man konnte mitten in der Nacht Kaffee kaufen und Zeitungen und alles Mögliche. Meine Mutter kaufte uns Schokolade.

Zwischen den U-Bahnstationen lagen Welten! In der West-Berliner Pension waren inzwischen auch die Pässe für mich und meinen Bruder hinterlegt. Nach drei, vier Tagen flogen wir zu unserem Wohnsitz Hamburg. Andere Flüchtlinge mussten noch längere Zeit im Lager Marienfelde ausharren und den amerikanischen, französischen und britischen Geheimdiensten Rede und Antwort stehen, bevor ihnen Dokumente ausgehändigt wurden, mit denen sie nach Westdeutschland ausfliegen konnten.

Fast alle Kapitänsfamilien aus Wustrow, Niehagen, Althagen und Ahrenshoop sind damals in den Westen gegangen, aus unserem Bekanntenkreis über zehn Familien. Geblieben ist meines Wissens nur die Familie von Joachim Gauck sen. Er saß zu jener Zeit in einem Lager in der sibirischen Steppe, da ihn ein sowjetisches Militärgericht zu zwei Mal 25 Jahren verurteilt hatte und kehrte erst 1955 zurück, als Konrad Adenauer die letzten Kriegs- und Zivilgefangenen aus der Sowjetunion frei bekam.

Für mich war es ein Glück, dass wir gegangen sind. Ich hätte in der DDR nicht das Gymnasium besuchen und nicht studieren können, denn mein Bruder und ich waren mit der evangelischen Kirche verbunden. Wir gingen zum Kindergottesdienst, wir sangen im Kirchenchor, wir hatten Religionsunterricht, und am Heiligabend führten wir unser Krippenspiel auf. Für uns stand absolut fest, dass wir nicht zur Jugendweihe gehen, sondern die Konfirmation feiern würden.

Zwar wurde ich in der Hamburger Schule zunächst als Flüchtling herablassend behandelt. Die Hochnäsigkeit im Westen war erheblich. Aber ich war frech und habe mir Hänseleien oder Zurückweisungen nicht gefallen lassen. Außerdem war mein Vater Kapitän, und wer in Hamburg einen Kapitän zum Vater hat, gehört in eine gehobene Klasse. Wir waren nicht in einer Nissenhütte untergebracht wie viele Vertriebene aus dem Osten und DDR-Flüchtlinge, wir hatten bald ein für damalige Verhältnisse schönes Reihenhaus in Hamburg-Rahlstedt. Mein Vater konnte uns Kinder in den Sommerferien auf seinem Schiff auch mitnehmen nach England, Dänemark, Frankreich und Finnland. Wer konnte damals als Schulkind schon solche Reisen machen?

Meine Mutter hat ihr Leben im Westen wie eine zeitweilige Emigration gesehen. Sie hat immer gesagt: »Die politischen Verhältnisse werden sich ändern. Irgendwann kann ich wieder nach Hause.« Der Hof war weiter ihr Eigentum. Im Grundbuch stand mein Großvater, per Erbschein und Testament war sie die rechtmäßige Eigentümerin. Sie hatte den Großteil der Möbel im Haus gelassen und unser früheres Hausmädchen quasi als Verwalterin eingesetzt. Doch Ida wurde schnell ausgebootet. Als in Vorbereitung der Landwirtschaftlichen Produktionsgenossenschaften Flüchtlinge aus dem Sudetenland und Polen auf die LPGs gebracht wurden, begann die Wohnungsbewirtschaftung. Erst wurde eine, dann eine zweite Flüchtlingsfamilie ins Haus zu Ida eingewiesen. 1959 musste Ida das Haus verlassen, sie wurde mit zwei Zimmern in Wustrow abgefunden. Als nach einigen Jahren die eine Flüchtlingsfamilie auszog, wurde deren Haushälfte von Herrn L. übernommen, einem DDR-Kapitän, der auch Politoffizier war und einen Ministeronkel hatte.

Dieser neue Mieter war, wie sich später herausstellen sollte, unser Unglück. Herr L. hatte gute Beziehungen und verfügte über Westgeld. Er ließ seine Haushälfte für DDR-Verhältnisse relativ gut renovieren und schrieb meiner Mutter 1976 einen Brief: Er wolle ihr das Haus gern abkaufen. Er wusste, eine so schöne Lage am Wasser würde er auf dem Fischland nicht noch einmal finden. Für meine Mutter war allerdings klar, dass sie das Haus auf keinen Fall verkaufen würde. »Sie können es gern nutzen«, schrieb sie zurück, »aber verkauft wird es nicht, das Haus ist seit Generationen Eigentum der Familie.«

Bald darauf begann sie, regelmäßig in ihre alte Heimat zurückzufahren. Sie war ins Rentenalter gekommen und konnte gegen den obligatorischen Mindestumtausch einreisen. Sie hatte Heimweh. Im Hochsommer waren die Ostseebäder zwar für den Freien Deutschen Gewerkschaftsbund (FDGB) oder den Kulturbund reserviert, da bekam sie keine Aufenthaltserlaubnis, aber außerhalb der Saison verbrachte sie immer mindestens eine Woche bei meiner Cousine in Wustrow, bei einem ehemaligen Hausmädchen in Ahrenshoop oder beim ehemaligen Nachbarn in Barnstorf. Sie traf sich auch mit alten Freundinnen, Kapitänsfrauen wie sie, die es ebenfalls in die Dörfer ihrer Kindheit und Jugend zurückzog. Sie schaute sogar regelmäßig bei den Mietern ihres Hauses in Barnstorf vorbei, sagte freundlich

»Guten Tag!« und war überzeugt, dass sie eines Tages hierher zurückkehren würde. Sie war keineswegs verbittert. Sie hatte noch Hoffnung. Als die ersten Strohdächer auf Föhr gebaut wurden, sagte sie: »So eines setzen wir uns in Barnstorf auch einmal auf die Koppel.«

Verbittert wurde meine Mutter erst, als die Mauer fiel und sich im April 1990 herausstellte, dass ihr Haus ihr nicht mehr gehörte. Mit dem Acker gab es bei der Rückübertragung keine Probleme. Aber das Haus war ohne ihr Wissen und ohne ihre Zustimmung verkauft worden. Sie war enteignet worden und konnte nicht nach Hause zurück. Da hat sie einen Satz gesagt, den ich niemals vergessen werde: »Ich habe immer gedacht, dass ich nach Hause gehen kann, wenn die Grenze aufgeht. Und jetzt ist die Grenze auf, und ich bin von zu Hause weiter weg als jemals zuvor.«

Sie ist nie mehr nach Barnstorf gefahren. Sie wollte überhaupt nicht mehr über das Haus sprechen. »Mach damit, was du willst«, sagte sie und gab mir eine Vollmacht. Ich bin überzeugt – wie übrigens auch ihr Arzt –, dass der Verlust der Hoffnung dazu führte, dass sie zu kränkeln begann und nach zwei Jahren starb. Deswegen musste *ich* kämpfen. Ich kämpfte an ihrer Stelle und bin vor die Gerichte gezogen. Und als die letzte Instanz endlich ihr Urteil gefällt hatte, bin ich zum Friedhof gelaufen und habe ihr erzählt, wie wir den Prozess schließlich gewonnen haben.

Herr L. hatte sich mit der Weigerung meiner Mutter, das Haus zu verkaufen, nicht zufriedengegeben und darauf gedrängt, diese Frau im Westen endlich zu enteignen. Doch erst als ein ortsfremder Bürgermeister in Wustrow eingesetzt wurde, ein strammer Kommunist, fand Herr L. einen Verbündeten. Unser Haus wurde aus der Verwaltung der Landwirtschaftlichen Produktionsgenossenschaft herausgenommen, der Gemeinde übereignet und von der Gemeinde an Herrn L. verkauft. Das geschah 1986, als Privatbesitz nach dem Städteaufbaugesetz in der DDR nur noch bei öffentlichem Interesse enteignet werden durfte, etwa beim Straßenbau, beim Bau von Schulen, Flugplätzen et cetera. Die Enteignung war also gegen gültiges DDR-Recht erfolgt.

Ich habe achtzehn Jahre um dieses Haus prozessieren müssen. Mein Bruder war zwischendurch müde. Aber ich habe gesagt: »Ich muss jede, aber auch jede Möglichkeit ausschöpfen, damit ich in Frieden mit mir bin.« Gott sei Dank konnten mein Bruder und ich uns das juristische Vorgehen leisten. Ich weiß aus Gesprächen mit ähnlich Betroffenen, dass viele mögliche Rückübertragungen an den finanziellen Aufwendungen für jahrelange Prozesse und den daraus resultierenden nervlichen Belastungen gescheitert sind.

Ich habe die Sache durchgefochten bis zum Bundesverwaltungsgericht. Die Chance, dass eine Revision dort überhaupt angenommen wird, beträgt gerade einmal fünf Prozent. Und hätte das Bundesverwaltungsgericht die Revision abgelehnt, wäre das Verfahren endgültig zu Ende gewesen. Doch das Gericht verwies das Verfahren zurück an das Oberverwaltungsgericht in Mecklenburg-Vorpommern, und dort bekamen wir im zweiten Anlauf endlich Recht. Es hat keinen vergleichbaren Fall gegeben.

So hat sich ausgezahlt, dass ich standfest und vielleicht sogar dickköpfig bin. Seit 2008 gehört das Haus wieder unserer Familie. Und da meine Mutter nicht zu Lebzeiten in ihre Heimat zurückkehren konnte, möchte ich sie jetzt wenigstens nach dem Tod zurückbringen – auf den Friedhof nach Wustrow, dorthin, wo auch ihre Eltern liegen und der Bruder, der beim Eissegeln ums Leben kam. Dann ist die Familie wieder vereint.

VERFOLGT
UND VERHAFTET

Aufgrund von Direktiven, die schließlich in das Kontrollratsgesetz Nr. 10 vom 20. Dezember 1945 mündeten, sollten im besiegten Deutschland Kriegsverbrechen, Verbrechen gegen den Frieden und gegen die Menschlichkeit geahndet werden. Ziel war, die Verantwortlichen für die Verbrechen des NS-Regimes zu verurteilen und Mittäter und Mitläufer an der Einflussnahme auf die deutsche Nachkriegsordnung zu hindern – eine Intention, deren moralische Legitimation von fast niemandem bestritten wurde.

Die Umsetzung des Entnazifizierungsprogramms fiel im Osten und Westen Deutschlands jedoch sehr unterschiedlich aus. In der amerikanischen Zone wurden mit 117 500 Personen zunächst die meisten Verdächtigen interniert, keineswegs nur hohe Funktionsträger, sondern auch viele mittlere und kleine NS-Funktionäre und SS-Angehörige. Die Hälfte dieser Internierten befand sich innerhalb eines Jahres aber wieder auf freiem Fuß. »Nachdem sich die Erwartung eines NS-inspirierten Guerilla-Widerstands gegen die Besatzungsmächte als irrig erwiesen hatte«, so der Historiker Lutz Niethammer, »reduzierten sich die Haftgründe für die Amerikaner auf die Verfolgung von Kriegs- und Menschheitsverbrechen, und die Internierung verwandelte sich in eine Art Untersuchungshaft in Erwartung der Entscheidung über die Organisationsanklagen vor dem Nürnberger Gerichtshof.«

In der Sowjetisch Besetzten Zone hingegen blieben viele kleinere und mittlere Funktionsträger der NSDAP ohne Urteil über längere Zeit inhaftiert. Dass der größte Teil von ihnen minderbelastet oder unschuldig war, hatte Iwan A. Serow, der Bevollmächtigte des sowje tischen Geheimdienstes NKWD für die sowjetischen Besatzungstruppen in Deutschland, schon 1946 an Stalin gemeldet. Doch erst als Moskau im Sommer 1948 das offizielle Ende der Entnazifizierung verkündete, kamen 27 749 von 40 000 Häftlingen ohne Urteil frei.

In der SBZ beziehungsweise DDR wurde die Verfolgung von Nazi-Verbrechern zudem von Anfang an verknüpft mit der Verfolgung antisozialistischer Kräfte. Zwar billigte das Besatzungsrecht neben der Verfolgung von NS-Unrecht auch die Verfolgung strafbarer Handlungen, die die Sicherheit der Besatzungsmacht gefährdeten. Aber daraus entwickelte sich eine breite Verfolgung von politisch Andersdenkenden. »NKWD-Personal bewacht die Gefangenen, verwaltet das System«, so Eugen Kogon bereits 1946. »Gegen frühere Nationalsozialisten? Gegen jedermann, der als ›Staatsfeind‹ verdächtig ist. Oder als ›Agent einer ausländischen Macht‹. Oder als ›Klassenfeind‹, als ›Kulak‹, als sonst etwas.«

Die Deutschen, die wegen Kriegs- und NS-Verbrechen von den sowjetischen Militärtribunalen verurteilt wurden, stellten nur achtzehn Prozent der Bestraften (4500 Fälle). In 72 Prozent der Fälle (18 000 Personen) wurde der berüchtigte Artikel 58 des sowjetischen Strafgesetzbuches (»Konterrevolutionäre Verbrechen«) herangezogen, nach dem »Spionage«, »Propaganda« und Mitgliedschaft in »konterrevolutionären Organisationen« unter Strafe standen. So wurden 10 000 wenig oder gar nicht belastete Jugendliche aufgrund angeblicher Mitgliedschaft im »Werwolf« zu teilweise langjährigen Haftstrafen verurteilt. Dieser noch kurz vor Kriegsende gegründeten NS-Freischärler-Bewegung wurde eine anhaltend subversive Bedrohung zugeschrieben, obwohl die Organisation völlig unbedeutend geblieben war.[80]

Die geradezu paranoide Suche nach »Konterrevolutionären« führte teilweise zu aberwitzigen juristischen Konstruktionen. »Unerlaubter Waffenbesitz wurde zur Sabotage und zum Umsturzversuch«, so der Professor für Straf- und Ostrecht Friedrich-Christian Schroeder, »die Nichtbefolgung der Registrierungspflicht für ehemalige NSDAP-Funktionäre zur Spionage- und Sabotagetätigkeit, die

Verteilung antikommunistischer Flugblätter zur versuchten Machtergreifung, zu versuchten Terrorakten, versuchter Diversion, die Verbindung zu sozialdemokratischen Kreisen zu Spionage, antisowjetischer Propaganda und Bildung einer Untergrundbewegung.«

Da die Militärtribunale entgegen einem Erlass des Obersten Sowjets der UdSSR vom 22. Juni 1941 in der SBZ/DDR auf fremdem Boden und außerhalb eines Kriegszustands agierten, gelten ihre Urteile vielen Juristen prinzipiell als rechtsungültig. Die Verfahren entsprachen zudem nicht den geringsten rechtsstaatlichen Standards. Aussagen wurden in der Regel durch Schlafentzug, Schläge oder andere Folter erpresst, die Anklageschriften nicht oder nur auszugsweise übersetzt. Verteidiger waren bei den Prozessen meist ebenso wenig zugelassen wie Entlastungszeugen – so wie im Fall von Horst Kirchner und seiner Ehefrau Christa-Maria, die am 14. April 1946 in Dresden verhaftet wurden, weil sie spioniert und antisowjetische Propaganda betrieben haben sollten.

Horst Kirchner war Journalist, im Herbst 1945 beauftragt, im sowjetischen Sektor Berlins das *Neue Leben* als Jugendmagazin der FDJ aufzubauen. Aufgrund politischer Differenzen hatte er Arbeitgeber und Sektor allerdings bald gewechselt und im März 1946 bei der Presseagentur des *American Information Service* begonnen. Für die Sowjets eine klare Sache: Er war ein Verräter und Spion.

Die Eheleute wurden im Keller eines beschlagnahmten Privathauses am Rande von Berlin untergebracht, Christa-Maria, die einzige Frau in dem Verlies, in einem eigenen Holzverschlag. Jeden Morgen hörte sie die Schläge, mit denen ihr Mann zu einem Geständnis erpresst werden sollte. Bei der Gerichtsverhandlung vor dem Sowjetischen Militärtribunal (SMT) in Berlin-Lichtenberg sah sie ihn noch einmal (ohne mit ihm sprechen zu dürfen); bis zum nächsten Wiedersehen sollten zehn Jahre vergehen.

Obwohl sie bei ihrer Verhaftung bereits schwanger war, kam Christa-Maria Kirchner in das Speziallager Nr. 7 (später Nr. 1) nach Sachsenhausen, eines von insgesamt zehn Speziallagern des sowjetischen Geheimdienstes NKWD auf dem Gebiet der SBZ. Im Fall von

Buchenwald und Sachsenhausen wurden einfach die ehemaligen Konzentrationslager weiter genutzt.

Die übergroße Mehrheit der mindestens 122 671 deutschen Insassen[81] war wie Christa-Maria Kirchner interniert ohne Anklage und Urteil; nur etwa ein Viertel (rund 35 000) war verurteilt nach Prozessen vor den Sowjetischen Militärtribunalen.[82] Anders als in den Straflagern in der Sowjetunion wurden die Häftlinge in den Speziallagern nicht zur Arbeit herangezogen. Christa-Maria Kirchner nutzte die erzwungene Untätigkeit, indem sie sich, so gut es ging, um ihre Tochter kümmerte, die sie am 19. November 1946 in Sachsenhausen zur Welt gebracht hatte. Sie arbeitete Kleidungsstücke von Verstorbenen mit Nähnadeln aus Draht um und strickte mit Fahrradspeichen aus den Wollfäden der Zuckersäcke in der Lagerküche ein Jäckchen. Bärbel überlebte, obwohl sie täglich gerade so viel Milch erhielt, wie in ein Schnapsglas hineingepasst hätte, und später wie die Erwachsenen mit dünner Grütz- und Kartoffelsuppe auskommen musste. Von Amts wegen existierte diese Tochter zunächst gar nicht. Bei der Freilassung Anfang 1950 bestand Christa-Maria Kirchner darauf, ihre inzwischen dreijährige Tochter wenigstens auf dem Entlassungsschein zu vermerken. Als später eine Geburtsurkunde ausgestellt wurde, trugen die DDR-Behörden als Geburtsort Oranienburg ein; vom Lager Sachsenhausen sollte die Öffentlichkeit nichts erfahren. Christa-Maria Kirchner zählte zu den letzten »Internierten«, die entlassen wurden. Sieben Speziallager waren bereits im Herbst 1948 geschlossen worden, die restlichen – Sachsenhausen, Buchenwald und Bautzen – wurden Anfang 1950 aufgelöst.

Nach offiziellen Angaben russischer Behörden sind 43 035 Personen in den Speziallagern verstorben, etwa jeder Dritte. Die Häftlinge starben aufgrund von Hunger – so stieg die Zahl der Toten 1946/47 sprunghaft nach Kürzung der täglichen Rationen – und aufgrund von lagertypischen Krankheiten wie Dystrophie, Ruhr, Tuberkulose und Typhus.[83] Von den 60 000 Häftlingen in Sachsenhausen haben mindestens 12 000 nicht überlebt. Nach 1990 wurden 28 Massengräber entdeckt.

Christa-Marias Mann Horst Kirchner saß noch sechs Jahre länger als seine Frau. Nach der Verurteilung zu zwanzig Jahren Zuchthaus wurde er in das »gelbe Elend« eingeliefert, das berüchtigte Zuchthaus im sächsischen Bautzen. Nach der Schließung von Bautzen als sowjetischem Speziallager gelangte er in DDR-Gewahrsam. Andere Häftlinge kamen zur weiteren Strafverbüßung in Straflager in der Sowjetunion.

Besonders hart verfolgt wurden Kontakte zur 1948 gegründeten Kampfgruppe gegen Unmenschlichkeit (KgU) in West-Berlin, zum Untersuchungsausschuss freiheitlicher Juristen, zum West-Berliner Sender RIAS und zu den Ostbüros der westdeutschen Parteien. Im Oktober 1950 wurden beispielsweise Herbert Belter und neun seiner Kommilitonen in Leipzig verhaftet, weil sie neben eigenen Flugblättern auch Schriften des RIAS gegen die Volkskammerwahlen verteilt hatten. Acht Mitglieder der Gruppe wurden vom Sowjetischen Militärtribunal am 20. Januar 1951 in Dresden zu zehn bis fünfzig Jahren Zwangsarbeit, Belter wegen Spionage, Aufbau einer konterrevolutionären Gruppe und Verbreitung antisowjetischer Literatur zum Tod durch Erschießen verurteilt. Die Vollstreckung erfolgte am 28. April 1951 im Butyrka-Gefängnis in Moskau.

Unter besonderer Beobachtung des NKWD standen unabhängige politische Geister bis in die Reihen der Kommunisten. 194 SED-Mitglieder, 57 Mitglieder der CDU und 71 Mitglieder der Liberal-Demokratische Partei sind zwischen 1950 und 1955 in Moskau hingerichtet worden, unter ihnen Arno Esch aus Rostock, einer der profiliertesten Vertreter der studentischen Opposition, der die Wiedervereinigung in einem freiheitlichen, demokratischen Staat angestrebt hatte. Eschs Verhängnis wurden Kontakte zum Vorsitzenden der Gesellschaft junger Liberaldemokraten in West-Berlin. Wegen angeblicher Spionage und Bildung einer konterrevolutionären Organisation wurde er im Oktober 1949 verhaftet und am 24. Juli 1951 in der Lubjanka in Moskau erschossen.[84]

Bis zur vorübergehenden Abschaffung der Todesstrafe 1947 wurden die meisten Hinrichtungen in der SBZ vollstreckt, nach der

Wiedereinführung der Todesstrafe 1950 fast alle zum Tode Verurteilten im Moskauer Butyrka-Gefängnis erschossen (960 von 1112). Ihre Leichen verbrannte man im Krematorium des Donskoje Friedhofs, ihre Asche kippte man in Massengräber.

Die meisten jener, die in die Sowjetunion verschleppt worden waren, kehrten 1955 zurück, nachdem der westdeutsche Bundeskanzler Konrad Adenauer in Moskau die Rückkehr der Kriegsgefangenen und Zivilinternierten durchgesetzt hatte.

Nach einem Rehabilitierungsgesetz von 1991 wurden in Moskau bis 2002 über 17 000 Rehabilitierungsanträge von Deutschen bearbeitet. Etwa 10 000 Antragsteller wurden rehabilitiert, in rund 5000 Fällen wurde die Rehabilitierung abgelehnt.[85]

Nach Gründung der DDR ging die Gerichtsbarkeit zunehmend in DDR-Hände über. Um ihren Charakter als »antifaschistischen Arbeiter- und Bauernstaat« zu unterstreichen, wurden als Erstes die berüchtigten Waldheimer Prozesse durchgeführt. Aufgrund ihrer politischen Loyalität ausgewählte DDR-Bürger, die man in Schnellverfahren zu Volksrichtern ausgebildet hatte, ließen keine Beweisaufnahmen zur Klärung belastender oder entlastender Tatsachen zu und zogen die Prozesse innerhalb kürzester Zeit ohne Zulassung von Rechtsbeiständen durch. Von April bis Juni 1950 wurden 3442 Personen zu teilweise hohen Strafen wegen Kriegs- und nationalsozialistischer Verbrechen verurteilt. Zehn demonstrativ als Schauprozesse inszenierte Fälle sollten den Eindruck vermitteln, hier stünden durchweg Personen vor Gericht, die sich – wie beispielsweise Ernst Heinicker, Sturmführer der SA und stellvertretender Lagerkommandant des Konzentrationslagers Hohnstein – schwerer Verbrechen gegen Russen, Tschechen oder Polen schuldig gemacht hätten. Die große Mehrheit der Angeklagten aber wurde aufgrund weit minderer Delikte oder Unterstellungen und ohne Nachweis der individuellen Schuld verurteilt. Die meisten erhielten Freiheitsstrafen zwischen 15 und 25 Jahren. 33 Angeklagte waren nach Abschluss der Revisionsverfahren im Juli 1950 zum Tode verurteilt, 24 dieser Urteile wurden am 4. November 1950 vollstreckt. Da sich kein Henker fand, wurden die Verurteilten durch Volkspolizisten im Offiziersrang erdrosselt.

Nach dem Untergang der DDR befanden das Landgericht Leipzig und der Bundesgerichtshof mehrere Richter aus den Waldheimer Prozessen unter anderem der Rechtsbeugung, des Totschlags und versuchten Totschlags für schuldig und verurteilten sie zu mehrjährigen Gefängnisstrafen.

Die DDR-Justiz hatte von Anfang an Personen im Visier, die in Opposition oder auch nur in partiellem Widerspruch zum System standen. Als Erste traf es Bürger, die gegen die Einheitslisten bei der Volkskammerwahl im Oktober 1950 protestiert hatten. Allein im Land Sachsen waren nach einer offiziellen Statistik der Hauptabteilung Justiz in der Kanzlei des sächsischen Ministerpräsidenten 499 politische Strafsachen anhängig.[86] Danach traf es jene, die dem beschleunigten Aufbau des Sozialismus im Wege standen, wie er im Juli 1952 auf der 2. Parteikonferenz der SED beschlossen worden war. Zahllose Bürger wurden verurteilt, weil sie das landwirtschaftliche Ablieferungssoll nicht erfüllt oder rückständige Steuern nicht bezahlt hatten. 10 000 kamen auf Grundlage des Gesetzes zum Schutz des Volkseigentums ins Zuchthaus: Eine Putzfrau erhielt ein Jahr Zuchthaus, weil sie in ihrem Betrieb ein Scheuertuch entwendet hatte. Zwei junge Arbeiter zahlten ebenfalls mit einem Jahr Zuchthaus dafür, dass sie je eine Weintraube aus einem offenen Eisenbahnwaggon »gestohlen« hatten. Insgesamt saßen im Frühjahr 1953 mit rund 67 000 Häftlingen fast doppelt so viele in den Gefängnissen wie ein Jahr zuvor (37 000).

Opfer stalinistischer Repression wurden nach der 2. Parteikonferenz auch die Kirchen, obwohl die DDR-Verfassung von 1949 Religionsfreiheit zugesichert hatte. Die Religionsgemeinschaft der Zeugen Jehovas war bereits 1950 gänzlich verboten worden, führende Mitglieder hatten in Schauprozessen hohe Zuchthausstrafen erhalten. Insgesamt kamen 1850 Zeugen Jehovas in den DDR-Strafvollzug, von denen sechzig die Haft infolge von Misshandlung, Krankheit, Unterernährung oder hohem Alter nicht überlebten.

Anfang 1953 folgte ein gezielter Angriff auf die Jugend in der evangelischen Kirche. Zeitungen attackierten die 125 000 Mitglieder zählende Junge Gemeinde als »Tarnorganisation für Kriegshetze, Sabotage und Spionage, die von westdeutschen und amerikanischen imperialistischen Kräften dirigiert wird«. Ihre Aktivisten, so Parteichef Walter Ulbricht, gehörten zu den ärgsten konterrevolutionären Kräften: »Sie sind Anhänger der Nato und des Klerikalismus. Sozialdemokratische Funktionäre sind oft feige, aber die von der ›Jungen Gemeinde‹ sind fanatisch. Sie sterben für Gott und Adenauer.« Die Junge Gemeinde wurde auch verantwortlich dafür gemacht, dass sehr viele Jugendliche den Dienst mit der Waffe in der Kasernierten Volkspolizei ablehnten.

Fünfzig kirchliche Mitarbeiter wurden verhaftet, 300 Schüler und Studenten relegiert, weil sie sich nicht von der Jungen Gemeinde und den Evangelischen Studentengemeinden lossagten. An der John-Brinkman-Oberschule im mecklenburgischen Güstrow traf es zwei Schülerinnen und einen Schüler.[87] »Da wurden die Schüler zu einer Schulversammlung in die Aula geladen«, so Helmut Zeddies, einer der Betroffenen. »Es hieß, es sei eine Gedenkveranstaltung aus Anlass von Stalins Tod.« Doch die Schüler hörten nicht Trauerreden auf den verstorbenen großen Führer der Sowjetunion, sondern Anklagen gegen die »verbrecherische, illegale« Junge Gemeinde: Es sei endlich an der Zeit, wirksame Maßnahmen gegen die Rädelsführer zu ergreifen.

Mehrheitlich bestätigte die Schülerversammlung, was die Lehrerkonferenz bereits zuvor entschieden hatte. Noch am selben Tag hatte Zeddies mit den beiden Schülerinnen die Schule zu verlassen. »Mit sechzehn Jahren«, erklärte Zeddies im Nachhinein, »stellt man sich noch nicht die Frage, ob man ein Märtyrer sein will. Man tut, was man meint, tun zu müssen. Ich habe an das Gefängnis erst gedacht, als ich von der Schule geflogen bin.« Die drei Relegierten mussten ihre Personalausweise abgeben und sich regelmäßig bei der Polizei melden, und sie durften die Stadt nicht verlassen. Wenn Zeddies seine ebenfalls von der Schule verwiesene Freundin besuchte, »hatten wir in der ersten Zeit ganz deutlich Begleitung mit den Limousinen, diesen BMW oder EMW, wie sie genannt wurden. Das waren mit Vorliebe Stasi-Fahrzeuge, die ganz auffällig hinter uns herfuhren, um uns mürbe zu machen.« Als Zeddies aus zuverlässiger Quelle die Nachricht von seiner unmittelbar bevorstehenden Verhaftung erhielt, dachte er kurz an Flucht. Aber er floh nicht, denn das »wäre Wasser auf die Mühlen derer gewesen, die gesagt haben, die Junge Gemeinde ist eine vom Westen gesteuerte Organisation«. Glücklicherweise kam er nicht ins Gefängnis, weil der von Moskau angeordnete »Neue Kurs« die SED zum Einlenken zwang. Bei einem Treffen von führenden Vertretern der EKD und der DDR-Regierung wurden Schulverweise und Relegationen aufgehoben, beschlagnahmte kirchliche Einrichtungen zurückgegeben und entlassene kirchliche Lehrer wieder eingestellt. Helmut Zeddies kehrte nach acht Wochen zurück an die John-Brinkman-Oberschule und konnte mit jenen, die im ersten Anlauf durchgefallen waren, sogar noch sein Abitur nachholen.

Nutznießer des »Neuen Kurses« waren auch knapp 24 000 Häftlinge, die bis Ende 1953 vorzeitig aus der Haft entlassen wurden. Die Gefängnisse leerten sich, obwohl nach den massenhaften Streiks, Demonstrationen und Protesten am 17. Juni 1953 neue Häftlinge eingeliefert worden waren. Gemessen an der früheren Praxis fielen die Urteile nach dem Volksaufstand relativ moderat aus, weil die DDR-Führung den Justizfunktionären als allgemeine strafpolitische Linie aufgetragen hatte, »mit größter Sorgfalt zu unterscheiden zwischen den ehrlichen, um ihre Interessen besorgten Werktätigen, die zeitweise den Provokateuren Gehör schenkten, und den Provokateuren selber«. Aus dem Bericht der Justizministerin Hilde Benjamin und des Generalstaatsanwalts Ernst Melsheimer für das Politbüro geht hervor, dass nur etwa ein Viertel der 5583 Ermittlungsverfahren gegen die »Rädelsführer« bei Streiks und Demonstrationen mit einer Verurteilung endeten. Zwei von 1526 »Provokateuren des Putsches« wurden zum Tode verurteilt, gut die Hälfte erhielt zwischen einem und fünf Jahren Haft.

Mit Repression gegen die Opposition: Die stalinistischen Jahre waren die Jahre
der Schauprozesse gegen angebliche Spione, Konterrevolutionäre, Provokateure
und Abweichler. Die Richterin und spätere Justizministerin Hilde Benjamin
und der Chefankläger Ernst Melsheimer (rechts im Bild) waren berüchtigt für
die Verhängung von drakonischen und willkürlichen Strafen.

Die Liberalisierung war allerdings von kurzer Dauer. 1955 wurden mindestens dreißig Todesurteile gefällt, 23 von ihnen auch vollstreckt. Nach dem Ungarnaufstand 1956 verstärkte sich die Verfolgung weiter. 1958 verdoppelte sich die Zahl der Verurteilungen gegenüber dem Vorjahr. In Halle erhielten zwei Studenten Zuchthausstrafen von je sieben Jahren, weil sie angeblich eine »konspirative Gruppe« gebildet hatten. Kurz darauf wurden die Mitglieder des »Nationalkommunistischen Studentenbunds« in Dresden mit bis zu zehn Jahren Zuchthaus bestraft. Sie hatten sich Gaspistolen und Sprengstoff besorgt und die KgU in West-Berlin um finanzielle Unterstützung gebeten.

Im Unterschied zu anderen sozialistischen Ländern führte die DDR allerdings keine offen antisemitischen Kampagnen und antisemitischen Schauprozesse durch wie die Sowjetunion gegen die jüdischen Ärzte oder die Tschechoslowakei gegen den ehemaligen Generalsekretär der Kommunistischen Partei der Tschechoslowakei Rudolf Slánský. Anders als in Moskau und in Warschau fand in Ost-Berlin nach dem 20. Parteitag der KPdSU 1956 auch keine Abrechnung mit den dogmatischen Genossen aus der stalinistischen Ära statt. Nicht Stalinisten, sondern Revisionisten verloren an Einfluss. Die Spitzenfunktionäre Karl Schirdewan, Ernst Wollweber und Fred Oelßner wurden aus Politbüro und Zentralkomitee ausgeschlossen. Der Lektor des Aufbau-Verlages Wolfgang Harich und Walter Janka, Verlagschef und Vertrauter des damaligen Kulturministers Johannes R. Becher, standen wegen Bildung einer »konspirativen, staatsfeindlichen Gruppe« vor Gericht. Nicht zuletzt wegen ihrer Kontakte zu dem ungarischen Philosophen Georg Lukács erhielten beide langjährige Haftstrafen. Ihre Rehabilitierung erfolgte erst 1990 – allerdings noch vom Obersten Gericht der DDR.

Zum Beispiel Anita Gossler

Ich war neunzehneinhalb Jahre alt, als ich am 25. Januar 1953 in meiner Heimatstadt Delitzsch während einer Nachtschicht verhaftet wurde. Zwei Jahre lang hatte ich bei der Reichsbahn Fahrkarten verkauft und war im Ausbesserungswerk Delitzsch als Pförtnerin eingesetzt. Ich sollte mich als Werktätige bewähren. Da erschienen plötzlich drei Männer in Zivil und führten mich ab. Dass sie von der Staatssicherheit waren, erfuhr ich erst später. Ich hielt alles für ein Missverständnis und war mir keiner Schuld bewusst.

Meine Eltern haben immer gesagt: Schließe dich keiner Partei an und bleibe einfach Mensch. So war ich schon in nationalsozialistischer Zeit nicht in den Bund Deutscher Mädel eingetreten und hatte mich im Unterschied zu vielen anderen konfirmieren lassen. 1943 sollte ich, da ich nicht angepasst war, sogar in ein Erziehungsheim. Das Verfahren zog sich allerdings in die Länge, und irgendwann war das Nazi-Regime am Ende.

Auch in der Sowjetisch Besetzten Zone machte ich nicht einfach mit. Ich fuhr nicht mit der Klasse zur Friedenskundgebung nach Berlin und wurde auch nicht Mitglied der FDJ. Als Einzige in der Klasse erhielt ich keine Zulassung zum Abitur und wurde zur Bewährung in die Produktion geschickt. Da ich aber studieren und Kinderärztin werden wollte, strengte ich mich an, um bei der Reichsbahn gut abzuschließen – noch vertraute ich darauf, mir durch gute Leistungen einen Studienplatz erarbeiten zu können. Stattdessen landete ich bei der Staatssicherheit.

Nach zwei Tagen in einer kleinen Zelle wurde ich etwa zwei Kilometer durch die ganze Stadt geführt, die Hände vorn in Handschellen gefesselt. Ein Haftrichter erklärte mir, aufgrund von triftigen Verdachtsmomenten sei eine Untersuchungshaft angeordnet. Ich kam ins Stasi-Gefängnis in der Beethovenstraße von Leipzig. Plötzlich war ich ein Häftling, ausgestattet mit einer langen Männerunterhose und einem Männerunterhemd, dazu einem Blaumann, Hose und Jacke, sowie Holzpantinen mit Fußlappen aus harter Wolle, die wie ein Schal um die Füße zu wickeln waren. Wie bei einem Schwerverbrecher wurden alle Körperöffnungen untersucht, ich hätte ja einen Kassiber einschmuggeln können. Dann schloss sich hinter mir die Tür einer Einzelzelle, drei Tage blieb ich ohne jeglichen Kontakt.

Ich wurde der Mitwisserschaft illegalen Waffenbesitzes angeklagt. Angeblich, so erfuhr ich beim ersten Verhör, besaß mein Verlobter eine Waffe und Munition. Doch wie konnte ich etwas gestehen, von dem ich keine Ahnung hatte? Selbst wenn sich auf dem Dachboden im Haus meines Verlobten eine verrostete Waffe aus dem Ersten Weltkrieg befunden haben sollte, so hatte ich davon keine Ahnung. Außerdem war ich mir sicher, dass mein Verlobter keine Untergrundtätigkeit vorbereitet hatte. Ich hatte ihn während der Arbeit im Ausbesserungswerk kennen gelernt, er war ein völlig unpolitischer Mensch. Ich hätte nichts von einer Waffe gewusst, erklärte ich dem Vernehmungsoffizier wahrheitsgemäß, außerdem wäre eine Waffe für meinen Verlobten nicht von Interesse gewesen.

Eine Zeit der Zermürbung begann. Morgens um sechs Uhr ging in meiner Einzelzelle das Licht an, der Kübel wurde rausgeholt, die kleine Schüssel mit dem Waschwasser blieb meistens stehen. Ich hatte keine Seife, keine Zahnpasta, kein Handtuch. Die Zähne rieb ich mir mit dem Zeigefinger ab. Zum Abtrocknen benutzte ich die Fußlappen aus den Holzpantoffeln, in den Schuhen lief ich barfuß. Ich habe gestunken, ich konnte mich selber nicht mehr riechen. Und ich litt ständig unter Schlafmangel.

Das Bett musste tagsüber hochgeklappt werden, es war verboten, sich zu setzen. Ich stand oder lief von einer Zellenwand zur anderen, hin und zurück, hin und zurück. Nachts konnte ich ebenfalls kaum schlafen. Denn wenn ich gerade auf dem harten Strohsack eingenickt war, wurde ich abgeholt zum Verhör, manchmal zwei Mal in einer Nacht.

Dann saß ich auf einem Melkschemel mit nur einem Bein und musste die Balance halten; bei jedem Wackeln brüllte mich der Vernehmungsoffizier an. Er saß schräg gegenüber hinter einem Schreibtisch, vor ihm standen gut sichtbar eine Flasche Saft und eine Schale mit Obst. Ich, die ich nur Brot und dünne Graupen- oder Weißkohlsuppen erhielt, in denen manchmal Maden schwammen, wäre sofort mit Äpfeln und Birnen belohnt worden, wenn ich gesagt hätte, dass mein Verlobter eine Waffe und Munition besessen hat. Doch ich wiederholte Nacht für Nacht dasselbe: Dass ich nichts gewusst hätte. Dass ich nicht daran glauben würde, dass mein Verlobter mit der Waffe etwas zu tun hatte.

Ich spürte, wie es mir immer schwerer fiel, auf dem Melkschemel das Gleichgewicht zu halten. Außerdem blieb die Regel im Februar und März aus. »Ich glaube, ich bin schwanger. Wäre es möglich, einen anderen Stuhl zu bekommen?«, fragte ich den Vernehmungsoffizier. Doch er reagierte nur mit einer höhnischen Gegenfrage: Ob ich mir bessere Bedingungen erschleichen wolle?

Ich kam in eine Wasserzelle, einen stockdunklen, steinernen Raum im Keller, der etwa die Größe einer Telefonzelle hatte. In voller Anstaltskleidung musste ich in eine Vertiefung steigen, in der eiskaltes Wasser aus kleinen Löchern im Boden drang und Zentimeter um Zentimeter die Beine emporkroch. In meiner Fantasie sah ich mich schon ertrinken. Als das Wasser bei den Knien stand, hörte die Zufuhr jedoch auf. Minutenlang geschah nichts. Irgendwann floss das Wasser, das sich durch Körperwärme und Urin etwas erwärmt hatte, wieder ab und wurde durch neues, kaltes Wasser ersetzt. Diese Prozedur wiederholte sich drei Mal. Ich weiß nicht, ob ich eine Stunde oder mehrere Stunden in der Zelle stand. Ich verlor vollständig das Zeitgefühl. Ein paar Mal bin ich ohnmächtig geworden, bin an der rauen Steinwand hinuntergerutscht und nass geworden bis zum Hals. Ich zitterte vor Kälte. Aber ich habe nicht geschrien und nicht geweint. Ich habe gedacht: Du hältst das aus. Du stehst das durch. Und ich wiederholte bei der nächsten Vernehmung, was ich bereits Dutzende Male erklärt hatte: Dass ich nichts gewusst hätte. Dass ich nicht daran glauben würde, dass mein Verlobter mit der Waffe etwas zu tun hatte.

Irgendwann hörte ich, wie der Vernehmungsoffizier dem Schließer zuraunte: »Die sagt nichts. Mach' endlich was!« Der Schließer wusste offensichtlich, was gemeint war. Als wir vor meiner Zelle standen, fasste er mit der rechten Hand in meine Haare und stieß mich mit der linken gewaltsam in die Zelle. Ich spürte nur kurz den Schmerz, als er mir ein ganzes Haarbüschel ausriss, dann stürzte ich kopfüber auf die hochgeklappte eiserne Bettkante. Die Haut an der Stirn platzte auf, mein Gesicht, die Anstaltskleidung, das ganze Bett, alles war blutig. Ich schlug gegen die Tür und verlangte nach einem Arzt. Aber nichts rührte sich. Stattdessen bekam der Schließer am nächsten Morgen einen Wutanfall: »Du politische Sau! Du willst schwanger sein? Woher kommt denn das ganze Blut?« Immerhin wurde ich nun doch zum Gefängnisarzt geführt. Er nähte die Wunde ohne Betäubung und so schlecht, dass sie nach einigen Tagen zu eitern begann und sich wildes Fleisch bildete. Ich kam in die Notaufnahme eines Krankenhauses. Der Arzt zog die alten Fäden heraus, schnitt das wilde Fleisch ringsum weg und nähte noch einmal, was schwierig war, da sich die Haut nicht mehr ausreichend zusammenziehen ließ. Die Narbe an meiner Stirn ist bis heute zu sehen. Als ich auf die Frage des Arztes nach meinem Befinden erklärte, ich sei wahrscheinlich schwanger, brüllte der Wachtmeister sofort, mir sei das Reden verboten. Aber seitdem erhielt ich zusätzlich zu meiner Graupen- oder Weißkohlsuppe täglich einen halben Liter Milch.

Aufgrund der Schwangerschaft habe ich keinen Rabbatz gemacht. Ich wollte das Kind nicht gefährden. Ich hatte Angst, es könnte durch die nächtlichen Verhöre und die Wasserzelle behindert sein. Tatsächlich wurde ich nach dem dritten Monat nicht mehr in die Wasserzelle geschickt, die Verhöre allerdings liefen weiter.

Am 15. Mai 1953 fand die Verhandlung vor dem Bezirksgericht Leipzig statt. Im Gerichtssaal sah ich meinen Verlobten zum ersten

Mal nach fast vier Monaten wieder. Ich hatte weder erfahren, dass er verhaftet worden war, noch wo er gesessen hatte. Er war furchtbar abgemagert. Am schrecklichsten aber war, dass wir nicht einmal ein paar Worte austauschen konnten. Zwischen uns saß das Wachpersonal. Sogar Blickkontakt war nicht möglich, anfassen konnte ich ihn erst recht nicht. Aber er sah, dass ich schwanger war.

Die Verhandlung dauerte nicht einmal eine halbe Stunde. Außer mir sollte auch der Freund meines Verlobten von der Waffe gewusst haben. Wir durften alle drei nichts sagen, es wurde einfach über uns befunden. Der Richter verließ vor der Urteilsverkündung nicht einmal den Saal.

Ich erhielt zwei Jahre Haft wegen Mitwisserschaft illegalen Waffenbesitzes und drei Jahre wegen »Erfindung und Verbreitung tendenziöser Gerüchte« über das DDR-Volk. Irgendwann hatten sie bei den Verhören nämlich nicht mehr nach der Waffe gefragt, sondern mich beschuldigt, im Gefängnis gegen die DDR agitiert zu haben. Dieser zweite Anklagepunkt war genauso absurd und willkürlich wie der erste. Denn wen hätte ich agitieren sollen? Vom ersten Tag meiner Haft im Stasi-Knast bis zur Verhandlung hatte ich in einer Einzelzelle gesessen. Dafür, dass ich die Anklage wegen Agitation im Verhör eine Lüge genannt hatte, erhielt ich gleich noch ein halbes Jahr Strafe mehr. Schließlich wurde alles zu fünf Jahren zusammengezogen. Mein Verlobter und sein Freund erhielten jeweils zehn Jahre.

Als ich zurück war in der Zelle, habe ich geweint und geweint, das erste Mal im Gefängnis.

Mein Verteidiger legte zwar noch Berufung ein; doch bei einer Verhandlung im Juni wurde das Urteil bestätigt.

In die Zeit zwischen den beiden Verhandlungen fiel der 17. Juni. Ich hörte plötzlich Lärm und sah durch einen Spalt in der Holzblende vor meinem Fenster, wie das Tor der Haftanstalt aufgebrochen wurde. Der Erste, der in den Gefängnisinnenhof stürzte, muss wohl ein Fleischer gewesen sein, er trug jedenfalls eine blutige weiße Schürze. Das jagte mir einen gewaltigen Schrecken ein. Nun glaubte ich tatsächlich, was die Wachtmeister auf den Gängen schrien: »Jetzt seid ihr dran! Die bringen euch um!«

Die aufgebrachte Menge eroberte den Bürotrakt. Ich hörte, wie Gegenstände auf den Hof flogen. In den Häftlingstrakt gelangten die Protestierer durch die vielen Gittertüren aber nicht. Damals dachte ich: Gott sei Dank! Ich kauerte in der Ecke meiner Zelle und hielt den Bauch umschlungen, um mein Kind zu schützen. Ich hatte schreckliche Angst. Ich glaubte wirklich, sie wollten uns umbringen, weil wir gegen die DDR gekämpft hätten. Dabei hätte ich Hoffnung haben können: Sie wollten uns doch befreien.

Der 17. Juni ist mir umso nachdrücklicher im Gedächtnis geblieben, als ich später erfuhr, dass meine Mutter ebenfalls auf die Straße gegangen war. Sie hatte zu den Demonstranten gehört, die in meiner Heimatstadt Delitzsch zum Volkspolizeikreisamt gezogen waren und die Freilassung der Gefangenen gefordert hatten. Zwei junge Arbeiter kamen um, als damals vom oberen Stockwerk des Polizeigebäudes in die Menge geschossen wurde. 28 Demonstranten wurden einen Monat später wegen Hetze oder Zusammenrottung verurteilt, unter ihnen meine Mutter. Auch sie saß ein Jahr im Gefängnis.

Von all dem wusste ich nichts, als ich im Spätsommer 1953 hochschwanger in das Haftkrankenhaus Leipzig-Meusdorf eingeliefert wurde. Etwa zwölf Frauen lagen in einem Saal. Entweder hatten sie ihr Kind schon geboren oder die Geburt stand unmittelbar bevor. Wir mussten nicht arbeiten, erhielten auch etwas besseres Essen als im normalen Haftvollzug und durften unbegrenzt miteinander reden. Das Schlimme aber war: Neben unserem Saal lag das Entbindungszimmer. Bei jeder Geburt hörten wir die Schreie. Manchmal stundenlang. Es gab keine Schmerzspritzen und keine Medikamente, erst recht keine Betäubung bei Dammrissen. Und die Hebamme war grob und bestimmt zwei Zentner schwer.

Drei Tage vor der Geburt verlor ich das Fruchtwasser. Die Hebamme stemmte sich auf meinen Bauch, um das Kind herauszudrücken. Es hat fürchterlich wehgetan. Als meine Tochter dann end-

Mehr als eine halbe Million DDR-Bürger protestierten am 17. Juni 1953 gegen Normerhöhungen, Preissteigerungen, für freie Wahlen, Wiedervereinigung und die Freilassung politischer Gefangener. Vor der Leipziger Staatsanwaltschaft wartete die Menge zunächst ruhig auf die Entlassung der politischen Gefangenen. Erst als ein Volkspolizist auf einen Fotografen schoss, der das historische Ereignis festhalten wollte, stürmte die Menge das Gebäude und befreite die Gefangenen gewaltsam.

Drei Tage vor ihrer Hinrichtung im August 1944 wurde die Widerständlerin
Hilde Coppi (sie unterhielt Kontakte zur Roten Kapelle) von ihrem gut sieben
Monate alten Sohn getrennt. Hinter antifaschistischer Fassade wandte die
DDR allerdings selbst terroristische Methoden gegenüber oppositionellen oder
unangepassten Bürgern an. Kinder von Müttern in Haft wurden zwangsweise
in Heimen untergebracht, teilweise kamen sie in Familien von Parteigenossen
und wurden – etwas später – auch (zwangs)adoptiert.

lich kam, war sie ganz blau, weil sich die Nabelschnur um ihren Hals gelegt hatte.

»Das Gör wollte sich schon umbringen«, kommentierte die Hebamme ungerührt. Es war alles aufgerissen, wurde aber natürlich nicht genäht und ist in Narben zusammen gewachsen. Viel später, als ich mein erstes Kind im Westen zur Welt brachte, fragte mich der Arzt im Krankenhaus, ob ich ein Kind ohne Hilfe geboren hätte.

Doch wie schon im Leipziger Stasi-Gefängnis: Ich schrie nicht im Krankenhaus, ich klagte nicht, ich weinte nicht. Ich dachte nur: Du hältst das aus. Du stehst das durch. Du wirst ihnen nicht die Genugtuung verschaffen, dass sie dich leiden lassen können.

Drei Monate habe ich meine Tochter im Haftkrankenhaus gestillt. Ich war sehr glücklich. Ich wusste von den anderen Frauen zwar, dass ich zurückgehen müsste in die Haftanstalt, das Kind aber nicht mitnehmen könnte. Als mir Ute dann tatsächlich genommen wurde, war es, als würde mir das Herz herausgerissen. Ich habe geschrien. Fast jede Mutter hat geschrien, wenn sie ihr Kind verlor.

Ich kam zur weiteren Strafverbüßung ins Zuchthaus Hoheneck im sächsischen Stollberg. Hier saßen ausschließlich Frauen, die aus politischen Gründen eingesperrt waren, Frauen aus den Speziallagern Sachsenhausen und Bautzen, die noch von den Sowjetischen Militärtribunalen verurteilt worden waren, aber auch Frauen, die schon vor DDR-Gerichten gestanden hatten.

Da ging es wieder los: Körperuntersuchung, Entlausung, graue Anstaltskleidung einschließlich Kopftuch und Holzpantoffeln. Zu dritt mussten wir uns jeden Tag eine Schüssel Wasser teilen. Morgens um sechs gab es Frühstück, danach mussten wir arbeiten. Ein halbes Jahr verbrachte ich mit fünf anderen Frauen in einer Zelle und war mit Kunststopfen beschäftigt. Danach kam ich in einen riesigen Saal mit 49 Frauen und musste am Band Knöpfe an Kunststoffkittel aus Dederon[88] nähen. Wir arbeiteten in drei Schichten, jeweils acht Stunden, morgens, nachmittags und abends.

Einmal holte mich eine Wachtmeisterin nach einer Spätschicht ins Büro. Sie war klein, hatte rote Haare und eine Nase wie ein

Geier; wir nannten sie Geier-Wally. Ich sollte unterschreiben, dass ich mein Kind zur Adoption freigebe. Sie hielt mir einen Zettel hin: Mein Verlobter hätte sich bereits einverstanden erklärt. Ich blickte auf das Blatt, sah die Schrift und erklärte: »Das ist nicht die Schrift meines Verlobten, das ist eine Fälschung!«

Die Äußerung brachte mir drei Wochen Dunkelzelle ein. Die Zelle lag im Keller, besaß kein Fenster, kein elektrisches Licht und war gerade so groß, dass ein Bett hineinpasste. Wenn der Kübel herausgeholt wurde und ein fahler Schein durch die Zellentür fiel, ritzte ich mit dem Fingernagel einen Strich in die Wand. So registrierte ich Morgen um Morgen und zählte die Tage. Selbst in der Dunkelheit hielt ich mich ständig in Bewegung, um nicht in Trübsal zu verfallen. Trotz Hunger wollte ich stark bleiben, um durchzuhalten für das Kind. Nie hätte ich es frei gegeben für eine Adoption. Danach hat mich niemand mehr wegen einer Adoption angesprochen. Und Zwangsadoptionen gab es noch nicht.

Geier-Wally war ein Biest. Sie hatte eine geradezu sadistische Freude daran, uns zu triezen. Nicht selten rief sie mich wegen irgendeiner Lappalie von der Arbeit weg in einen Nebenraum und befahl mir, hundert Kniebeugen zu machen. Ich schaffte nie so viele, hörte nur ihre harte Stimme, sobald ich zu straucheln anfing: »Noch mehr! Noch mehr!« Wenn ich irgendwann kraftlos umfiel, schrie sie: »Aufstehen! Weiter arbeiten!«

Als politische Häftlinge waren wir besonderen Schikanen des Wachpersonals ausgesetzt. »Eine Mörderin ist uns lieber als eine Politische«, pflegte Geier-Wally zu erklären. Nahezu alle zwei Wochen wurden die Strohsäcke auf unseren Betten aufgeschlitzt und nach Kassibern und anderen Gegenständen durchsucht. Anschließend hatten wir das Stroh, das sich durch das Liegen längst in Häcksel verwandelt hatte, zurück in die Säcke zu stopfen. Es war den Wachhabenden nur recht, wenn wir beim Kampf um das Stroh in Streit miteinander gerieten.

Zu einer richtigen Keilerei kam es, als wir eine Frau in unserer Zelle der Spitzeltätigkeit verdächtigten, weil sie öfter herausgerufen wurde. Sie sei befragt worden in eigener Sache, erzählte sie hinterher immer. Doch wir wunderten uns: »Du bist doch längst verurteilt worden, was soll da noch zu klären sein?« Wir wunderten uns auch, warum sie bei der Essensausgabe nicht selten eine zusätzliche Schnitte auf dem Teller hatte. »Weil ich zunehmen soll«, hat sie erklärt. »Wir müssen alle zunehmen«, habe ich geantwortet.

Eines Tages vergriff sich eine Frau an ihr. Andere schlossen sich an, und wer zwischen den eng gestellten Betten keinen Platz mehr fand und nicht selbst draufschlagen konnte, der brüllte: »Verräterin!« oder so was Ähnliches. Die Verräterin steckte viele Faustschläge ein und zog sich beim Sturz gegen das Bett eine breite Kopfwunde zu. Das Wachpersonal zerrte sie aus dem Saal; sie kam nie wieder zurück in die Zelle. Wahrscheinlich wurde sie in ein anderes Gefängnis verlegt. Auch die sogenannte Anstifterin der Keilerei wurde herausgeholt, wir Übrigen erhielten zur Strafe Schlafentzug. Zwei Wochen lang ging nachts das Licht ununterbrochen an und aus, an und aus. Wir sollten nicht schlafen, aber weiter arbeiten.

Einmal bat ich die Geier-Wally um einen Briefumschlag und ein Blatt Papier. In Leipzig hatte ich nicht schreiben dürfen, endlich sollte meine Mutter meinen Aufenthaltsort erfahren. Als die Wachtmeisterin den Namen meiner Mutter auf dem Briefumschlag sah, zog sie die Augenbrauen hoch: »Frau Erler? Die wohnt doch gar nicht mehr in Delitzsch!« Ich war verwirrt. »Das kann nicht sein!« Die Geier-Wally drehte sich um und ließ mich ohne jede Erklärung stehen. Tatsächlich kam der Brief als unzustellbar zurück. Ich war verzweifelt. Andere Häftlinge erhielten Post und manche in großen Abständen sogar Besuch. Wollte meine Mutter nichts mehr von ihrer inhaftierten Tochter wissen?

Ungefähr in jener Zeit erfuhr ich auch vom Tod meines Verlobten. Eine Frau aus Bautzen war nach Hoheneck überstellt worden. »Kanntest du einen Karlheinz O.?«, fragte sie mich, als sie hörte, dass ich aus Delitzsch stamme. Es stellte sich heraus, dass ihr Mann Mithäftling und Freund von Karlheinz gewesen war. Die Nachricht von seinem Tod war für mich ein großer Schlag. Er war doch nicht alt gewesen, er war doch nicht krank gewesen! Nach meiner Entlassung schrieb ich sofort an seine Eltern, um Genaueres zu erfahren. Sie teilten mir jedoch nur mit, dass ihr Sohn in der Haftanstalt eingeäschert und die Urne bei ihnen an der Ostsee beigesetzt worden sei. Mehr weiß ich bis heute nicht.

Im September 1956, nach drei Jahren und acht Monaten, hatte ich zwei Drittel der Haft verbüßt. Im Rahmen einer Amnestie kam ich frei und wurde in meine Heimatstadt Delitzsch entlassen. Man gab mir meine alten Kleider zurück, die mir nun vom Körper fielen, und ich hatte den Erhalt von 37 Mark und ein paar Pfennigen zu quittieren. Das war alles, was ich für fast zwei Jahre Arbeit erhielt.

Als Erstes fuhr ich zu unserer Wohnung. Die Haustür ließ sich noch mit meinem Schlüssel öffnen, aber der Schlüssel für die Wohnungstür passte nicht mehr. Eine Frau brüllte von innen, ob ich einbrechen wolle. »Hier hat doch mal Frau Erler mit zwei Kindern gewohnt«, wandte ich kleinlaut ein. »Die ist doch im Westen!«, schallte es zurück. Die Nachmieterin zeigte mir sogar eine Ansichtskarte von drüben. Es stimmte also. Meine Mutter war weg.

Ich zog zu meiner Oma. Zumindest gewann ich durch sie die Gewissheit, dass meine Mutter sich nicht von mir abgewandt hatte. Nach dem plötzlichen Verschwinden hatte sie mich als vermisst gemeldet und von der Polizei suchen lassen. Als niemand herausfand, wo ich war, nahm sie an, ich hätte mich heimlich in den Westen abgesetzt. Das erleichterte es ihr nach ihrer Haftentlassung 1954, den Beschluss zur Flucht nach Westdeutschland zu fassen.

Für mich begann in Delitzsch eine schwierige Zeit. Ich durfte den Ort nicht verlassen, besaß keinen Ausweis, hatte die bürgerlichen Ehrenrechte verloren und musste in der Delitzscher Schokoladenfabrik arbeiten. Ich war misstrauisch gegenüber allen und sah in jedem einen Feind. Wenn bekannt würde, so dachte ich, dass ich im Gefängnis gesessen hatte, würde niemand mehr etwas mit mir zu tun haben wollen. Zu meinem späteren Mann – er wohnte genau gegenüber – entwickelte ich allerdings von Anfang an Vertrauen, obwohl sein Schwager in der SED war. Nach sechs Monaten machte er mir einen Heiratsantrag. Wir haben schnell geheiratet und sind kurz nach der Hochzeit in den Westen geflüchtet. Ohne mein Kind. Ich wusste schon, dass mir keiner in der DDR sagen konnte oder wollte, wo meine Tochter lebte.

Vom Westen aus nahm ich die Suche nach meinem Kind wieder auf. Die Anfragen des Deutschen Roten Kreuzes beim Ost-Berliner Ministerium für Familie und Sport wurden jedoch regelmäßig negativ beschieden. Angeblich war meine Tochter nirgends zu finden. Erst nach über zehn Jahren erhielt ich die Nachricht, dass Ute bei Pflegeeltern in Eilenburg lebte, nur zwölf Kilometer von Delitzsch entfernt. Die Leiterin des Kinderheims, in das meine Tochter kurz nach der Geburt eingeliefert worden war, hatte die Kleine mit nach Hause genommen und als Pflegetochter aufgezogen, denn mit ihrem Mann, dem Kreisvorsitzenden der SED in Eilenburg, konnte sie keine eigenen Kinder bekommen.

Ich schrieb damals Briefe und schickte Päckchen an meine inzwischen dreizehnjährige Tochter, doch Ute lehnte jeden Kontakt mit ihrer leiblichen Mutter ab. Im Ministerium hieß es immer: Die Tochter will nicht zu Ihnen. Ich sei eine »Bordsteinschwalbe«, hatte man Ute erzählt, und würde mein Geld im Westen auf dem Strich verdienen.

Nach dem Mauerfall 1989 unternahm ich einen zweiten Anlauf und ließ meine Tochter noch einmal über das Deutsche Rote Kreuz suchen. Wir trafen uns in Leipzig auf dem Hauptbahnhof. »Bilden Sie sich nicht ein, dass ich Mutti zu Ihnen sage«, erklärte Ute mir als Erstes.

»Davon bin ich nie ausgegangen«, antwortete ich, »ich wünschte aber, wir könnten Freunde werden.«

Wir haben uns ein paar Mal getroffen. Auch meine anderen Kinder, ihre Halbgeschwister, sind nach Leipzig gefahren und boten ihr die Freundschaft an. Aber sie wollte nicht. Sie schwärmte nur von ihren Pflegeeltern.

»In der DDR ist keiner ins Gefängnis gekommen, der nichts gemacht hat«, erklärte sie mir.

Meine Rehabilitierungsakte vom Bezirksgericht Leipzig kommentierte sie mit den Worten: »Das schreiben die Richter bloß, damit sie kein schlechtes Gewissen haben.« Als ich ihr einmal von der Haft erzählen wollte, unterbrach sie mich: »Du musst mir nichts erzählen. (Da duzten wir uns schon.) Ich weiß, dass ich im Knast geboren bin.«

Als ich ihr 2007 mitteilte, dass ich bei der Stasi-Unterlagenbehörde einen Antrag auf Akteneinsicht stellen würde, ist der Kontakt vollständig abgebrochen.

Ja, ich habe viel geweint, aber nie vor ihr.

AUFBRUCH IN DEN WOHLSTAND

Ein Land im Aufbruch: »Da wimmelt und brodelt es, da wird geschafft, geleistet, da ist in Staub- und Schweißwolken die deutsche Tüchtigkeit tüchtig am Werk«, schrieb Paul Schallück 1954 in einem Essay über die »deutsche Tüchtigkeit«. »Autos rasen durch die Städte, Häuser schießen aus dem Boden, Straßen werden durchs Land gekerbt, Brücken von Ufer zu Ufer geschlagen, durch Stahlgerüste pfeift der Wind, schon morgen sind sie verkleidet, Hämmern, Rattern, Gebrodel bei Tag und Nacht. Welch Schauspiel!«[89] Die Ruinennot hatte die Tüchtigkeit geweckt.

In nur wenigen Jahren arbeitete Westdeutschland sich hoch aus einer Trümmerlandschaft in Wohlstand und Modernität. Vorbei waren die Zeiten, in denen stets übermüdete Frauen in derben Schuhen, Kopftüchern und Kittelschürzen wie geschlechtslose Wesen herumgelaufen waren und gehamstert, getauscht und Mangel verwaltet hatten. Vorbei die Zeiten, in denen Zeitschriften erklärt hatten, wie aus Kartoffelschalen Knäckebrot oder aus Gerste Ersatzkaffee (»Muckefuck«) hergestellt und Gerichte durch Haferflocken verlängert werden könnten. Sonntags stand der Braten auf dem Tisch, Buttercremetorten und Mayonnaisesalate trieben die Konfektionsgröße des Durchschnittsbürgers nach oben.

Bissig kommentierten die Kabarettisten Wolfgang Neuss und Wolfgang Müller:

Jetzt kommt das Wirtschaftswunder,
Jetzt kommt das Wirtschaftswunder,
Jetzt gibt's im Laden Karbonaden schon und Räucherflunder ...

Der deutsche Bauch erholt sich auch und ist schon sehr viel runder.
Jetzt schmeckt das Eisbein wieder in Aspik.
Ist ja kein Wunder nach dem verlorenen Krieg.

Nach Jahren der Entbehrung entfaltete sich eine Welt, die nicht nur
mehr und Besseres bot, nicht nur für fast alle eine Fresswelle mit
eingebrannten Suppen und Saucen, Gulasch und Eierlikör, sondern
für immer mehr auch einen Hauch von Weite, eine Prise Luxus und
ein wenig Frivolität. Peter-Stuyvesant-Zigaretten versprachen den
»Duft der großen, weiten Welt«, eine junge blondgelockte Frau im
schulterfreien Kleid riet: »Dein Sekt sei Deinhard.« Und große
Strumpffabriken wie Ergee, ARWA, ELBEO, die vor dem Krieg von
Sachsen aus in alle Welt exportiert hatten, versprachen von neuen
westdeutschen Standorten mit Damenfeinstrümpfen aus Perlon den
Einzug in die Welt des Glamour. Werbeträgerinnen wie Hildegard
Knef, Romy Schneider und Nadja Tiller lebten es vor.

Auch die Männer partizipierten am zivilisatorischen Fortschritt
der neuen Kunstfasern. Nylonhemden knitterten nicht, trockneten
schnell, wiesen allerdings nach einiger Zeit einen deutlichen Gelb-
stich auf und verhinderten den Luftaustausch – für geruchsempfind-
liche Menschen ein gewichtiges Manko.

Das Wirtschaftswunder kam für alle sichtbar, doch nicht jeder
hatte gleichen Anteil daran. Ein Fünftel des Wohnraums war im
Krieg zerstört worden, in den Städten sogar bis zur Hälfte. Die Be-
völkerungszahl hingegen hatte sich durch die Flüchtlinge und Vertriebenen aus den verlorenen deutschen Ostgebieten erhöht, der
Flüchtlingsstrom aus der DDR hielt weiter an. Nicht nur Alleinste-
hende, auch mehrköpfige Familien lebten zur Untermiete. Noch
1960 war trotz eines öffentlich geförderten sozialen Wohnungsbau-
programms ein Sechstel der Wohnungen mit mehr als einem Haushalt belegt.[90] Die Familie des späteren Bundespräsidenten Horst
Köhler beispielsweise, die 1945 aus dem besetzten Polen und 1953 aus
der DDR geflüchtet war, lebte bis 1957 in westdeutschen Flüchtlingslagern.

Trautes Heim, Glück allein. Mochten Unterkünfte auch noch knapp sein und sich mehrere Familien eine Wohnung teilen müssen, so schienen die meisten Bundesbürger mit ihrem (noch) bescheidenen Zuhause zufrieden. Wer stetig nach Höherem strebe, so der Sinnspruch auf dem offensichtlich gestellten Foto, könne auf Segen für das Vollbrachte hoffen. Und diese Hoffnung erfüllte sich für viele im Wirtschaftswunderland tatsächlich. Ende der 1950er Jahre zogen die Löhne merklich an, die Wochenarbeitszeit sank von fast 50 auf gut 46 Stunden.

Ihre Barackenkolonie in Bad Segeberg sei »irgendetwas zwischen Russland-Sibirien und Schrebergartensiedlung« gewesen, schrieb Karin Fruth über die Lage in einer dieser Behelfsunterkünfte. »Die Bewohner waren Flüchtlinge oder bunt zusammengewürfelte Menschen am Rande der Gesellschaft, eine brisante Gemengelage.« Ihre Familie wohnte in einem winzigen Steinhäuschen, für die Kinder war die Terrasse mit einer eingesetzten Fensterfront als Zimmer hergerichtet worden. Das Wasser musste von einer hundert Meter entfernten Pumpe geholt werden. »Im Winter war es furchtbar, das Wasser fror sofort, es war glitschig am Brunnen und auf dem Weg, und man musste die Pumpe mit Lumpen umwickeln, damit sie nicht einfror.«[91]

Die meisten Häuser und Wohnungen besaßen noch kein Badezimmer, viele nicht einmal fließendes Wasser, das Plumpsklo war auf dem Land und in den Kleinstädten oft noch die Regel. Nur alle paar Monate, wenn das Jucken unerträglich geworden sei, seien ihr die Haare gewaschen worden, berichtete die Schriftstellerin Ulla Hahn später.[92] Dann »wurden ein paar Töpfe heißes Wasser gemacht, das Haar eingeseift und mit immer neuen Güssen aus der Milchkanne gespült«. In vielen Familien wurde das Wasser für das Bad am Samstag mühsam in einem Kessel oder in großen Bottichen auf dem Herd erhitzt und dann in eine Zinkwanne geschüttet. Nacheinander stiegen Kinder, Eltern und Großeltern hinein: »Ab und an wurde heißes Wasser nachgeschüttet, und der Letzte saß in der graubraunen Brühe von Seifenflocken.«[93]

Familien, die eine Neubauwohnung erhielten, schätzten sich glücklich. Fünfzig Quadratmeter für vier Personen waren erheblich komfortabler als ein oder zwei Zimmer in Untermiete. Außerdem gab es Bad und Heizung und neben dem Elternschlafzimmer in der Regel auch ein kleines Kinderzimmer (in Großstädten besaß ein Viertel der Kinder noch kein eigenes Bett). Meist mit großer Eigenleistung besonders seitens der Flüchtlinge und Vertriebenen entstanden im Grüngürtel der Städte neue Eigenheimsiedlungen; der Anteil der Pendler stieg von achtzehn (1950) auf 31 Prozent (1961).

Glücklich war, wer sich – oft mit Geldern des Lastenausgleichs – ein eigenes Reihenhaus bauen konnte oder eine Neubauwohnung im sozialen Wohnungs-bau erhielt. Zum sozialen Aufstieg passten die sorgfältig angelegten und gepflegten Ziergärten. Wichtiger als der Anbau von Bohnen und Erbsen war jetzt die Pflege von Buchsbäumen und Stiefmütterchen.

Die Kaufkraft der Löhne und Einkommen von 1950 hatte das Niveau der guten Zwischenkriegsjahre erreicht, allerdings gab es aufgrund der Kriegsverluste eine starke Nachfrage nach langlebigen Gütern. Wer am technischen Fortschritt teilhaben oder neue Möbel anschaffen wollte, musste sparen, auf kurzfristige Konsumbefriedigung verzichten, um größere Anschaffungen tätigen zu können. Die Sparquote verdreifachte sich im Laufe des Jahrzehnts, das Bausparen verzwölffachte sich sogar.

»Als wir unser Schlafzimmer gekauft haben«, so Inge Tschetschorke, die in einer Kleinstadt in Nordrhein-Westfalen wohnte, »hat das 1200 Mark gekostet. Wie viele Monate hat mein Mann nur für das Schlafzimmer arbeiten müssen!« Bei der Post verdiente er monatlich gerade einmal 180 Mark. Den ersten Kochherd konnte sich das Ehepaar Anfang der sechziger Jahre nur dank der Schwiegereltern leisten, die jedem ihrer Kinder fünfhundert Mark von ihrem Lastenausgleich schenkten. »Davon haben wir bei Neckermann einen Elektroherd gekauft und einen Ofen zum Heizen. Da waren wir glücklich!«[94]

Oft gelang das Sparen nur, weil die Familien Selbstversorger waren, einen Garten, vielleicht ein paar Schweine, Hühner, Gänse, Enten besaßen, wie die fünfköpfige Familie von Maria Will in einem niederbayrischen Dorf bei Dingolfing, die mit dem Zimmererlohn des Vaters auskommen musste. »Zu Weihnachten wurde immer geschlachtet. Da ist alles in die Speisekammer gekommen, was der Vater gemacht hat: Aspik, Preßsack, Leberwurst, Blutwurst. Wir hatten auch eine Kuh. Meine Mutter hat selbst gebuttert. Wenn die Butter älter war, schmeckte sie allerdings leicht ranzig. Da habe ich lieber *Rama* oder *Sanella* gegessen.« Die Familie baute Kartoffeln und Roggen an, und sie sammelte Beeren im Wald. »Aus Heidelbeeren hat unser Vater Marmelade und Kompott gemacht, aus Johannisbeeren Saft und Wein, aus Zuckerrüben Sirup. Er hat gespart und gespart, bis es Ende der fünfziger Jahre endlich für einen flamingoroten, gebrauchten VW-Käfer reichte. Das war mein Traumauto.«[95]

Max Grundig kam wie andere, das Jahrzehnt prägende Großunternehmer aus kleinen Verhältnissen. 1908 als Sohn eines Nürnberger Lagerverwalters geboren, arbeitete er sich bis 1952 hoch zu Europas größtem Radiohersteller und der Welt größtem Tonbandgeräte-Produzent. Made in Germany wurde auf der ganzen Welt zum Gütesiegel. Viele Hausfrauen konnten bei ihm dazuverdienen und sich damit jenen technischen Fortschritt leisten, an dessen Produktion sie selbst mitwirkten.

Bis 1963 wuchsen die Nettoreallöhne auf das Doppelte, »eine beispiellose generationentypische Erfahrung«.[96] Nur noch die Hälfte des Geldes musste für feste Kosten wie Miete aufgewendet werden. Die Konsumausgaben der Familien stiegen deutlich an, zumal auch immer mehr verheiratete Frauen »dazuverdienten«, um sich technische Errungenschaften leisten zu können.[97] Hatten 1953 erst neun Prozent aller Haushalte einen Kühlschrank besessen und 26 Prozent einen Staubsauger, so waren es 1962/63 bereits 52 beziehungsweise 65 Prozent.[98] 1959 verfügte jeder vierte Angestellten- und Beamten- und jeder achte Arbeiterhaushalt über einen eigenen Pkw. Mit vier Millionen zugelassenen Fahrzeugen 1960 stand Westdeutschland zwar erst am Beginn eines Automobil-Booms.[99] Doch im VW-Werk Wolfsburg rollte im August 1955 der millionste VW-Käfer vom Band – mit goldenem Lack, Brokatpolster und Edelsteinen an den Stoßstangen. Das Ereignis wurde mit der ganzen Belegschaft gefeiert, Generaldirektor Heinrich Nordhoff erhielt das große Bundesverdienstkreuz mit Stern.

Autos besaßen Kultcharakter, nicht nur (Luxus-)Limousinen und Straßenkreuzer, auch Kleinwagen und sogar Motorroller. Die Familie Bachmair eroberte sich das Allgäu und Oberbayern auf Sonntagsausflügen selbst mit einer Vespa. »Ich stand vorn zwischen den Beinen meines Vaters und hatte die Hände auf der Lenkstange«, erinnerte sich Tochter Angela. »Meine Mutter musste nach ganz hinten auf den Ersatzreifen rutschen und konnte dann zwischen meinen Vater und sich noch meinen kleinen Bruder quetschen. Nur abends auf der Heimfahrt war es problematisch, weil es nicht ganz sicher war, ob ich nicht wegen Müdigkeit im Stehen zusammensackte.«[100]

Westdeutschland hatte das neue Jahrzehnt noch mit einer Arbeitslosigkeit von 12,2 Prozent begonnen. Durch den Wirtschaftsaufschwung stieg die Zahl der Arbeitsplätze jedoch rapide an: in der kunststoffverarbeitenden Industrie um fast 200 Prozent, im Maschinenbau und in der elektrotechnischen Industrie jeweils um fast eine halbe Million. Nicht nur alle Flüchtlinge und Vertriebenen wurden integriert. Entgegen der ideologischen Vorgabe sog die Wirtschaft auch eine große Zahl verheirateter Frauen auf.[101]

Arbeitskräftemangel gab es in einigen Bereichen bereits seit 1952. Als Erstes fehlten Arbeitskräfte in der südwestdeutschen Landwirtschaft und im Hotel- und Gaststättengewerbe, dann in Ziegeleien, Steinbrüchen, im Bergbau und im Straßen- und Brückenbau, durchgängig in Bereichen, die schwerste körperliche Arbeit verlangten. Mitte der 1950er Jahre existierten 220 000 offene Stellen.[102]

Deutsche Unternehmer, das Wirtschaftsministerium und das Auswärtige Amt sprachen sich für eine Anwerbung von Ausländern aus; Bundesarbeitsministerium, Gewerkschaften, Vertriebenenverbände wehrten sich: Noch seien nicht alle Arbeitslosen, Vertriebenen und DDR-Flüchtlinge in den Arbeitsprozess integriert, außerdem halte der Flüchtlingsstrom aus der DDR an. Doch 1955 kam es mit Italien zur Unterzeichnung des ersten Abkommens zur Entsendung von Arbeitskräften nach Deutschland. Fünf Jahre später folgten entsprechende Vereinbarungen mit Spanien und Griechenland, danach mit der Türkei, Marokko, Portugal, Tunesien und Jugoslawien.

Um die komplizierte Anwerbeprozedur zu umgehen, reisten viele Italiener in der ersten Zeit einfach als Touristen oder illegal ein, wie Giovanni Corallo, der am 15. Juni 1956 in Saarbrücken eintraf.[103] Er kam ohne Pass, ohne Geld, im Gepäck gerade einmal drei Paar Socken, Unterhosen und ein bisschen Brot. Auf der Arbeit war er der einzige Italiener unter Deutschen, er verstand niemanden und niemand verstand ihn. Nach zwölf oder sogar fünfzehn Stunden Arbeit kehrte er zur Unterkunft zurück. »Das Schlimmste, was ich nie vergessen werde, war dieser Keller, fünf mal fünf Meter, drei Etagenbetten, Matratzen, wie sie die Penner unter den Brücken haben.« Dort kochte sich Giovanni Corallo die Spaghetti, die über Frankreich nach Deutschland kamen, dort wusch er am Wochenende die Socken und die Unterhose, die er die ganze Woche trug. »Ich war jung, das hatte ich alles noch nie gemacht, für mich war es eine große Mühe. Ich wollte nicht bleiben, alles hat mich wahnsinnig gemacht, ich wollte nach Hause. Aber mein Bruder hat mich überredet, und ich bin noch ein Jahr geblieben.«[104]

Trotz der Garantie einer arbeitsrechtlichen Gleichstellung mit deutschen Arbeitern erhielten Italiener oft weniger Lohn, bei Illegalen sparten die Unternehmer generell die Sozialabgaben. Aus Enttäuschung über niedrige Löhne, schlechte Arbeitsbedingungen und teilweise katastrophale Unterkünfte wechselten viele Gastarbeiter häufig die Arbeit oder kehrten in die Heimat zurück.

Noch dachte niemand daran zu bleiben, sie waren ja Arbeiter auf Zeit, oft nicht wohlgelitten von ihrem deutschen Umfeld. Als Giovanni Corallo nach einem Zimmer suchte, »haben sie mir die Tür vor der Nase zugeschlagen. Im Wirtshaus haben sie dir nichts zu trinken gegeben, draußen stand geschrieben: ›Für Italiener verboten‹.« Oft kam es zwischen Deutschen und Italienern zu Prügeleien. »Einmal habe ich allein an der Haltestelle auf die Straßenbahn gewartet, da sind fünf junge blödgesoffene Deutsche vorbeigekommen. Sie haben mich halbtot geschlagen, und ich war fünf Tage im Krankenhaus. Aber einmal waren wir am Zug: Wir haben den Deutschen eine Tracht Prügel verabreicht, die sie nicht so leicht vergessen werden.«

Insgesamt war die Zahl der Gastarbeiter in den fünfziger Jahren noch bescheiden. 1955 arbeiteten gerade einmal 7500 Italiener in der Bundesrepublik; als italienische Wohnbevölkerung waren 25 802, im Jahr 1961 immerhin schon 196 672 Personen verzeichnet.[105]

Die Stellung der Italiener in der westdeutschen Gesellschaft verbesserte sich erst nach Ankunft der türkischen »Gastarbeiter«. Da gerieten die »Kümmeltürken« auf die unterste Stufe der Bewertungs- und Lohnskala, während Bildungsbürger nun zugunsten der Italiener auf das jahrtausendealte und reiche kulturelle Erbe Italiens verwiesen, auf Landschaft, Licht und auf Johann Wolfgang von Goethe: »Kennst du das Land, wo die Zitronen blühn.« Beim italienischen Eisverkäufer in Gelsenkirchen fühlten sich die neuen Italienurlauber an die romantischen Abende am Mittelmeerstrand erinnert:

Wenn bei Capri die rote Sonne im Meer versinkt
Und vom Himmel die bleiche Sichel des Mondes blinkt,
Zieh'n die Fischer mit ihren Booten aufs Meer hinaus,
Und sie legen in weitem Bogen die Netze aus.
Bella, bella, bella Marie …

Mit Rudi Schuricke wurden die Capri-Fischer zu einem der meist-
gespielten Schlager Anfang der fünfziger Jahre.

Wirtschaftsminister Ludwig Erhard hat den Begriff »Wirtschaftswunder« zwar abgelehnt. Vielen erschien es jedoch tatsächlich wie ein Wunder, dass das Bruttosozialprodukt durchschnittlich jedes Jahr um 7,6 Prozent stieg, 1955 sogar um 11,5 Prozent. Die
Industrieproduktion wuchs um 149, die Investitionsgüterindustrie
um über 220 Prozent. Der Wert der Aus- und Einfuhren verdoppelte sich von 17 auf 37, beziehungsweise von 16 auf 31 Milliarden DM.

Der bemerkenswerte Aufstieg hatte mehrere Väter: Da war
einerseits die von Erhard praktizierte liberale Marktwirtschaft, die
allerdings nicht auf staatliche Bewirtschaftung, Lenkung und Ar-
beitsbeschaffungsmaßnahmen verzichtete. Da war der soziale Frieden, der das Land durch eine Mitbestimmung in der Montanindus-
trie und ein Betriebsverfassungsgesetz vor Arbeitskämpfen schützte.
Da waren der Lastenausgleich, der Vertriebene und Kriegsgeschä-
digte zumindest teilweise entschädigte, und das Rentengesetz von
1957, das Rentner an der allgemeinen wirtschaftlichen Entwicklung
beteiligte. Westdeutschland profitierte darüber hinaus von äußeren
Umständen, etwa dem amerikanischen Marshallplan, der das kriegs-
geschädigte Land bis 1953 mit Krediten, Rohstoffen, Lebensmitteln
und Waren versorgte. Es profitierte – bitter aber wahr – auch vom
Koreakrieg, weil andere westliche Länder ihren zivilen Sektor zugunsten der Rüstungsindustrie zurückfuhren und Deutschland seinen Export ankurbeln konnte.[106]

Und schließlich profitierte Deutschlands Wirtschaft von der
Tatkraft »kühner Männer«, von Männern aus meist einfachen Ver-

hältnissen wie Max Grundig, Willy Schlieker, Carl F. W. Borgward oder Josef Neckermann, die die Umbruchsituation zu rasanten Aufstiegen zu nutzen verstanden.

»Skurril sind sie schon gewesen, die großen Nachkriegs-Tycoons«,[107] schrieb der *Spiegel* voller Bewunderung. »Klasse hatte mancher. Eigenwillig und von der Sehnsucht nach Unabhängigkeit geplagt, haben sie alle autokratisch geherrscht und manisch gebaut. Ihre Spezies ist knorrig, doch einzig bis auf den heutigen Tag.«

Einer von ihnen war der Hamburger Willy Bruns. Als Schuljunge hatte der Sohn kleiner Gewerbetreibender mit dem Fahrrad die Brötchen ausgefahren, die im Laden seiner Eltern angeliefert wurden, mit fünfzehn absolvierte er eine kaufmännische Lehre, mit achtzehn Jahren gründete er eine eigene Handelsfirma, mit zwanzig ging er pleite. Das, sagt seine Tochter Helga Hegewisch,[108] sollte ihm nie wieder passieren.

Anfang der 1930er Jahre begann er als kaufmännischer Angestellter in einer Fruchtfirma. Als der Eigentümer es nach einigen Jahren ablehnte, den ehrgeizigen Angestellten als Geschäftspartner zu akzeptieren, mietete Willy Bruns selbst ein Büro im Hamburger Fruchthof und spezialisierte sich auf die Einfuhr von Trockenfrüchten aus Spanien und der Türkei. Im Zweiten Weltkrieg, in dem er UK (unabkömmlich) gestellt wurde, importierte er sogar aus dem besetzten Serbien. Nach dem Krieg führte er zusätzlich Zwiebeln aus Ägypten ein, was ihm auf dem Hamburger Großmarkt den Spitznamen »Zwiebel-Willy« einbrachte.

Von Ende der 1940er Jahre an, als die Alliierten die Fahrbeschränkungen für die deutsche Schifffahrt aufhoben und für Investitionen in die Handelsflotte enorme Steuervergünstigungen bereitgestellt wurden, machte der inzwischen über 45-jährige Kaufmann auch Karriere als Reeder. 1952 liefen seine ersten beiden Schiffe *Brunsbüttel* und *Brunshausen* vom Stapel. Es folgten 1954 die *Brunseck* und 1956 die *Brunswick*. Parallel trat Bruns in ein Gemeinschaftsunternehmen von vier Fruchtkaufleuten ein, die vier große Kühlschiffe in Auftrag gaben beziehungsweise kauften – *Quadriga, Quar-*

tole, Quadrivium und *Quartett* – und auch in das Geschäft in Übersee einstiegen.

Von Deutschland nach USA, Mexiko und Kanada transportierten die Schiffe VW-Käfer, auf der Rückfahrt nahmen sie Bananen aus Ecuador an Bord. Bruns erwarb Bananenplantagen und schickte seinen Sohn nach Guayaquil, damit er dort die Verschiffung der Früchte mit der eigenen Firma organisierte. Jede Woche hatte der gerade einmal Zwanzigjährige ein Schiff zu beladen, das gut 120 Meter lang und 20 Meter breit war und 120 000 Kartons Bananen aufnahm. Bananen waren gefragt, Bananen verkauften sich gut, die Gewinnkurve zeigte steil nach oben.

Als sich Bruns' Partner Ende der fünfziger Jahre aus dem Gemeinschaftsunternehmen zurückzogen, zahlte Bruns sie aus und führte das Geschäft allein weiter. Er kaufte die *Brunsgard, Brunskappel, Brunshöft* und andere Schiffe hinzu und war Ende der sechziger Jahre mit zehn Kühlschiffen der bedeutendste Kühlschiffsreeder in Deutschland.

Bruns und seine Frau führten ein offenes Haus. Bereits Anfang der fünfziger Jahre hatten sie eine repräsentative weiße Villa in Hamburgs feinster Gegend an der Elbchaussee gekauft, ein Haus auf der elbzugewandten Seite mit einer wunderbaren Aussicht auf den Fluss. Gäste waren immer willkommen, Freunde der Kinder ebenso wie Verwandte oder Geschäftskollegen. Am gesellschaftlichen Leben der Stadt nahm Bruns allerdings nicht teil, er übernahm auch keine Ehrenämter und ließ sich nicht für den Hamburger Senat nominieren. Schon bei den Nazis war er nicht in die Partei eingetreten, auch in der Bundesrepublik hielt er sich von den Parteien fern. Er dachte nicht: Ich muss helfen, Deutschland wieder aufzubauen. Er dachte: Ich will meine Firma hochbringen und für meine Familie sorgen. Die Firma und die Familie blieben ihm das Wichtigste bis ins hohe Alter.

Tochter Hexi war stolz auf diesen Vater, der früher als andere die wirtschaftlichen Entwicklungen erkannte, der größere Erfolge als andere vorweisen konnte und dennoch nie arrogant und protzig auftrat. Doch sie empfand einen gewissen Stachel, dass ihre Familie nicht zu den »feinen« Leuten der Stadt gehörte, den Hanseaten, die Namen trugen wie Münchmeyer, Lutteroth oder Amsinck und auf eine jahrhundertealte Tradition als Kaufleute, Reeder, Banker und Senatoren zurückblickten. Newcomer waren unerwünscht bei diesen Alteingesessenen, die – so erlebte Hexi es in der Tanzstunde – immer noch zusammenhielten, selbst wenn sie nicht mehr zu den Reichsten zählten. Am liebsten hätte Hexi beides gehabt: den Aufbruch-Vater, der kämpfte und auf Leistung orientiert war, und die Tradition, die mit lässiger Souveränität auf die Welt blickte.

Im Grunde seiner Seele war Willy Bruns gerecht und gütig, ist Tochter Hexi überzeugt, doch er war ein echter Patriarch und sehr autoritär. Sie ahnte gleich, dass ihr Mann einen Fehler beging, als er seine eigene Firma in den Betrieb des Schwiegervaters einbrachte und beim Schwiegervater das Inlandsgeschäft übernahm. Willy Bruns misstraute den Kalkulationen des Schwiegersohns von Anfang an, missbilligte seinen Umgang mit den Angestellten und war der Ansicht, dass der Firmenanteil des Schwiegersohns nicht richtig floriere.

Es stimmte: Keiner in der Familie konnte Willy Bruns das Wasser reichen. Selbstverständlich nicht die Töchter (die sollten möglichst bald heiraten und Kinder bekommen), nicht der Sohn und nicht der Schwiegersohn. Keiner besaß jene spezifische Mischung aus Intuition und kühler Kalkulation, die ihn immer wieder überraschende Entscheidungen fällen ließ. So verkaufte er 1963 seine gesamte Flotte mit neun Kühlschiffen an die Sowjetunion. Weit über zwanzig Mal war er nach Moskau gereist, um mit den Wirtschaftsfunktionären von Sudo-Import zu verhandeln, dann war der Vertrag perfekt. Laut *Spiegel* war es der größte Schiffshandel, der zwischen Bundesdeutschen und Russen bis zu diesem Zeitpunkt getätigt worden war.

Mit dem Erlös aus dem Verkauf orderte Bruns sofort zehn neue Schiffe und wurde so Besitzer der modernsten Flotte unter bundesdeutscher Flagge.

In Deutschland war Bruns nun der größte. Doch weltweit waren die United Fruit Company und die Dole Company viel größer. Und während der Marktanteil der makellos gelben Bananen seiner Konkurrenten ununterbrochen stieg, erlitt Bruns mit seinen braungefleckten Bajellos zunehmend Einbrüche. In der zweiten Hälfte der siebziger Jahre gab er auf. Er nahm ein Übernahmeangebot der Dole Company an und verkaufte – ähnlich rigoros wie fünfzehn Jahre zuvor bei der Sowjetunion – seine Frachtschiffflotte von sieben Schiffen an den US-Konzern.

Da war Bruns 73 Jahre und orderte keine neuen Schiffe mehr. Zur Überraschung vieler gab er die Reederei vollständig auf. 254 Seeleute und achtzehn Bürokräfte erhielten die Kündigung. Mit Willy Bruns hatte die Firma einen rasanten Aufstieg erlebt, mit Willy Bruns fand die Firma ihr Ende. Dem alten Patriarchen fiel es offensichtlich leichter, Millionen in Aktien und Spareinlagen zu hinterlassen, als seinen Betrieb an Kinder und Enkel zu vererben, denen er nicht zutraute, dass sie diesen so gut führen würden wie er.

Willy Bruns starb 1998 im Alter von 94 Jahren, wenige Monate nach seiner Frau. Als man ihn zu Grabe trug, wurde für den Trauerzug die Elbchaussee gesperrt.

Frauen standen damals fast nie an der Spitze großer Unternehmen, aber es gab auch unter ihnen diese eigenwilligen und einzigartigen Persönlichkeiten, die sich mit eisernem Willen, Ehrgeiz und Fleiß in wenigen Jahren emporarbeiteten und ihre männliche Konkurrenz manchmal sogar übertrafen. Es waren Frauen wie Beate Uhse und Aenne Burda, die beide am konventionell-konservativen Rahmen der Ehe festhielten, doch ihre Rolle als Ehefrau und Mutter höchst unkonventionell verstanden.

Aenne Burda, 1909 als Tochter eines Lokomotivführers in Offenburg geboren, lebte mit ihrem Ehemann Franz im gemeinsamen Haus, doch »der Zug«, so formulierte sie 1981, »ist bei uns schon lange abgefahren«. Franz Burda hatte sie jahrelang mit seiner Sekretärin Elfriede Breuer betrogen. Als das Verhältnis 1949 aufflog, forderte die betrogene Ehefrau allerdings nicht die Scheidung, sondern Wiedergutmachung. Sie bestand darauf, genau jenen Verlag zu übernehmen, den Burda seiner Geliebten geschenkt hatte, obwohl 200 000 Mark Druckschulden auf ihm lasteten. Aenne Burda hat damals nicht nur den Machtkampf mit der Nebenbuhlerin für sich entschieden, sie hat mit deren 48 Angestellten auch den Grundstein für ihre Existenz als Unternehmerin gelegt. Als Chefin machte sie die *Burda Moden* zur weltweit größten Modezeitschrift und erwirtschaftete zeitweilig mehr als ihr Ehemann mit der *Bunten*, obwohl sie weder eine Ausbildung im Journalismus noch im Blattmachen besaß. Sie lernte *by doing:* »Man kann meist viel mehr tun, als man sich gemeinhin zutraut.«

Durchschlagend für den Erfolg von *Burda Moden* wurden die seit 1952 beigelegten Schnittmusterbogen. Mode zum Selbermachen kam an, denn fast alle deutschen Frauen konnten nähen, aber nur wenige verfügten über ausreichend Geld, um Konfektionsware kaufen zu können. Burdas Stil traf zudem einen weit verbreiteten Geschmack: ein wenig bieder mit dezenter Eleganz, Kleider und Mäntel immer kombiniert mit den dazugehörigen Accessoires. 1957 überschritt die Auflage die erste Million. In den achtziger Jahren wurden Aenne Burdas Publikationen in achtzehn Sprachen übersetzt und in über hundert Ländern vertrieben. 1987 brachte sie als Erste in der Sowjetunion eine westliche Zeitschrift in russischer Sprache heraus. »Sie ist meine Sonderbotschafterin«, erklärte der ehemalige Außenminister Hans-Dietrich Genscher. »Sie hat in Moskau mehr erreicht als drei Botschafter zuvor.«

Die Verlagschefin selbst wurde zunehmend mondän, mochte es gern exklusiv und auffällig. Zum Friseur flog sie nach Paris, in Florenz und Rom kaufte sie Designermode und Haute Couture. Ihre Abendroben mit Stickereien und Perlen führte sie auf Partys, Bällen, Modeschauen oder Filmgalas aus, etwa wenn die Burda-Bambis an große Stars verliehen wurden und sie Freunde traf wie Franz Josef Strauß. Sportwagen wurden ihr Hobby. Hatte sie sich im Verlag über etwas geärgert, konnte sie in ihren knallgelben Karmann Ghia mit roten Ledersitzen steigen und sich die Wut im Geschwindigkeitsrausch wegfahren. Zwei Mal im Jahr verschwand sie für mehrere Wochen nach Sizilien, wo sie sich zwei Häuser gebaut hatte.

2005 starb Aenne Burda im Alter von 95 Jahren. Sie hat sich nie zur Verfechterin von Emanzipation gemacht. »Ich bin schon emanzipiert geboren«, pflegte sie zu sagen. Sie hat Selbstbestimmung einfach gelebt.

Selbstbestimmt war auch das Leben von Beate Uhse, der Frau, die später Europas größten Erotikkonzern führen sollte. 1919 als Tochter eines Gutsbesitzers und einer Ärztin in Ostpreußen geboren, hatte sie nicht, wie geplant, eine Haushaltslehre absolviert, vielmehr mit siebzehn Jahren den Pilotenschein gemacht, als Einfliegerin in einem Flugzeugwerk gearbeitet und danach während des Krieges Jagdmaschinen, Sturzkampfbomber und Strahljäger an die Front überführt. Ihr Ehemann, ein einstiger Fluglehrer, war ein Jahr vor Kriegsende umgekommen, sie selbst gemeinsam mit ihrem kleinen Sohn aus Berlin in einem kleinen Siebel Fh 104-Flugzeug nach Schleswig-Holstein geflohen.

Da das Fliegen zunächst untersagt war, schlug sich Beate Uhse mit Schwarzmarktgeschäften durch und stieß dabei – sensibilisiert durch die Ärztinmutter – auf das große Problem der unerwünschten Schwangerschaften. Aufgelockerte Sexualmoral, Gelegenheitsprostitution und Sexualkontakte mit den Besatzungssoldaten führten zu einem rasanten Anstieg illegaler Abtreibungen. Etwa 10 000 Frauen starben jährlich an den Folgen.[109] Beate Uhse setzte sich hin und schrieb nieder, wie man mit der Knaus-Ogino-Methode verhüten kann. Anfangs steckte sie die Werbezettel für die Aufklärungsschrift unter dem kryptischen Titel *Schrift X* in Hausbriefkästen, später verschickte sie sie an Anschriften aus den Telefonbüchern. Als neben Aufklärung auch Produkte wie Kondome gefragt waren, erweiterte sie das Broschürengeschäft gemeinsam mit ihrem zweiten Ehemann Ernst-Walter Rotermund zu einem kleinen Versandhandel. 1957 kauften bereits 200 000 Kunden bei ihr ein: Spezialpräservative, Erotikdragees, Verhütungsmittel, Dildos, Negligés aus Perlon,

Schriften über *Das Geschlechtsleben der Frau* und *Das Geschlechtsleben des Mannes*.

Um nicht in die sündhafte Ecke gestellt zu werden, bezeichnete sich die kurzhaarige, sportliche Beate Uhse immer als »glückliche Ehefrau und Mutter« und ließ sich auf einem Werbefoto freundlich lächelnd in Overall und weißem Baumwollshirt beim Autowaschen ablichten. Sauberer ging's nicht. Sie wolle nicht an der Ehe rütteln, lautete ihr Credo, sie vielmehr durch Minderung der sexuellen Probleme bewahren und stärken. »Eines musste ich dazu mitbringen: den Mut, einige Dinge beim Namen zu nennen, … über die eine saubere Aussprache zu führen eine Hilfe für unzählige gefährdete Ehen bedeutet.«

Die »saubere Aussprache« rief bei Teilen der Öffentlichkeit und den Kirchen aber hysterische Reaktionen hervor. Der »Unzuchtparagraph 184« brachte Uhse 2000 Ermittlungsverfahren und zahllose Gerichtsverhandlungen ein. Sittenwächter und Kirchen sahen nicht nur das Schamgefühl verletzt, sie fühlten ihre Wertegrundlage in Gefahr. Denn eine Sexualität, die nicht nur der Fortpflanzung dient und aufgrund von Verhütung folgenlos bleiben kann, untergräbt die Institution der Ehe.

Ob Beate Uhse tatsächlich eine emanzipierte Frau vorschwebte oder ein Markt, der ihre Produkte kaufte, einschließlich der Pornofilme, die sie mit 56 Jahren produzieren ließ, dürfte sich nicht endgültig ermitteln lassen. Relevant in diesem Zusammenhang ist allein die Tatsache, dass es ihr trotz Anfeindungen, Hausdurchsuchungen und Gerichtsprozessen gelang, bereits sehr früh und im Windschatten des Kinsey-Reports[110] für die befreite Sexualität zu werben. In einem ihrer letzten Interviews erklärte sie: Wenn sie Hans Uhse geheißen hätte und ein Mann gewesen wäre, wäre ihr so viel Aufklärung nicht gelungen. »Die Tatsache, in so einem diffizilen Metier als Frau und Mutter von Kindern tätig zu sein, hält die Kritiker im Zaume. Während bei einem Mann schnell gesagt wird: dieses dreckige Schwein.«

Der Aufstieg im Westen fiel umso mehr ins Auge, als der Osten wirtschaftlich zurückblieb. Zwar wurde auch in der DDR ein sehr hohes Wirtschaftswachstum erzielt – das Nationaleinkommen stieg um das Zweieinhalbfache. Zwar wuchsen auch in der DDR die Spareinlagen zwischen 1950 und 1961 auf das Fünfzehnfache, und das durchschnittliche Nettogeldeinkommen eines Arbeiter- oder Bauernhaushalts verdoppelte sich von 1949 bis 1960. Doch die Kaufkraft wuchs weit schneller als das Angebot. In der DDR blieb es bei der Mangelwirtschaft. Die zentrale Planwirtschaft strukturierte die verstaatlichte Wirtschaft zugunsten der Schwerindustrie und Grundstoffindustrie um und kollektivierte die Landwirtschaft. Die Folge waren Engpässe in der Konsumgüterindustrie und in der Lebensmittelversorgung. Wer unbedingt brauchte, was die Wirtschaft nicht lieferte, musste in den ebenfalls staatlichen HO-Läden (Handelsorganisationsläden) kaufen, in denen Ware frei, aber zu überhöhten Preisen angeboten wurde.

Eine Schwächung der DDR-Wirtschaft bewirkten auch die Abwanderung von Firmen und Facharbeitern in den Westen, die Abschottung vom westlichen Wirtschaftsraum und die vergleichsweise hohen Reparationsleistungen an die Sowjetunion, die zur Demontage von mehreren tausend Betrieben und zur laufenden Abschöpfung von Produkten führten.[111]

Der Lebensstandard der Bevölkerung sank 1952/53 kurzzeitig sogar unter das Niveau des Jahres 1947. Zusammen mit Lohneinbußen, Normerhöhungen und Preissteigerungen entstand jene explosive Stimmung, die zum Aufstand am 17. Juni 1953 führte.

Besonders deutlich zeigte sich der Rückstand der DDR auf dem Wohnungsmarkt. Von 1950 bis 1961 wurden etwa eine halbe Million Wohnungen übergeben, die meisten davon im Wiederaufbau und als Instandsetzung. Doch sie ersetzten im Wesentlichen nur Wohnraum, der wegen Baufälligkeit gesperrt werden musste. Immerhin entstand zusätzlicher Wohnraum durch die Flucht von DDR-Bürgern in den Westen. Von den Neubauten profitierten hingegen fast ausschließlich die Einwohner von neuen »sozialistischen« Städten mit Großkombinaten wie Eisenhüttenstadt (zeitweilig Stalinstadt) oder Hoyerswerda, wo erstmals Großblock- und Plattenbauweise zur

Anwendung kam. Die Hauptstadt Ost-Berlin blieb trotz ihrer privilegierten »Schaufenster-Funktion« mit 76 000 Wohnungen (1949 bis 1961) deutlich hinter West-Berlin zurück, das im selben Zeitraum 207 000 Wohnungen fertig stellte und damit nicht einmal eine Spitzenposition unter bundesdeutschen Städten einnahm.[112]

Anfangs fiel den DDR-Bewohnern der Rückstand nicht so stark auf, verglichen sie ihre Lage doch vor allem mit der gerade zurückliegenden Kriegszeit. Mehr und mehr aber rückten als Vergleichsmaßstab die Bundesrepublik und vor allem West-Berlin in den Blick, das »kapitalistische Fenster«, das mit Textilien, Schuhen, Schokolade, Südfrüchten lockte und mit dem wieder aufgebauten KaDeWe (Kaufhaus des Westens) am Wittenbergplatz eine magische Anziehungskraft entwickelte. Hier arbeiteten nicht nur mehrere hundert Verkäuferinnen aus dem Osten, hier kauften auch Tausende von Kunden aus der Osthälfte der Stadt, besonders wenn in der Vorweihnachtszeit Westschokolade zum privilegierten Umtauschkurs von 1 : 1 erhältlich war.

Mochte sich die Lebenslage der DDR-Bevölkerung bis Ende der fünfziger Jahre auch erheblich verbessern, mochten schließlich auch in der DDR Fernseher, Waschmaschinen und Kühlschränke Einzug in die Haushalte halten, die Wartburg-Produktion 1956 in Eisenach wiederbelebt werden und der Trabant ab 1957 in Zwickau vom Band laufen – Deutschland Ost erlebte nicht annähernd einen derartigen wirtschaftlichen Aufschwung wie Deutschland West.

Zum Beispiel Käthe Dippel

Wissen Sie, was arme Bauern in unserer Gegend machten, wenn sie nur ein Pferd besaßen, das sie vor den Wagen spannen konnten? Dann schirrten sie auf der anderen Seite der Deichsel eine Kuh an. Das Pferd zog, die Kuh konnte nicht anders, sie musste mitziehen. So war das mit mir und meinem Mann. Er zog, und ich zog mit. Wenn wir einen Wagen abschleppen mussten, habe ich das kaputte Auto hinten schon gelenkt, bevor ich einen Führerschein besaß. Mein Mann drehte sich immer nur um: »Kimmt se denn hinterher?« Wir konnten unsere Firma nur aufbauen, weil wir so zusammengehalten haben. Und das nun schon 56 Jahre lang.

Arbeiten hatte ich von Kind an gelernt. Ich musste meiner Mutter früh zur Hand gehen, denn wir waren fünf Geschwister. Mehrere Jahre lang habe ich mit viel Geduld und Kraft auch eine spastische Cousine betreut, eine Zeitlang sogar bei meiner Tante gewohnt. Für mich war es selbstverständlich, dass die Familie zusammenhält und einer Verantwortung für den anderen übernimmt.

Meinen Mann kenne ich seit der Schulzeit. Er ist ein Jahr älter als ich, Jahrgang 1929. Wir saßen in derselben Klasse zusammen, weil in der Volksschule immer zwei Schuljahre zusammengelegt wurden. Damals ist er mir eher unangenehm aufgefallen. In der Kriegszeit wurde doch ununterbrochen gesammelt: Altpapier für Munitionsverpackung, Knochen für Schmieröl, Schrott und Altmetalle für Waffen. Für jeden Abfallstoff hatte der Lehrer einen verantwortlichen Schüler benannt. Wir hatten also einen »Lumpenkönig«, einen »Eisenkönig«, und Ludwig war der »Papierkönig«. Einmal hatte ich das Papier für die Sammlung vergessen. Da hielt er mich vor dem Klassenzimmer so lange fest, bis ich wenigstens eine Seite aus meinem Heft herausgerissen und »gespendet« habe. Er war damals schon gewissenhaft und beharrlich.

Wir kannten uns erst nur flüchtig, denn wir wohnten an entgegengesetzten Enden unserer Stadt. Angefreundet haben wir uns erst nach dem Krieg. Da fuhren wir mit demselben Zug nach Marburg. Ludwig war Lehrling in der Autowerkstatt von Fritz Herrmann, ich ging in Marburg in eine Schneiderlehre. So sah man sich täglich, manchmal sah man sich auch an, manchmal wechselte man sogar ein paar Worte miteinander.

Da spürte ich schon, dass mich etwas zu ihm hinzog. Zum Jahresbeginn 1949 übernahm ich daher, Tante Lina einen Neujahrsweck vorbeizubringen. Ich wusste nämlich, dass Ludwig mit seiner Bagage ein Stockwerk höher Neujahr feierte. »Kind, was willste denn auf der Feier?«, versuchte mich Tante Lina festzuhalten. Sie war so stolz, dass sie mir Kaffee anbieten konnte, Kaffee aus Kaffeesatz zwar, einen zweiten Aufguss, aber immerhin Bohnenkaffee. Er stammte aus den Essenresten, die ein Bauer regelmäßig aus der Kantine der amerikanischen Soldaten abholte und unter den Neustädter Bürgern verteilte. Mir stand allerdings nicht der Kopf nach Kaffee. So schnell wie möglich verabschiedete ich mich und schlich ein Stockwerk höher. Woher ich manchmal den Mut nahm, weiß ich nicht. Jedenfalls platzte ich in die Gruppe hinein, und obwohl mir das Herz klopfte, fragte ich möglichst unschuldig: »Gibt es hier nicht mal Damenwahl?« So haben wir das erste Mal miteinander getanzt.

Ludwig konnte gut tanzen. Er hatte es im Nachbardorf gelernt und wusste, wie man sich dreht, auch wenn er das Drehen nur mit Stühlen gelernt hatte. Der Tanzlehrer war nämlich der Meinung, die Jungen dürften erst auf die Mädchen losgelassen werden, wenn sie die gröbsten Tollpatschigkeiten überwunden hätten. Wir tanzten also, trafen uns danach manchmal, etwas Festes war das aber noch nicht. Einmal saß ich in einem Film mit Marika Rökk, ich glaube, es war die *Csárdásfürstin*. Ludwig kam zu spät, doch obwohl neben mir ein Platz frei war, setzte er sich zu Mädchen aus seiner Nachbarschaft. Er sagte, er hätte mich nicht gesehen, aber mir hat das einen Stich versetzt.

Dann hörten die gemeinsamen Zugfahrten auf. Ich blieb zu Hause und nähte für die Leute im Ort. Die Zeiten waren hart. Die meisten trennten alte Sachen auf, reinigten sie und ließen umarbeiten. Aus abgelegten Kleidern, Jacken und sogar Wehrmachtsmänteln machte ich modische Kostüme und Röcke. Einmal nähte ich sogar ein Brautkleid. Doch bald machte ich Schluss mit der Schneiderei. In der Strickhandschuhfabrik von Gottfried Michael konnte ich mehr Geld verdienen. Michael, ein Hüne von einem Mann, war aus dem Erzgebirge abgehauen und hatte in Neustadt eine neue Firma gegründet. Ludwig kannte ihn, weil er seinen alten Käfer manchmal in die Werkstatt nach Marburg mitnahm, um ihn zu reparieren oder das Öl zu wechseln. Als Ludwig den Michael daher fragte, ob er noch Arbeit für mich hätte, gab der Handschuhfabrikant gleich dem Meister Bescheid, dass die »Braut vom Dippel« arbeiten wolle, und schon am nächsten Tag hatte die Dippelbraut Arbeit in der Fabrik.

Etwa fünf Jahre sind wir miteinander gegangen. Bis mein Vater eines Tages fragte, wie es mit uns weitergehen sollte. »Habt ihr denn gar nicht ans Heiraten gedacht? Wollt ihr euch denn nicht einmal verloben?« So haben wir uns Silvester 1953 verlobt, und am 5. Juli 1955 haben wir geheiratet.

Ich wusste schon, dass Ludwig entschlossen und ehrgeizig war. Von Kindesbeinen an war ihm klar, dass er nicht unter solchen Bedingungen leben wollte wie seine Eltern, die mit dem Geld auskommen mussten, das sein Vater als Maurer und Waldarbeiter nach Hause brachte.

Zuerst holte Ludwig mich noch mit einem Fahrrad ab. Danach kam er mit dem NSU-Motorroller Lambretta vorbei, einem italienischen Modell, dem letzten Schrei damals. Und bald war er stolzer Besitzer von einem gebrauchten VW-Käfer. Aber er war überzeugt: Wenn man etwas erreichen will, muss man Kredite aufnehmen. Von 66 Pfennig Stundenlohn, die er als Geselle in der Autowerkstatt von Fritz Herrmann verdiente, konnte er keine größeren Anschaffungen machen. Also lieh er sich das Geld bei seinem Nachbarn, einem Postbeamten, der keine Zinsen verlangte, weil Ludwig ihm manchmal bei der Ernte half.

Mit dem gebrauchten VW-Käfer zog er sein erstes selbstständiges Unternehmen hoch, ein Mietwagengeschäft, bei dem die Leute das Auto samt Fahrer mieten konnten. Und da damals kaum jemand ein Auto besaß, lief das Geschäft nicht schlecht. 1953 stieg er vom VW-Käfer auf einen VW-Bus um – ebenfalls mit Kredit. Nun konnte er ganze Familien längere Strecken zu Konfirmationen, Hochzeiten oder Beerdigungen in die umliegenden Ortschaften fahren und die Einnahmen erhöhen.

Fritz Herrmann hat schnell erkannt, dass sein Geselle Ludwig selbstständig zu handeln versteht. Als es Anfang der 1950er Jahre mit VW richtig losging, bot er ihm die Stelle eines Filialleiters in Stadtallendorf an. Doch Ludwig sagte nein. Sein Vorbild waren eigenverantwortliche Kaufleute. Vor ihnen hatte er einen Heidenrespekt. Bis in die dreißiger Jahre waren das bei uns im Ort vor allem Juden gewesen. Es gab zwei jüdische Viehhandlungen, zwei Gemischtwarenhandlungen, eine Handlung mit Getreide, Stoffen und Schuhen, eine Eisenwarenhandlung und zwei Mazzenbäckereien Die meisten jüdischen Familien kamen allerdings in den Konzentrationslagern um, und von denen, die emigrierten, ist niemand zurückgekehrt. Nach dem Krieg hatten alle jüdischen Geschäfte neue Besitzer.

Ludwig imponierten auch die Unternehmer aus der DDR, die sich in Neustadt nach dem Krieg niedergelassen hatten. Neben dem Handschuhfabrikanten Gottfried Michael waren das noch Holland-Letz aus Thüringen, der eine Werkzeugfabrik aufmachte, die bis heute Schraubendreher herstellt, und Emil Rössler, der Sohn des Ergee-Strumpffabrikanten Edwin Rössler aus Gelenau im Erzgebirge, dessen Fabrik enteignet worden war.

Rössler brachte die Facharbeiter und Führungskräfte, die ihm in großer Zahl aus der DDR nachreisten, in der Wohnsiedlung »Am Steimbel« unter, die ursprünglich für Zwangsarbeiter in den Allendorfer WASAG-Sprengstoffwerken gebaut worden war. Immer mal

*Die Motorisierung des kleinen Mannes: Die fünfziger Jahre waren das Jahr-
zehnt des Motorrollers, der immerhin Spitzengeschwindigkeiten von siebzig bis
neunzig Kilometern pro Stunde erreichte. Vespa und Lambretta passten zum
neuen, jugendlichen Lebensgefühl von Aufbruch und Freiheit – Audrey Hepburn und Gregory Peck lebten es vor im Film »Ein Herz und eine Krone«.*

wieder schickte er Ludwig los, die Leute mit seinem VW-Bus am Grenzübergang Herleshausen abzuholen.

Nicht bei allen Neustädtern waren die Fabrikanten gern gesehen, denn für die Bauern waren sie Konkurrenz. Im Ort ist es zu richtigen Zusammenstößen gekommen. Sogar der *Spiegel* hat darüber berichtet. Bis dahin waren wir ja eine arme, landwirtschaftliche Gegend gewesen. Es hatte viel mehr Arbeitssuchende als Arbeitsplätze gegeben, vor allem als sich nach dem Krieg unsere Einwohnerzahl durch die Vertriebenen und Flüchtlinge fast verdoppelte.

Unser parteiloser Bürgermeister hat sich daher sehr um die Ansiedlung von Industrie bemüht. Und als die Industrie kam, sind fast alle, die arbeiten wollten, in die Fabriken gegangen, weil sie dort mehr verdienten als in der Landwirtschaft. Das hat die Bauern und besonders den CDU-Abgeordneten Paul Müller aufgeregt. »Die Industrie nimmt uns die Arbeitskräfte weg!«, haben sie gesagt. »Die Industrie macht uns kaputt.« Sie wollten den Bürgermeister stürzen. Das wiederum hat die Unternehmer mobilisiert. Ergee-Chef Rössler hat sogar mit Erpressung gearbeitet: Er würde der Stadt die versprochenen 80 000 Mark nur spenden, wenn der Bürgermeister im Amt bleibe. Er hat gedroht, seine Produktion zu verlegen.

Weil sie Angst vor dem Verlust ihrer Arbeitsplätze hatten, sind Mitte November 1955 über tausend Menschen vor das Rathaus gezogen. Wir haben noch Fotos davon. Einige Ergee-Arbeiter haben sogar die Stadtverordnetenversammlung gestürmt. Sie sollen die Abgeordneten mit Flüchen und Schlägen aus dem Raum getrieben und die Treppe hinuntergeworfen haben. Um die Lage zu beruhigen, wurde das Überfallkommando aus Kassel angefordert. Später standen die sogenannten Rädelsführer wegen Hausfriedensbruch vor Gericht. Ludwig und viele andere aus Neustadt sind nach Marburg zur Verhandlung gefahren. Der Saal im Landgericht war bis auf den letzten Platz besetzt. Damals haben wir uns gewundert, dass die CDU gegen die Unternehmer auftrat. Ludwig ist Mitte der 1960er Jahre selbst CDU-Mitglied und sofort Stadtrat geworden. Doch er hat sich nie gegen die modernen Zeiten ausgesprochen.

Unser eigener Start in die Selbstständigkeit war ziemlich holprig. Aral suchte in Neustadt ein Gelände für eine Tankstelle und einen Pächter dazu. Ludwig wäre der Richtige, hat sein ehemaliger Chef Fritz Herrmann gesagt und ihn empfohlen. Auch wir konnten uns das gut vorstellen. Aral wollte den Bau der Tankstelle übernehmen, wir sollten das Grundstück erwerben. Wir nahmen also wieder einmal einen Kredit auf und kauften das vorgesehene Gelände. Gerade waren wir neue Besitzer, da erklärte Aral, der Platz sei doch nicht optimal, pachtete ein anderes Grundstück in einer anderen Straße, und wir saßen da mit unseren Schulden. Ludwig war tief gekränkt und verärgert.

Ein paar Monate später rief Fritz Herrmann an: Ludwig solle am nächsten Tag zu ihm nach Marburg kommen. Als Ludwig eintraf, saßen schon Vertreter von Aral im Büro: »Wir würden uns freuen, wenn Sie doch als Pächter zur Verfügung stehen würden.« Ludwig war wütend, dass ihn sein Lehrherr noch einmal mit Aral-Leuten zusammenführte, obwohl er wusste, dass Aral ihn hatte sitzen lassen. Sie hätten viel Gutes über ihn gehört, erklärten die Herren von Aral nun aber versöhnlich, sie könnten sich eine Zusammenarbeit vorstellen. Doch Ludwig war bockig und sagte nein. Da bat ihn Herrmann hinaus und wusch ihm ordentlich den Kopf: Ob er noch recht bei Trost sei? Von so einem tollen Anfang hätte er, Herrmann, nicht einmal träumen können. »Kriegst eine Tankstelle hingestellt und sagst nein?? So eine Chance hätte ich gern gehabt. Wenn du das nicht annimmst, trete ich dir in den Arsch.« Sagte es, drehte sich um, zog Ludwig hinter sich her ins Büro und erklärte den Leuten von Aral: »Er macht es.«

Am 5. Juli 1960, unserem fünften Hochzeitstag, eröffneten wir die Aral-Tankstelle in der Marburger Straße. Gut zwei Wochen später zogen die ersten Soldaten in die Ernst-Moritz-Arndt-Kaserne in Neustadt ein. Das westdeutsche Parlament hatte die Wiederbewaffnung beschlossen. Das war unser Glück, denn dadurch erhielten wir viele Kunden. Im ersten Jahr haben wir die Tankstelle allein geschmissen, dann stellten wir einen Lehrling ein. Nach zwei Jahren beschäftigten wir zusätzlich drei Gesellen für die kleine Werkstatt, die Ludwig schon ohne Meisterbrief betreiben durfte. Als wir 1966 die VW-Vertragswerkstatt eröffneten, waren es bereits acht Mitarbeiter: zwei Bürokräfte, zwei Lehrlinge und vier Gesellen. Bis 1998, als wir den Betrieb an unsere Kinder übergaben, sind wir auf 28 Mitarbeiter angewachsen. Heute hat die Firma dreißig Mitarbeiter. Wir haben nie einen richtigen Einbruch erlebt. Es ging immer nur aufwärts. Aber es war schwer.

Zu Anfang habe ich die Tankstelle fast ganz allein geschmissen. Ein Mann von Aral hat mir beigebracht, wie man aus Benzin und Öl die richtige Mischung für Mopeds herstellt, wie man einen Ölwechsel vornimmt, Luftdruck prüft und Luft aufpumpt. Das war ja nicht so wie heute, wo jeder seinen Tank selbst füllt und die Scheiben wäscht. Damals kurbelte der Fahrer das Fenster runter und erklärte einfach: »Mach voll!«, und ich machte voll, wusch die Scheiben und prüfte den Ölstand. Oft saß ich bis gegen 22 oder 23 Uhr in der Tankstelle. An Herbst- oder Winterabenden konnte es passieren, dass ich einnickte, wenn keine Kundschaft kam. Es war so schön warm im Laden und draußen schon verdammt kalt. An manchen Abenden erledigte ich auch noch die Büroarbeiten. Die ganzen ersten Jahre war ich auch für die Buchhaltung zuständig, erst dann haben wir dafür eine Kraft eingestellt.

Ich hatte Glück, dass ich mich so auf meine Mutter stützen konnte. Zeitweilig hat sie bei uns gewohnt und sich um die beiden Kinder gekümmert, die wir schon hatten. Manchmal schaute sie abends auch noch bei mir vorbei, weil sie wusste, dass ich Angst hatte, wenn ich allein in der Tankstelle saß. Ich hatte doch Geld in der Kasse. Es hätte doch jemand vorbeikommen und mich ausrauben können.

Ich habe dann schnell den Führerschein gemacht, damit ich beweglich werde. Danach konnte ich auch Ersatzteile in Marburg besorgen und die Autos auf den Zulassungsstellen in Ziegenhain, Marburg oder Alsfeld anmelden. Diese Behördengänge haben mich allerdings sehr viel Nerven gekostet.

In unserer »Wagenpflegestation« mit Hebebühne, in der wir kleinere Reparaturen und Inspektionen durchführen durften, gab es immer viel Arbeit. Am schlimmsten war es, wenn der erste Schnee fiel. Da kamen sie alle auf einmal und wollten ihre Reifen wechseln. Diese Prozedur war nicht so leicht wie heute, wo jeder Autobesitzer ein Paar Winter- und ein Paar Sommerreifen einschließlich Felgen hat. Damals mussten die Sommerreifen von den Felgen ab- und die Winterreifen auf die Felgen aufgezogen und neu ausgewuchtet werden. Und wie es in kleinen Orten so ist: Manchmal stand jemand noch nach 22 Uhr vor der Tür. »Ludwig, kannste mir das nicht noch machen?« Dann fluchte Ludwig schon mal, aber er machte.

Der normale Feierabend galt für uns nicht. Samstags standen in der Regel dreißig bis vierzig Autos zum Waschen auf dem Hof. Wie im Akkord haben Ludwig und sein Geselle die Fahrzeuge gereinigt und gewachst, und zwar alles mit der Hand! Eine Waschstraße gab es doch noch nicht. Der Geselle ging mittags nach Hause, Ludwig machte weiter. Und ich half und putzte die Fenster und Frontscheiben, wenn vorn an der Tankstelle gerade kein Betrieb war. Selbst samstags sind wir abends nur selten vor zehn Uhr nach Hause gekommen.

Oft mussten wir auch noch spät raus, um Fahrzeuge abzuschleppen, die sich nicht mehr lenken oder bremsen ließen. Ich fuhr immer mit, einer allein konnte das nicht. Wir hängten dann den Abschlepphund an unser Auto, eine gummibereifte Achse mit einem Träger drauf, und zogen die Vorderräder des kaputten Fahrzeugs mit einer Seilwinde hoch, bis sie auf dem Träger einrasteten. Schwieriger wurde es, wenn sich nur die Hinterräder hochhieven ließen. Dann konnte es passieren, dass das Auto ganz schön ins Schlingern geriet.

Die Wagenpflegestation hat Ludwig allerdings nicht befriedigt. Er wollte eine richtige Werkstatt. Also fuhr er jede Woche zwei Abende und jeden Samstag nach Kassel, um seinen Meister zu machen. Wenn ich dann mit dem Gesellen allein blieb, hatte ich nicht selten über Dinge zu entscheiden, von denen ich überhaupt nichts verstand. Woher sollte ich wissen, was das Richtige war, wenn der Motor im Auto von X. streikte? Ließ sich der alte Motor noch reparieren? Oder brauchte er einen Austauschmotor? Lohnte sich die Ausgabe noch? Und hatte der Besitzer überhaupt das nötige Geld?

Man musste also Verantwortung übernehmen, man musste fleißig sein und sparsam leben. Das Gemüse haben wir selbst im Garten angebaut. Die Kleider für die Kinder habe ich auch selbst genäht, an Wochenenden und manchmal auch nachts; die Stoffe stammten aus einem Laden für Restposten. Es kam immer nur Margarine auf den Tisch. Und unseren ersten Urlaub haben wir 1979 gemacht. Für zwei Wochen sind wir da ein paar Hundert Kilometer weiter nach Bayrischzell gefahren. Wie es in Italien aussieht, haben wir uns von unseren Kunden erzählen lassen. Vor dem Urlaub kamen sie, um ihr Auto durchchecken zu lassen, nachher kamen sie, um uns begeistert von der Sonne, dem Strand und dem Essen zu erzählen und einen Vino rosso vorbeizubringen.

Wirklich verbessert hat sich unsere Situation erst Mitte der sechziger Jahre, als Ludwig seine Meisterprüfung bestanden hatte und einen selbstständigen Handwerksbetrieb führen durfte. Er ließ eine große Werkstatthalle bauen und erhielt – wieder einmal dank der Verbindung zu seinem Marburger Lehrmeister – eine VW-Vertragswerkstatt. Damals schenkte uns VW ein großes Bild vom damaligen VW-Werk mit dem Schriftzug »Ludwig Dippel«. Ein bisschen stolz waren wir da schon, dass wir es so weit geschafft hatten.

Seitdem konnte ich in der Regel schon um 19 Uhr nach Hause gehen. Ich habe mich mehr um meine Kinder gekümmert – inzwischen waren es vier. Und ich habe mich wieder am Leben im Ort beteiligt. Schon vor der Heirat hatte ich Theater gespielt. Jetzt stieg ich als erste Frau unserer Stadt bei der Fastnacht in die Bütt – bei der Kolpingfamilie, dem katholischen Sozialverband, der in Neustadt sein 21. Jubiläum feierte. Bei einer Flasche Rotwein habe ich gemeinsam mit Ludwig die Rede entworfen: »Hurra, ich bin erwachsen …« Ich war schrecklich aufgeregt. Als ich dann aber in der Bütt stand, fühlte ich mich plötzlich ganz leicht, und die Worte flossen mir im rheinischen Dialekt über die Lippen, obwohl ich eine Hessin bin. Die Leute waren begeistert und sind aufgesprungen. Einige Männer haben mich auf den Schultern aus dem Saal getragen.

1998 haben wir unseren Kindern den Betrieb übergeben. »Den Betrieb gibt man nicht aus der Hand«, haben zwar einige Bekannte im Ort gesagt. Aber wir denken: Eine Firma kann man nicht mehr so führen wie vor fünfzig Jahren. Unsere Kinder schmeißen die Firma auf neue Weise genau so gut wie wir. Heute zählt der Betrieb zu den »Top Performern«. Weiß der Teufel, was das genau bedeutet. Aber jedenfalls ist er ausgezeichnet worden.

Für die Kinder war von Anfang an klar, dass sie in unsere Fußstapfen treten. Sie haben sich immer mit dem Betrieb identifiziert. Vielleicht, weil wir nie gesagt haben, dass uns die Arbeit zu viel wird oder keinen Spaß macht. Vielleicht auch, weil sie gesehen haben, dass man es im Leben zu etwas bringen kann, wenn man etwas leistet.

Ich weiß noch, wie der vierjährige Andreas einmal die Fliesen der Tankstelle geputzt hat. Da kam ein Bekannter vorbei und fragte: »Na, Andreas, was bekommst du denn dafür?«

»Mein täglich Brot«, hat der Kleine da geantwortet.

Wer mehr haben will, muss auch mehr leisten, haben wir unseren Kindern immer gesagt. Deswegen mag mein Mann es nicht, wenn er auf Festlichkeiten angehauen wird: »Der Ludwig, der kann doch einen ausgeben!« Dann sagt er immer: »Leute, ihr hättet jetzt auch so viel haben können wie ich.« Man muss aber ehrgeizig und diszipliniert sein, und man muss Verantwortung übernehmen.

ERINNERN GEGEN
SCHWEIGEN

Manche halten es bis heute für einen moralischen Skandal, wie sich die Westdeutschen in den 1950er Jahren in Aktionismus flüchteten und den Blick zurück verweigerten. Der Publizist Ralph Giordano sprach sogar von einer zweiten Schuld, die breite Teile der Deutschen auf sich geladen hätten, als sie leugneten, abwehrten, als sie NS-Belastete wieder in Ämter kommen ließen, sich nicht zur Schuld bekannten und der Opfer deutscher Terrorherrschaft nicht gedachten.

Hannah Arendt, die Philosophin, die Deutschland wegen ihrer jüdischen Herkunft 1933 hatte verlassen müssen, konstatierte das eigenartige Amalgam von Arbeitswut, fehlender Erschütterung und Abwehr bereits bei einem *Besuch in Deutschland* 1949/50. »Beobachtet man die Deutschen, wie sie geschäftig durch die Ruinen ihrer tausendjährigen Geschichte stolpern und für die zerstörten Wahrzeichen ein Achselzucken übrig haben, oder wie sie es einem verübeln, wenn man sie an die Schreckenstaten erinnert, welche die ganze übrige Welt nicht loslassen, dann begreift man, dass die Geschäftigkeit ihre Hauptwaffe bei der Abwehr der Wirklichkeit geworden ist.«[113] Es herrschten Gleichgültigkeit, Apathie, eine allgemeine Gefühllosigkeit, eine offensichtliche Herzlosigkeit. In einem Brief an ihren Mann machte Arendt ihrem Befremden Luft. »Die Sentimentalität bleibt einem im Halse stecken, nachdem sie einem erst in die Kehle gestiegen ist«, heißt es da. »Die Deutschen leben von der Lebenslüge und der Dummheit. Letztere stinkt zum Himmel.«

Auch der Schriftsteller Paul Schallück meldete deutlich sein »Unbehagen« an der westdeutschen Gesellschaft an: Sie weiche der

Vergangenheit aus, statt sie bewusst anzunehmen. »Man kennt ja die Fälle, wo Menschen verdrängen, was ihnen unbequem ist. Man kennt aber auch die Fälle, wo das Verdrängte eines Tages mit umso verderblicherer Gewalt wieder aufsteht ... Ein schlechtes Gewissen und die Vergangenheit lassen sich wohl kaum auf die Dauer durch neue Fabriken, gehobenen Lebensindex, durch blühenden Export, Souveränität und materielles Wohlbefinden verdrängen ... Vielleicht müssen wir erst den Taumel der materiellen Befriedigung überstehen, bevor wir hellsichtig, hellhörig werden und das Notwendige tun? Vielleicht. Aber es ist nicht mehr viel Zeit. Es ist schon sehr spät. Die Vergesslichkeit greift um sich, legt sich wie Nebel lähmend auf das Land und macht uns das Atmen schwer.«[114]

Den großen Durchbruch in der Debatte über die »unbewältigte Vergangenheit« brachte aber erst der Essay von Alexander und Margarete Mitscherlich über *Die Unfähigkeit zu trauern* im Jahre 1967.[115] Wochenlang stand das Buch auf den Bestsellerlisten. Den Hauptgrund für die Abwehr der Vergangenheit sahen die Psychoanalytiker in der großen Selbstentwertung, die die Deutschen nach dem Scheitern ihres Führers erlitten hätten. Hitler war ihr Ich-Ideal, von ihm hatten sie sich leiten lassen, ihm die Verantwortung übertragen. Als dieses »innere Objekt« wegbrach, als Deutschland besiegt und der Verbrecher entlarvt wurde, gingen mit dem Führer auch die Ideale derer unter, die sich ihm verschrieben hatten. Statt aber aus dem »Rausch« aufzuwachen und sich der Realität zu stellen, so die Psychoanalytiker, würden die Deutschen in der »Haltung permanenter Kindhaftigkeit« verharren und Schuld, Scham und Trauer ebenso kollektiv verdrängen, wie sie sich zuvor kollektiv dem Führer anvertraut hätten.

Die Verdrängung beeinflusste nach Meinung von Alexander und Margarete Mitscherlich nicht nur die Auseinandersetzung mit dem Dritten Reich; sie beeinflusste auch das aktuelle Verhalten, da es politische Apathie und Verweigerung hervorbrachte. Trauer um den geliebten »Führer« (und nicht, wie später gemeinhin interpretiert, die Trauer um die Opfer der Deutschen) war deshalb für die

Psychoanalytiker notwendige Voraussetzung auch für die Überwindung des »psychosozialen Immobilismus« in der Bonner Republik.

Der Essay von Alexander und Margarete Mitscherlich erwies sich als Meilenstein in der Entwicklung dessen, was inzwischen als Vergangenheitsbewältigung firmiert. Die Psychologen fragten nicht nach der Schuld besonders exponierter Nazi-Größen, sondern in erster Linie nach der Schuld und der Verantwortung des »kleinen Mannes«, der sein Ich beim Eintritt in die große Volksgemeinschaft aufgegeben hatte und für die Folgen keine Haftung zu übernehmen bereit war.

Kurz nach Kriegsende hatte die Situation noch anders ausgesehen. In einer Umfrage von Ende 1946 hatten gut sechzig Prozent der Deutschen eine Mitschuld am Hitler-Regime eingeräumt und fast sechzig Prozent hatten auch bejaht, dass Deutschland Millionen hilfloser Europäer gefoltert und ermordet habe.[116] Die Mehrheit der Deutschen stimmte anfangs auch der Entnazifizierung zu, wie sie von den Alliierten beschlossen und zügig in Angriff genommen worden war. Mehrere hunderttausend Personen verloren ihre Stellungen und Ämter, nachdem mit Hilfe eines 131 Positionen umfassenden Fragebogens ihre Verstrickung in das NS-Regime festgestellt worden war.

Mit zunehmendem Abstand zum Krieg stieg allerdings die Unzufriedenheit mit der Entnazifizierung. Selbst ehemalige Nazi-Gegner wie Martin Niemöller und Eugen Kogon sprachen sich für eine möglichst schnelle Beendigung der Verfahren vor den Spruchkammern aus. Auch außenpolitische Gründe ließen es geraten erscheinen, der Rehabilitierung von Belasteten – und das hieß auch ihrer Integration – den Vorrang vor ihrer Strafverfolgung und ihrer gesellschaftlichen Ächtung zu geben. Im beginnenden Kalten Krieg formte sich ein neues Bündnis. Die »Freiheit gegen den Bolschewismus« zu verteidigen wurde nun das einigende Band zwischen den westlichen Alliierten und Westdeutschland, und gerade »Ehemalige« konnten oft auf alte antikommunistische Positionen verweisen.

1950 wurde die Entnazifizierung offiziell beendet. Von den rund 3,6 Millionen Fällen, die vor den Spruchkammern verhandelt worden waren, war es nur bei zehn Prozent zu einem Urteil gekommen, lediglich etwa ein Prozent der Betroffenen wurde tatsächlich bestraft.

Durch die Denazifizierung sei »viel Unglück und viel Unheil« angerichtet worden, behauptete Konrad Adenauer in seiner Regierungserklärung vom 20. September 1949. »Es wird daher die Frage einer Amnestie von der Bundesregierung geprüft werden, und es wird weiter die Frage geprüft werden, auch bei den Hohen Kommissaren dahin vorstellig zu werden, dass entsprechend für von alliierten Militärgerichten verhängte Strafen Amnestie gewährt wird.«

Als eines seiner ersten Gesetze verkündete der Bundestag Ende 1949 ein Straffreiheitsgesetz, von dem auch Zehntausende nationalsozialistischer Täter profitierten. Es folgte im Mai 1951 das »131er-Gesetz« (nach Art. 131 des Grundgesetzes), das jedem aus dem öffentlichen Dienst Entlassenen (einschließlich der Berufssoldaten) einen Anspruch auf Wiedereinstellung einräumte, sofern er beim Entnazifizierungsverfahren nicht als Hauptschuldiger oder Belasteter eingestuft worden und nicht Mitglied der Gestapo, des SD oder der SS gewesen war. Schließlich amnestierte ein zweites Straffreiheitsgesetz vom Sommer 1954 Gewalt- und Tötungshandlungen im Dienste der NS-Diktatur zwischen Oktober 1944 und Juli 1945, wenn die Strafe nicht höher war als drei Jahre.[117]

Von den Nazi-Größen, so urteilt der Historiker Edgar Wolfrum, habe politisch keiner in der Bundesrepublik überlebt, aber die mittlere Garnitur habe durchgängig schnell ihren Platz im neuen Staat gefunden. »Jedenfalls waren es die Funktionseliten des Dritten Reiches, welche die Bundesrepublik bis in die 70er Jahre hinein gestalteten und von deren Wandlungs- und Lernfähigkeit einiges abhing.«[118]

Westdeutschland als Land der Kriegsverbrecher, als post- oder kryptofaschistisches Land hinzustellen, wurde denn auch eine der wichtigsten Propagandakeulen der DDR gegen den westlichen Konkurrenten. Die Sowjetisch Besetzte Zone hatte ihrerseits bis zum Ende der Entnazifizierung im Frühjahr 1948 mehr als eine halbe

*Die mittlere Funktionselite aus dem NS-System war in der Bundesrepublik
wieder schnell in Amt und Würden. Nur selten regte sich Empörung. Doch als
NS-Belastete in Neumünster im März 1955 als »Opfer der Entnazifizierung«
anerkannt werden wollten und öffentlich nach Rehabilitierung verlangten,
versuchten Gewerkschafter die Polizeiabsperrungen zu durchbrechen, um die
Kundgebung zu stören.*

Million Personen aus ihren Stellungen entfernt und durch Kommunisten und Antifaschisten ersetzt.[119]

In der britischen Zone hingegen waren schon Mitte 1948 mehr als vier Fünftel der Richter an Landgerichten ehemalige NSDAP-Mitglieder, 1949 gab es einen entsprechend hohen Anteil unter den Richtern und Staatsanwälten in Bayern. Durch Verschleppung von Verfahren, Blockade von Untersuchungen, durch äußerst großzügige Freisprüche und schnelle Entlassungen von Kriegsverbrechern setzte dieses Personal faktisch eine Generalamnestie durch.

Einer der wenigen, die sich dagegen stemmten, war Fritz Bauer. 1903 als Sohn jüdischer Eltern in Stuttgart geboren, hatte er unter der Nazi-Diktatur acht Monate in einem Konzentrationslager gesessen, war danach in die skandinavischen Länder emigriert und 1949 nach Deutschland zurückgekehrt. Als Generalstaatsanwalt in Braunschweig übernahm er 1952 den Prozess gegen Generalmajor a. D. Otto Ernst Remer, den Kommandeur des Berliner Wachbataillons, der am 20. Juli 1944 führend an der Niederschlagung des Staatsstreichs gegen Hitler beteiligt gewesen war. Remer, in der Bundesrepublik Mitbegründer der neo-nazistischen Sozialistischen Reichspartei (SRP), hatte den Widerstand der Gruppe um Claus Graf Schenk von Stauffenberg als Landesverrat diffamiert und den Überlebenden angedroht, sie würden dereinst vor ein deutsches Gericht gestellt.

Zwei Rechtsauffassungen prallten in dem Prozess aufeinander, Auffassungen, die sich durch die ganze Nachkriegsgeschichte zogen und nach dem Ende der DDR erneut debattiert werden würden. Auf der einen Seite stand die Riege jener, die sich ohne jede Einschränkung auf das Rückwirkungsverbot beriefen (Nulla poena sine lege – keine Strafe ohne Gesetz): Niemand könne für eine Tat bestraft werden, die zum Zeitpunkt ihrer Ausführung nicht gegen das Gesetz verstieß. Danach war die Verurteilung der Männer des 20. Juli rechtens, da sie mit dem versuchten Tyrannenmord ihren Offizierseid gebrochen hätten. Fritz Bauer hingegen argumentierte mit dem »übergesetzlichen Recht« gegen das »gesetzliche Unrecht«. Ein »Unrechtstaat«, der täglich Zehntausende von Morden begehe, berechtige jedermann zur Notwehr. Schon der ehemalige Reichsjustizminister Gustav Radbruch hatte in einem berühmten Aufsatz aus dem Jahre 1946 die Meinung vertreten, Schandgesetze von Unrechtstaaten, die nicht der Gerechtigkeit und den Menschenrechten entsprächen, könnten für den Richter nicht verbindlich sein.

Der Remer-Prozess gilt als Markstein der westdeutschen Justizgeschichte, weil er das Gericht zwang, das NS-Regime als Unrechtstaat zu verwerfen[120] und die Widerstandskämpfer vom Vorwurf des Hochverrats und Eidbruchs freizusprechen.[121] Bundespräsident Theodor Heuss machte sich für eine Rehabilitierung der Attentäter stark. »Hier wurde in einer Zeit«, erklärte er bei einer Gedenkfeier 1954, »da die Ehrlosigkeit und der kleine, feige und darum brutale Machtsinn den deutschen Namen besudelt und verschmiert hatte, der reine Wille sichtbar, im Wissen um die Gefährdung des eigenen Lebens den Staat der mörderischen Bosheit zu entreißen und, wenn es erreichbar, das Vaterland vor der Vernichtung zu retten.«

In der Bevölkerung stieß diese Auffassung noch auf erhebliche Skepsis. In einer Umfrage des Instituts für Demoskopie in Allensbach (1951) missbilligten dreißig Prozent der Befragten das Attentat auf Hitler, unter den Berufssoldaten waren es sogar 59 Prozent. Männer wie Claus Graf Schenk von Stauffenberg oder Henning von Tresckow galten, so die Meinungsforscher Elisabeth Noelle und Erich Peter Neumann, weithin als »Hochverräter, Landesverräter, Volksverräter oder Staatsverräter. Weiter wird ihnen Feigheit vorgeworfen, gelegentlich auch Egoismus« – für die Familien der zum Tode verurteilten Widerständler oft eine bittere Erfahrung.

In der Bremer Schulklasse, in der Vera (Veruschka) von Lehndorff, Tochter des am 4. September 1944 in Plötzensee hingerichteten Heinrich Graf von Lehndorff, nach der Flucht aus Ostpreußen untergekommen war, erklärte die Lehrerin eines Tages, in dieser Klasse befände sich die Tochter eines Mörders. »Die Schülerinnen sahen sich fragend an. ›Wer sollte dieses Mädchen sein?‹ Und wie wir wieder nach vorn blickten, zeigte die Lehrerin mit dem Finger auf mich: ›Du da, du bist es!‹ Das war ein furchtbarer Schock. Alle hielten den Atem an und starrten mich an. Ich rannte hinaus, … lief, so schnell ich konnte, über den Hof, dann weinend nach Hause. Als ich meiner Mutter erzählte, was vorgefallen war, sagte sie: ›Es ist ganz anders. Dein Vater ist ein Held, aber das ist eine lange Geschichte, die ich dir erst erzählen kann, wenn du größer bist. Ich verspreche dir, du musst nie wieder diese Schule betreten.‹«[122]

Als Gottliebe von Lehndorff den Töchtern erstmals den Abschiedsbrief ihres Mannes vorzulesen versuchte, wurde das »zu einem einzigen Geschluchze. Sie weinte und wir weinten mit ihr. Die Zusammenhänge verstanden wir nicht. Hingerichtet? Es war alles viel zu viel. Sie schaffte es nicht, den Brief zu Ende zu lesen. Es war ein trauriger Nachmittag voller Tränen und Hilflosigkeit – und danach legte sich über alles wieder das Schweigen.«[123]

Um die Renten mussten einige Witwen der Hingerichteten jahrelang kämpfen. Aus dem inneren Zirkel der Nazi-Gegner gab es zwar Hilfe, beispielsweise entstand das »Hilfswerk 20. Juli 1944«, und Gottliebe von Lehndorff wurde finanziell soweit unterstützt, dass die Familie nie Hunger litt, nie wie Ausgebombte wohnen musste und sich immer ein Kindermädchen halten konnte. Andererseits war die Solidarität nicht einmal in den eigenen, den Adelskreisen ungeteilt. Als Gottliebe von Lehndorff die Bismarcks anrief, »rührten sie sich nicht. Sie hatten große Besitzungen, es wäre ein Leichtes gewesen, uns zu helfen. Doch die Vorbehalte überwogen. Meine Mutter wurde gemieden, weil man ihren Mann als Verräter betrachtete. Bei den meisten wagte sie gar nicht erst anzurufen, die hätten gleich wieder aufgelegt.«

Der Unterschied zwischen Vaterland und Diktatur existierte nicht. Hoch- und Landesverrat hatten nach Ansicht großer Teile der Bevölkerung angeblich all jene begangen, die wie die Widerstandskämpfer ihren Eid gegenüber einem Unrechtsregime gebrochen, wie das Nationalkomitee Freies Deutschland Wehrmachtssoldaten zum Desertieren aufgerufen, wie die Emigranten ihr Vaterland »im Stich gelassen« hatten oder gar wie Marlene Dietrich vor fremden (US-)Truppen aufgetreten waren. Verräter waren all jene, die gegen den Grundsatz »right or wrong – my country« verstoßen und sich nicht – treu bis in den Tod – mit in den Untergang hatten ziehen lassen. Emigration war Feigheit, Fahnenflucht war unentschuldbar. Noch 1960 erklärte Kai-Uwe von Hassel, CDU-Ministerpräsident von Schleswig-Holstein, in Anspielung auf den Emigranten Willy Brandt, man könne seine »Schicksalsgemeinschaft« nicht einfach verlassen, wenn es einem persönlich gefährlich erscheine, und ihr wieder beitreten, wenn das Risiko vorüber sei.

Jene, die ihrem Land in der Zeit der Verirrung die »Treue« gehalten hatten, glaubten mehr Recht zur Neugestaltung des Landes zu besitzen als jene, die das Land angeblich im Stich gelassen hatten. Noch 1961, als der 1933 aus Deutschland geflohene Hermann Kesten die Verleihung eines Literaturpreises an Ina Seidel kritisierte, da sie sich mit einem Hitler-Gedicht kompromittiert hätte, schrieb Hans Werner Richter, Spiritus Rector der Gruppe 47, an Ina Seidels Sohn: »Kesten ist Jude, und wo kommen wir hin, wenn wir jetzt die Vergangenheit untereinander austragen, d. h. ich rechne Kesten nicht uns zugehörig (!), obwohl er es so sieht.«

Die fünfziger Jahre waren eine Dekade, in der sich die Deutschen selbst vor allem als Opfer sahen: Opfer der Konferenz von Potsdam, wodurch Deutschland gespalten wurde und die Ostdeutschen unter totalitäre sowjetische Herrschaft gerieten, Opfer der Siegerjustiz von Nürnberg, als Nicht-Deutsche über Deutsche richteten, Opfer einer dunklen, anonymen Schicksalsmacht, einer »dunklen Epoche«, die unendlich viel Leid über »die Menschheit« gebracht hatte.

Wenn sie einem Gesprächspartner erklärt habe, dass sie Jüdin sei, so Hannah Arendt bei ihrem Aufenthalt in Westdeutschland 1950, sei in der Regel keine persönliche Nachfrage gekommen, »sondern es folgt eine Flut von Geschichten, wie die Deutschen gelitten hätten«. Oft sei der Gesprächspartner noch dazu übergegangen, »die Leiden der Deutschen gegen die Leiden der anderen aufzurechnen, womit (er) stillschweigend zu verstehen gibt, dass die Leidensbilanz ausgeglichen sei«.

Die Leiden der Deutschen wurden aus dem historischen Kontext gelöst, der Zusammenhang von Ursache und Wirkung aufgehoben, der Unterschied zwischen Opfern und Tätern verwischt. Die Schuld an den Verbrechen trug nun eine kleine Gruppe von Verblendeten und Kriminellen mit einem Wahnsinnigen an der Spitze: Hitler, »ein aus der Tiefe hervorgegurgelter Dämon«.[124] Der Normalbürger hingegen wurde zum Verführten oder ein zum Gehorsam Gezwungener, den das Leben bestraft hatte.

Eine exponierte Stellung als Opfer nahmen auch die rund acht Millionen Vertriebenen in Westdeutschland ein. Deutschland existierte auf Landkarten und in den Atlanten weiter in den Grenzen von 1937, sämtliche Parteien sprachen sich gegen die Anerkennung der Oder-Neiße-Linie als polnischer Westgrenze aus, die *Dokumentation der Vertreibung der Deutschen aus Ost-Mitteleuropa* wurde zum wissenschaftlichen Großprojekt, Geschichten von Vertriebenen flimmerten über die Leinwand. Klaus von Bismarck löste auf dem evangelischen Kirchentag in Leipzig 1954 heftige Proteste aus, als er in seiner Rede erklärte: »Es ist meine persönliche Meinung – die einige von Ihnen vielleicht nicht übernehmen können –, dass wir vor Gott kein Recht darauf haben, das wieder zu erhalten, was er uns genommen hat.« Die deutschen Heimatvertriebenen verzichteten in ihrer Charta von 1950 zwar auf Rache und Vergeltung, beanspruchten für das Leid der Flüchtlinge und Vertriebenen aber den obersten Platz in der Opferhierarchie: »Die Völker der Welt sollen ihre Mitverantwortung am Schicksal der Heimatvertriebenen als der vom Leid dieser Zeit am schwersten Betroffenen empfinden.«

Auch die Regierung machte Unterschiede zwischen deutschen und jüdischen Opfern. Die ehemaligen Kriegsgefangenen, die im Jahre 1955 aus der sowjetischen Haft zurückkehrten, erhielten 300 DM Entschädigung je Monat Gefangenschaft, die KZ-Insassen gerade einmal die Hälfte, und das meist nur nach langwierigen Verfahren. »Nicht, dass wir dem Heimkehrer das Seine missgönnen«, schrieben jüdische Verfolgte an den Hamburger Senat, aber »wir sehen den Unterschied gegenüber der Wiedergutmachung«.[125]

Die Deutschen besaßen mit den gut 100 000 Kriegerdenkmälern aus dem Ersten Weltkrieg rituelle Orte, an denen sie ihrer Toten gedenken konnten – die Namen der Gefallenen aus dem Zweiten Weltkrieg wurden häufig hinzugefügt, und nach dreijähriger Pause wurde 1948 der Volkstrauertag in Westdeutschland wieder eingeführt. Für Juden, Zwangsarbeiter, Sinti, Roma und andere wurden nur vereinzelt Gedenkstätten in ehemaligen Konzentrationslagern oder Hinrichtungsstätten geschaffen.

Für die Opfer der Deutschen fehlte fast jedes Mitgefühl. »Das kann doch kaum jemand hören!«, mokierte sich ein Schriftsteller der Gruppe 47, als der aus Czernowitz stammende jüdische Lyriker Paul Celan im Mai 1952 auf einer Sitzung seine »Todesfuge« vortrug, jenes inzwischen berühmte Gedicht, in das seine traumatischen Erlebnisse in einem Arbeitslager eingeflossen waren. »Der liest ja wie Goebbels!«, kommentierte ein anderer, und Tagungsleiter Hans Werner Richter vermeinte einen Singsang wie in einer Synagoge zu hören. Die »Todesfuge«, so schilderte es Walter Jens, war »ein Reinfall«. Trotz späterer Einladungen hat Paul Celan nie mehr an einer Sitzung der Gruppe 47 teilgenommen.

Juden, die überlebt hatten, lösten ein schlechtes Gewissen aus, weil sie auf den millionenfachen Mord verwiesen, der eine Größenordnung besaß, die nicht vorstellbar war und von dem angeblich niemand etwas gewusst hatte. Juden, die emigriert waren, lösten ein schlechtes Gewissen aus, weil sie vor Augen führten, dass das Leben in der Nazi-Diktatur nicht unausweichlich gewesen war, sondern dass es eine Alternative zum Mitmachen gegeben hatte – nicht nur für Juden, sondern auch für »arische« Deutsche.

»Verstehen Sie mich recht«, schrieb Hans Werner Richter in einem Brief an den Schriftsteller Rudolf Walther Leonhardt, »ich mag jene politisch bramarbasierenden Juden nicht, die nur aus rassischen (!) und nicht aus politischen Gründen seinerzeit Deutschland verließen. Sie haben keine Berechtigung, politisch zu verzeihen.«[126] Ein Deutscher, der sich in Hitlers Kriegsmaschinerie hatte einbinden lassen, wollte sich von einem Geschädigten, der dem Tod glücklicherweise entronnen war, nicht beurteilt sehen: »Wer kann und darf verzeihen? Nun, nach meiner Ansicht niemand, weder die Juden noch die politisch Verfolgten, noch sonst jemand, der unter dem Dritten Reich gelitten hat. Niemand kann sich dieses Recht anmaßen.«

Von den rund 100 000 Menschen, die bis 1941 aus Deutschland und Österreich in die USA emigrierten, kehrte nicht einmal jeder zwanzigste aus rassischen Gründen Verfolgte nach Europa zurück.[127] Sie fühlten sich nicht willkommen in Westdeutschland.

Vorherrschend wurde das Schweigen.

Die Einen schwiegen, um ihre Schuld zu vertuschen. Menschen hatten Verbrechen befohlen und begangen, hatten sich in Unrecht hineinziehen lassen und zu Unrecht geschwiegen, hatten vom Elend der Verfolgten profitiert und als Pflichterfüllung ausgegeben, was Mord war. Diese Schuld reichte von den strafbaren Taten der Kriegsverbrecher, die von den Siegermächten und später der deutschen Justiz abgeurteilt wurden, bis zu der metaphysischen Schuld der »Zuschauer«,[128] die die Verbrechen hatten geschehen lassen. »Wir Überlebenden haben nicht den Tod gesucht. Wir sind nicht, als unsere jüdischen Freunde abgeführt wurden, auf die Straße gegangen, haben nicht geschrien, bis man uns vernichtete«, schrieb der Philosoph Karl Jaspers. »Wir haben es vorgezogen, am Leben zu bleiben mit dem schwachen, wenn auch richtigen Grund, unser Tod hätte nichts helfen können. Dass wir leben, ist unsere Schuld. Wir wissen vor Gott, was uns tief demütigt.«[129]

Andere schwiegen, weil sie dem Grauen zu entfliehen hofften.

Viele waren traumatisiert: Insassen der Gettos, Häftlinge in den Konzentrationslagern, Juden im Versteck, Emigranten, die aus der Heimat vertrieben waren und Fremde in der Fremde blieben. Sie vergruben das Erlebte tief in der Seele, weil die Erinnerung an übermächtige Gewalt und übermächtige Umstände sie vollständig überfordert hätte. »Man darf nicht daran denken, sonst wird man verrückt«, schrieb die Mutter der Journalistin Sibylle Krause-Burger, die dank eines arischen Ehemanns überlebte.[130]

Jean Améry, Häftling von Auschwitz, Buchenwald und Bergen-Belsen, fand erst nach zwanzig Jahren Worte für das Erlebte. »Ich kann nicht sagen, dass ich in der Zeit der Stille die zwölf Jahre des deutschen und meines eigenen Schicksals vergessen oder ›verdrängt‹ hätte«, schrieb er 1966 zur Herausgabe seines Buches *Jenseits von Schuld und Sühne*. »Ich hatte mich zwei Jahrzehnte lang auf der Suche nach der unverlierbaren Zeit befunden, nur, dass es mir schwer gewesen war, darüber zu sprechen.«[131]

Immerhin setzte Konrad Adenauer mit den Stimmen der SPD-Opposition eine Wiedergutmachung für die jüdischen Opfer durch gegen die Mehrheit der westdeutschen Bevölkerung, in der laut einer Umfrage des Allensbacher Instituts für Meinungsforschung im August 1952 nur elf Prozent ihre Zustimmung signalisierten. Im Luxemburger Abkommen wurden 1952 Warenlieferungen an Israel im Wert von drei Milliarden DM und die Zahlung von 450 Millionen DM an die Jewish Claims Conference vereinbart. Die Bundesentschädigungsgesetze von 1953 und 1956 regelten die individuellen Entschädigungen von Opfern nationalsozialistischer Verfolgung, und mit elf westeuropäischen Staaten schloss die Bundesrepublik zwischen 1959 und 1964 Globalabkommen ab.[132]

Ende der 1950er Jahre begann sich das Klima langsam zu ändern. Auslöser und Wendepunkt war der Ulmer Einsatzgruppenprozess 1958. Als der SS- und Polizeiführer Bernhard Fischer-Schweder auf Wiedereinstellung im Land Baden-Württemberg klagte, kam heraus, dass er als Polizeidirektor von Memel zwischen Juni und September 1941 an der Massenerschießung von jüdischen Kindern, Frauen und Männern im litauisch-deutschen Grenzgebiet beteiligt gewesen war. Im ersten großen Prozess gegen nationalsozialistische Täter vor einem deutschen Strafgericht wurden er und weitere neun Angeklagte in Ulm zu Zuchthausstrafen zwischen drei und fünfzehn Jahren verurteilt; Bernhard Fischer-Schweder erhielt wegen Beihilfe zum gemeinschaftlichen Mord in 526 Fällen zehn Jahre Zuchthaus.

Das Thema der Judenvernichtung gewann große öffentliche Aufmerksamkeit. Anfang der fünfziger Jahre war das *Tagebuch der Anne*

Frank in Deutschland erschienen, aber noch weitgehend unbeachtet geblieben; 1958 erreichte es eine Auflage von einer halben Million.

Da sich im Rahmen des Ulmer Verfahrens Hinweise auf weitere Verbrechen in den von Deutschland besetzten Ländern ergaben, wurde in Ludwigsburg die »Zentrale Stelle der Landesjustizverwaltungen zur Aufklärung nationalsozialistischer Verbrechen« geschaffen und mit Vorermittlungen für die Staatsanwaltschaft über Verbrechen gegen die Zivilbevölkerung vor allem außerhalb von Deutschland beauftragt. Die Zahl der Ermittlungsverfahren stieg spürbar an, und die Haltung in der Bevölkerung veränderte sich. Im August 1958 sprach sich die Hälfte der Befragten gegen einen Schlussstrich und für die Bestrafung von NS-Tätern aus; und die Hälfte der Befragten gab Deutschland auch die Schuld am Ausbruch des Krieges – 1951 waren es erst 31 Prozent gewesen.[133]

In jener Zeit rückte der Mord an den Juden langsam in den Mittelpunkt der Erinnerung. Es war noch einmal Fritz Bauer, der, inzwischen Generalstaatsanwalt in Frankfurt am Main, wesentlich zu diesem Wandel beitrug. Dank seiner Hinweise wurde die Festnahme des SS-Obersturmbannführers Adolf Eichmann durch den israelischen Geheimdienst in Argentinien möglich; Israel verurteilte Eichmann in einem spektakulären Prozess wegen »Verbrechen gegen die Menschheit« zum Tode. Auf Initiative Bauers leitete die Staatsanwaltschaft des Landgerichts Frankfurt am Main auch Ermittlungsverfahren gegen vormalige Angehörige der SS-Besatzung von Auschwitz ein. Sechs Angeklagte wurden 1965 zu lebenslangen Zuchthausstrafen verurteilt, einer zu zehn Jahren Jugendstrafe und zehn zu Freiheitsstrafen zwischen dreieinhalb und vierzehn Jahren.

Viele Beobachter empfanden die Strafen als empörend niedrig. Die eigentliche Bedeutung des Prozesses lag aber weniger im individuellen Strafmaß als in der Tatsache, dass weit über 300 Zeugen die Gräueltaten und den Massenmord im Detail schilderten. Niemand konnte mehr sagen, er wisse nichts vom Völkermord an den Juden.

Während sich in den folgenden Jahrzehnten im kollektiven Bewusstsein der Deutschen eine eindeutige Verurteilung des Dritten Reichs vollzog, dauerte im privaten Erinnern das Schweigen teilweise noch lange an. Entweder führten pauschale Beschuldigungen der zweiten Generation zu einer Verhärtung der Eltern, so dass die Spaltung in den Familien vertieft wurde. Oder Söhne und Töchter stellten gar keine konkreten Nachfragen und Nachforschungen an, weil sie fürchteten, abgepresste Geständnisse könnten sich als unerträgliche Belastung für das Eltern-Kind-Verhältnis herausstellen.[134]

Die 1943 geborene Ute Althaus beispielsweise begann Haltungen und Taten ihres Vaters in der NS-Zeit erst nach seinem Tod zu rekonstruieren – Anfang der 1990er Jahre, da war sie bereits fünfzig Jahre alt. Ernst Meyer, Jahrgang 1895, war noch Ende März 1945 zum Kampfkommandanten von Ansbach ernannt worden. Nur wenige Stunden vor dem Einmarsch der Amerikaner ließ er ein Standgericht bilden und den neunzehnjährigen Robert Limpert wegen landesverräterischer Umtriebe zum Tode verurteilen. Limpert hatte den Bürgermeister zur Übergabe der Stadt an die Amerikaner überredet und nachts Flugblätter geklebt, in denen er dazu aufrief, die weiße Fahne zu hissen. Da sich niemand bereit fand, das Todesurteil zu vollstrecken, übernahm Ernst Meyer die Aufgabe selbst, hängte Robert Limpert an einem Haken vor dem Rathaus auf und heftete ihm die Flugblätter mit einem Zettel »Ich bin der Verfasser« an die Kleider. Danach requirierte er ein Fahrrad und setzte sich aus Ansbach ab. Nach Kriegsende wurde Ernst Meyer von den Amerikanern in einem Kriegsgefangenenlager entdeckt, dem Amtsgericht Ansbach übergeben und in einem Prozess Ende 1946 zu einer Haftstrafe von zehn Jahren Zuchthaus und Aberkennung der bürgerlichen Ehrenrechte verurteilt. 1952 kam er vorzeitig frei.

Dass ihr Vater im Zuchthaus saß, wusste Ute schon als Kind; allerdings war ihr der Grund nicht bekannt. Auf die Frage, wo ihr Vater sei, sollte sie antworten, »er sei in der Gefangenschaft«. Doch da Utes Mutter ihren Mann zwei Mal pro Jahr besuchen konnte, überzeugte diese Auskunft das Umfeld nicht. In jener Zeit des

Nicht-Wissens legte sich die Schuld des Vaters wie ein dunkler Schatten auf Utes Leben. Sie wurde Legasthenikerin und entwickelte psychosomatische Störungen.

»Wir Kinder der Nazis«, weiß Ute Althaus inzwischen, »wurden von der braunen Vergangenheit der Eltern gezeichnet, ob wir es wahrhaben wollen oder nicht ... Durch eine falsche Loyalität mit den Eltern und durch den kindlichen Wunsch, die eigenen Eltern möglichst unversehrt zu erhalten, bleiben wir selbst in dem mörderischen System gefangen. Sich aus diesem Gefangensein zu befreien, ist mit großen Ängsten und Schuldgefühlen verbunden, denn dieser Schritt kommt einem Ungehorsam gegenüber den Eltern gleich.«

Ute Althaus schaffte den Schritt zum Ungehorsam nicht, solange der Vater lebte. 25 Jahre besuchte sie ihn im Altersheim. »Dass ich in all diesen Jahren auch eine liebevolle Beziehung mit ihm suchte, ... wurde mir erst nach seinem Tod bewusst. Ich hatte gehofft, dass er in einem langsamen Sterbeprozess seinen Panzer ablegen würde und wir uns dann doch noch begegnen würden. – Es kam nicht so.« Ernst Meyer blieb ohne jedes Unrechtsbewusstsein.[135]

Im privaten Erinnern dürfte es zwischen Westdeutschland und der DDR kaum Unterschiede gegeben haben. Doch während das Verschweigen und Verdrängen im öffentlichen Raum in Westdeutschland zunehmend Widerspruch und Kritik hervorriefen, entfaltete der Antifaschismus als offizielle Staatsdoktrin der DDR erstaunliche Bindungskraft – für nicht wenige bis zu ihrem Untergang.

Die DDR, mein Vaterland,
ist sauber immerhin.
Die Wiederkehr der Nazizeit
Ist absolut nicht drin.

versicherte Wolf Biermann in *Deutschland. Ein Wintermärchen* in den sechziger Jahren. Mochte der Wechsel des Personals auch teilweise mit gewaltsamen Methoden durchgeführt worden sein, so hielt Biermann die Mittel durch das Ziel für gerechtfertigt.

So gründlich haben wir geschrubbt
Mit Stalins hartem Besen,
Dass rot verschrammt der Hintern ist,
Der vorher braun gewesen.[136]

Die Sowjetisch Besetzte Zone und später die Deutsche Demokratische Republik schien vielen der bessere deutsche Staat. Namhafte und untadelige Künstler und Intellektuelle wie der Philosoph Ernst Bloch oder die Schriftsteller Arnold Zweig, Bertolt Brecht und Anna Seghers entschieden sich – zumindest anfangs – für das sozialistische Deutschland. Heinrich Mann ließ sich in Ost-Berlin zum Präsidenten der Deutschen Akademie der Künste wählen, verstarb dann aber vor der Rückkehr aus Amerika. Die Entnazifizierung war umfassender als in den Westzonen. An herausgehobenen Positionen standen Genossen aus KPD und SPD, die in der Regel antifaschistischen Widerstand geleistet, im Zuchthaus und im KZ gesessen oder aus der Emigration heraus gegen Nazi-Deutschland agitiert hatten. Ministerpräsident Otto Grotewohl beispielsweise (vormals SPD) hatte einer Widerstandsgruppe in Berlin angehört, Staatspräsident Wilhelm Pieck (KPD) das Nationalkomitee Freies Deutschland in Moskau mitbegründet; unter den neun Mitgliedern des ersten Politbüros der SED besaß nur einer keine antifaschistische Vergangenheit.

Die DDR führte zu ihren Gunsten auch an, dass im Zuge der »antifaschistisch-demokratischen Umgestaltung« die Produktionsmittel verstaatlicht, das »Junkerland in Bauernhand« überführt und damit, so die marxistische Theorie, der Faschismus »mit der Wurzel ausgerottet« worden sei. Im Unterschied zu Westdeutschland gab es kein »Finanzkapital« mehr, das jene monopolkapitalistische Wirtschaft hätte fortführen können, die schon einmal zum Faschismus geführt hatte. Dass im Zuge der Entnazifizierung in der DDR nicht nur ehemalige NSDAP-Mitglieder ihre Positionen verloren, sondern auch politische Gegner des neuen Systems ausgeschaltet wurden, dass rechtsstaatliche Verfahren häufig ignoriert, Parteien gleichgeschaltet und demokratische Freiheiten beschränkt wurden, erschien vielen zwar beklagenswert, aber: Wo gehobelt wird, da fallen Späne.[137] »Man hätte Antifaschisten bekämpfen müssen, um den Stalinismus zu bekämpfen«, erklärte der Regisseur Frank Beyer am Ende der DDR die eigentümliche Loyalität gegenüber einem Staat, der im Namen des Antifaschismus selbst totalitären – stalinistischen – Terror ausübte. Die »antifaschistische Leimrute«, so auch der Schriftsteller Günter Kunert, hätte ihn lange »flugunfähig, fluchtunfähig« gemacht. Erst 1979 nutzte er ein mehrjähriges Visum, um der DDR den Rücken zu kehren.

Sogar noch ein Teil der zweiten Generation fühlte sich gefangen durch die antifaschistische Identitätsstiftung. »Wichtig scheint mir«, schrieb die 1952 geborene Psychotherapeutin Annette Simon, Tochter von Christa Wolf, »dass die Loyalität zur DDR, die uns ja wirklich eingehämmert wurde, … irrationale, fast könnte ich sagen mystische Dimensionen hatte … Ich glaube, dass die Leiden, welche die herrschenden Antifaschisten in der Zeit des Nationalsozialismus hatten erdulden müssen, einen solchen Widerhall in mir fanden, dass ich meinte, diesen Staat niemals verlassen zu dürfen, obwohl ich ihm als eine zeitweise sogar ›konspirativ arbeitende Oppositionelle‹ unversöhnlich gegenüberstand. Erst jetzt wird mir bewusst, dass sich meine Loyalität zur DDR tatsächlich auf die tief gefühlte Solidarität mit den Opfern des Faschismus gegründet hat, auf das Erleben einer Art Erbschuld.«[138]

Annette Simon wurde von den Eltern regelrecht mit Antifaschismus gefüttert. Schon früh las sie Anna Seghers' Roman *Das siebte Kreuz*, der die Flucht von sieben Häftlingen aus einem Konzentrationslager schildert, von denen nur einer nicht wieder eingefangen wird. Der Roman war Pflichtlektüre in der DDR. Sie las *Nackt unter Wölfen* von Bruno Apitz, der eine Widerstandsgruppe im KZ Buchenwald schildert, die ein Kind versteckt. Auch dieser Roman war Pflichtlektüre in der DDR. »Die Geschichten von den gemordeten Antifaschisten waren die Heldensagen der DDR«, weiß Annette Simon, »(die Ermordung von Millionen Juden war dabei nur ein Nebenthema), und die Überlebenden erfüllten ein ideelles Vermächtnis – schon deshalb mussten sie im Recht sein.«

Der KPD-Führer Ernst Thälmann, den Hitler nach über elf Jahren Einzelhaft im August 1944 erschießen ließ, wurde zur herausgehobenen Identifikationsfigur. Die Jungen Pioniere wurden in ihrem Gelöbnis auf ihn verpflichtet, jede Schulklasse sah die beiden Teile des 1954 gedrehten, pathetischen historisch-dokumentarischen Defa-Films *Ernst Thälmann – Sohn seiner Klasse*, im KZ Buchenwald wurde ihm die erste Gedenktafel der Gedenkstätte gewidmet.

Indem sich die DDR als Nachfolgerin der Widerstandskräfte verstand, katapultierte sie sich auf die Seite der Sieger. »Jeder Bürger der DDR«, so der Schriftsteller Stephan Hermlin im Rückblick, »konnte sich nun als Sieger der Geschichte fühlen.« Selbst ehemalige Nazis und Mitläufer profitierten davon, zumal den nominellen NSDAP-Mitgliedern im August 1947 die bürgerlichen und politischen Rechte zurückgegeben wurden. Wenn zukünftig der Aufbau des Staates im Vordergrund stehen sollte, so Parteichef Walter Ulbricht Ende Januar 1948, »können wir nicht zu gleicher Zeit die Entnazifizierung weiterführen. Denn wir müssen an die ganze Masse der Werktätigen appellieren, auch an die nominellen Nazis, an die Masse der technischen Intelligenz, die Nazis waren. Wir werden ihnen offen sagen: Wir wissen, dass Ihr Nazis wart, wir werden aber nicht weiter darüber sprechen, es kommt auf Euch an, ehrlich mit uns mitzuarbeiten.«

Infolge dieser pauschal gewährten Entschuldung waren die Individuen von jeder kritischen Auseinandersetzung mit ihrem Verhalten in der NS-Zeit befreit. »Die Strategie der Kommunisten war äußerst erfolgreich«, urteilt die Politikwissenschaftlerin Antonia Grunenberg. »Sie bestraften die oberen Nazi-Funktionäre und gewährten den Mitläufern Entlastung, indem sie sie zur Bewährung im neuen Staat aufforderten. Sie verlangten Mitarbeit am neuen Gemeinwesen, aber keine Selbstverantwortlichkeit, und kamen damit der postnazistischen Mentalität entgegen. Sie delegierten einen großen Teil der Schuld an das ›kapitalistische Wirtschaftssystem‹ und seine Führer und unterstützten damit eine von vielen gehegte Vorstellung, die Deutschen seien Opfer gewissen-loser Kapitalisten geworden, die sich mit ›den Faschisten‹ verbün-det hätten.«[139]

Nach dem Abschluss der Entnazifizierung entstand in der DDR für zwei Jahre die groteske Situation, dass Nazi-Mitläufer zur Inte-gration in das neue Staatswesen aufgefordert wurden, während ähn-lich gering oder gar nicht Belastete nach wie vor ohne Gerichtsurteil in den Internierungslagern saßen.

Nach einer parteiinternen Statistik zählte die SED Ende 1953 durchschnittlich 8,5 Prozent ehemalige NSDAP-Mitglieder, weitere sechs Prozent hatten einer nationalsozialistischen Gliederung ange-hört. In einigen Landesverbänden kamen Mitglieder der NSDAP und weiterer ihr angeschlossener Verbände auf bis zu 35 Prozent. Doch »persönliche Faschismusbewältigung war in der DDR seit den 50er Jahren kein erwünschtes Thema mehr, das irgendwelche öffentliche Resonanz finden konnte und sollte«, schrieb der DDR-Historiker Olaf Groehler. »Auf diese Weise konnten Millionen von Deutschen in der DDR aus dieser Verantwortung flüchten.«[140]

Die Rassenideologie des Nationalsozialismus fand in der kom-munistischen Faschismustheorie keine Berücksichtigung bezie-hungsweise wurde ausschließlich als Manipulationsinstrument der Arbeiterklasse betrachtet. Dem Genozid an den Juden wurde in der DDR und den anderen kommunistischen Staaten keine besondere Bedeutung zugemessen. Im Zentrum der öffentlichen Wahrneh-mung standen Widerstandskämpfer, Kommunisten und Antifaschis-ten. Allein dem Tod von »politischen Kämpfern« im KZ wurde ein Sinn zugesprochen, sie galten als Wegbereiter des Sozialismus. »Durch Sterben und Kämpfen zum Sieg« lautete das entsprechende Motto der Nationalen Mahn- und Gedenkstätte Buchenwald, die Ministerpräsident Otto Grotewohl am 11. September 1958 auf dem Ettersberg bei Weimar einweihte. Von der »Nacht des Faschismus« über die Station der »kämpferischen internationalen Solidarität« führte der Weg zur »Selbstbefreiung der Häftlinge« in dem »befrei-ten Teil Deutschlands«.

Im Unterschied zu den Kämpfern galten »Bibelforscher, Zigeuner, jüdische Leute« als »reine Opfer«, Schafe, die sich zur Schlachtbank hatten führen lassen. Entsprechend der Hierarchisierung wurden für Kämpfer, Verfolgte und Teilverfolgte verschiedene Ausweise ausgegeben und die Höhe der Renten gestaffelt. »Vom Status als ›Verfolgte des Naziregimes‹ habe auch ich noch profitiert«, schrieb Barbara Honigmann, die 1949 in eine jüdische Familie in Ost-Berlin geboren wurde, »denn diese Art der ›Wiedergutmachung‹ bezog auch die Kinder der Verfolgten mit ein und sicherte ihnen zum Beispiel während des Studiums ohne weitere materielle Kriterien das Höchststipendium von 206 Mark und den Anspruch auf eine Wohnung.«[141]

Allerdings war der Status eines »Verfolgten des Naziregimes« an politisches Wohlverhalten gebunden. »1951, während einer der zahlreichen Kampagnen gegen Sozialdemokratismus, Kosmopolitismus und Zionismus, sahen sich die jüdischen Genossen dann vor die Wahl gestellt, entweder Mitglied der Jüdischen Gemeinde oder der Partei zu sein, da die eine Mitgliedschaft die andere ausschließe. Und weil sie sich nicht der Verdächtigung aussetzen wollte, eine zionistische Agentin zu sein, trat meine Mutter wie die meisten ihrer Freunde ... aus der Jüdischen Gemeinde aus ... Diese ›Wahl‹ zwischen der Jüdischen Gemeinde und der SED war nur eine der zahlreichen Unterwerfungsgesten, die man den Genossen abverlangte, besonders, wenn sie aus dem westlichen Exil zurückgekehrt waren.«

Westemigranten standen seit Ende der vierziger Jahre im Verdacht, Kontakte mit dem amerikanischen Geheimdienst gehabt zu haben. Paul Merker, der 1946 aus dem mexikanischen Exil zurückgekehrt war, und weitere, auch jüdische Genossen wurden aus der Partei ausgeschlossen, andere verhaftet und zum Teil zu hohen Gefängnisstrafen beziehungsweise zu Zwangsarbeit verurteilt. Merker war zwar kein Jude, aber er hatte sich abweichend von der Linie der SED für die finanzielle Entschädigung von Juden ausgesprochen, selbst wenn sie im Ausland lebten (angeblich diente dies den jüdischen Monopolkapitalisten), er hatte die Existenz des Staates Israel verteidigt, auch als die Sowjetunion sich von ihm abgewandt hatte (angeblich bildeten die Juden keine Nation), und er hatte die besondere Verfolgung von Juden unterstrichen: Anders als die politischen Gegner des Nationalsozialismus hätten sie nicht die Wahl gehabt, sich am antifaschistischen Kampf zu beteiligen (was als Herabwürdigung des Mutes der kommunistischen Antifaschisten gedeutet wurde).[142] Merker galt als Agent der USA, Israels und »zionistischer Organisationen«.

In einem Geheimprozess wurde Paul Merker 1955 zu acht Jahren Gefängnis verurteilt. Zwar wurde das Urteil bereits zehn Monate später von denselben Richtern, die ihn verurteilt hatten, wieder aufgehoben, doch Merker hat sich nie von dem Verfahren erholt. In einer *Stellungnahme zur Judenfrage* bekräftigte er nach seiner Entlassung nochmals seine Auffassung: »Ich bin weder Jude noch Zionist – ein Verbrechen wäre wohl keines von beiden –, ich hatte nie die Absicht, nach Palästina zu fliehen, auch habe ich die Bestrebungen des Zionismus nicht unterstützt. Ich habe … lediglich die Auffassung zum Ausdruck gebracht, dass, nachdem die Juden durch den Hitlerfaschismus ausgeplündert, auf das tiefste beleidigt, aus ihren Heimatländern vertrieben und Millionen von ihnen, nur weil sie Juden waren, ermordet worden sind, zwischen den Juden verschiedener Länder das Gefühl engster Verbundenheit und das Sehnen nach einem eigenen, jüdischen Lande entstanden ist. Und weiter, dass besonders wir Deutschen, da sich der Hitlerfaschismus unter uns herausgebildet hat und es uns nicht gelungen war, durch Aktionen der werktätigen Massen die Errichtung seiner Herrschaft und damit seine Verbrechen zu verhindern, dieses Gefühl der Juden, das der Ausdruck der aufs tiefste Beleidigten und Empörten war und das ich als Stärkung des jüdischen Nationalgefühls bezeichnete, nicht ignorieren oder bekämpfen dürfen.«[143]

Paul Merker starb 1969 psychisch und physisch gebrochen in Berlin. Kurz vor seinem Tod wurde er mit dem Vaterländischen Verdienstorden in Gold ausgezeichnet – als Kompensation für erlittenes Unrecht.

*Verfolgung von Westemigranten in der DDR: Leo Zuckermann, Sohn eines
jüdischen Kaufmanns, war 1947 aus dem mexikanischen Exil nach Deutschland zurückgekehrt und hatte leitende Positionen in der SED und im Präsidi-
alamt von Wilhelm Pieck bekleidet. 1950 wurde er wegen seiner Westemigra-
tion entlassen, 1952 als »zionistischer Agent« diffamiert. Zuckermann flüchtete
nach West-Berlin und lebte bis zu seinem Tod 1985 wieder in Mexiko.*

Im Vergleich zur Tschechoslowakei und zur Sowjetunion ist die antijüdische Karte in der DDR nur bedingt eingesetzt worden. Es gab keinen Schauprozess à la Slánský, keine Todesurteile und keine Hinrichtungen. Im Unterschied zu Polen hat die SED-Führung Mitte der 1950er Jahre auch zu keiner antisemitischen Welle innerhalb der Partei und der Bevölkerung ermutigt. Antisemitische Vorfälle oder Äußerungen in der öffentlichen Berichterstattung wurden in der Regel unterdrückt, teils auch juristisch verfolgt. Partei- und Regierungsvertreter beteiligten sich demonstrativ an Gedenktagen, schon 1955 wurde das Kuratorium für den Aufbau der Gedenkstätten Buchenwald, Sachsenhausen und Ravensbrück berufen. Es fällt schwer zu sagen, inwieweit die Kampagne gegen Paul Merker und andere aus antisemitischen Gründen erfolgte, wie weit der Antisemitismus taktisch zur Ausschaltung der innerparteilichen Opposition eingesetzt wurde oder wie weit sich die Verfolgung der Jüdischen Gemeinde auf Druck aus Moskau und/oder auf stalinistische Gleichschaltung zurückführen lässt.

Bis Anfang der 1950er Jahre hatte es noch eine bedingte Pluralität im antifaschistischen Gedenken gegeben. Die Jüdischen Gemeinden konnten auch Gelder vom amerikanischen JOINT (American Jewish Joint Distribution Committee) annehmen und trotzdem staatliche Zuwendungen in der DDR erhalten. Ende 1952 aber wurden Büros der Gemeinden von der Staatssicherheit durchsucht und Akten beschlagnahmt.[144]

Der Vorsitzende der Jüdischen Gemeinde Ost-Berlins, Julius Meyer, setzte sich im Januar 1953 nach West-Berlin ab, die Gemeindebibliothek wurde aus dem Ostteil in den Westteil Berlins gebracht. Es gingen auch die Gemeindevorsteher aus Leipzig, Erfurt, Halle und Schwerin und weitere 400 Gemeindemitglieder, etwa ein Drittel der ohnehin kleinen Jüdischen Gemeinden in der DDR. Im Februar 1953 musste die Groß-Berliner Vereinigung der Verfolgten des Nazi-Regimes (VVN) ihre Tätigkeit einstellen; an ihre Stelle traten im Osten die linientreuen Komitees der Antifaschistischen Widerstandskämpfer.

»Die Säuberung vom Winter 1952/53 stellte die entscheidende und unumkehrbare Wende in der Behandlung jüdischer Belange und der Politik der Erinnerung in Ostdeutschland dar«, urteilt der amerikanische Historiker Jeffrey Herf, »das endgültige Ende des Einflusses von jüdischen wie nichtjüdischen Kommunisten, die sich für jüdische Interessen einsetzten, auf die ostdeutsche Politik.«[145]

Offizieller Antisemitismus existierte danach noch in einer als Antizionismus getarnten Israelfeindlichkeit. Als sich der neu gegründete Staat Israel dem Westen zuwandte, stellte sich der Sowjetblock einschließlich der DDR auf die Seite der arabischen Staaten. Als ein Staat, der sich nicht als Erbe des NS-Regimes verstand, verweigerte die DDR bis kurz vor ihrem Ende Wiedergutmachungsleistungen an internationale jüdische Organisationen und an Israel. Sie lehnte die Rückerstattung »arisierten« jüdischen Besitzes ab und »arisierte« Betriebe in Volkseigentum.

Erst die frei gewählte Volkskammer der DDR bekannte sich im April 1990 über alle Fraktionen hinweg zu einer Mitverantwortung der DDR für die Verbrechen des nationalsozialistischen Deutschlands: »Wir bitten die Juden in aller Welt … um Verzeihung für Heuchelei und Feindseligkeit der offiziellen DDR-Politik gegenüber dem Staat Israel und für die Verfolgung und Entwürdigung jüdischer Mitbürger auch nach 1945 in unserem Lande.«

Zum Beispiel Rosemarie Heise

Für mich war die DDR von Anfang an das bessere Deutschland, ein antifaschistischer Staat auf der Grundlage neuer sozialistischer Eigentums- und Produktionsverhältnisse, wie wir ihn während der Nazi-Zeit ersehnt und für die Zukunft nach der Niederlage erhofft hatten. Hätte ich nach einem Sieg der Nazis studieren dürfen? Mein Vater war vor 1933 sozialdemokratischer Funktionär gewesen und Prokurist an der *Dresdener Volkszeitung*, dem Organ der Dresdener SPD. Nachdem die Redaktion 1933 von der SA besetzt worden war und dann der nationalsozialistische *Freiheitskampf* das Gebäude übernommen hatte, mussten wir die Dienstwohnung am Wettiner Platz räumen. Mein Vater war drei Jahre arbeitslos.

Die Übernahme der Zeitung habe ich nie vergessen. Ich lag zwar in jenen Wochen mit Herzklappenentzündung im Krankenhaus, aber am Sonntag nach der Besetzung war ich das einzige Kind, das keinen Besuch erhielt. Mein Vater hatte dank eines SPD-Genossen aus der Pförtnerloge entweichen können, in die er – geschlagen und mit zerbrochener Brille – eingesperrt worden war. Mit einem Kollegen brachte er Parteigelder in der Tschechoslowakei in Sicherheit. Meine Mutter verbrachte mit meinem Bruder einige Tage bei meiner Großmutter. Als sie mich endlich besuchte, fand sie mich im Bett sitzend beim Basteln eines Hakenkreuzfähnchens. Ich war fünf Jahre alt. Sie brach in Tränen aus, und ich hielt mich für schuldig, ohne zu wissen woran.

Nach der Entlassung aus dem Krankenhaus hatte sich die Welt für mich einschneidend verändert. Lieder wie »Brüder zur Sonne, zur Freiheit« durfte ich auf Anweisung meiner Eltern nur noch leise und zu Hause singen. Mit Männern in braunen Uniformen sollte ich mich keinesfalls in Gespräche einlassen. Nach der Einschulung verlor ich bald meine Banknachbarin; ihre Familie verließ Deutschland, sie waren Juden.

Meine Eltern hatten sich geeinigt, ihre politische Überzeugung nicht zu verhehlen und mir und meinem älteren Bruder so gut wie möglich zu erklären, wie wir uns nun verhalten mussten.

Unser Hausarzt, der Antifaschist Professor Fetscher,[146] der mit meinem Vater befreundet war, schrieb mir ein Attest, das mir ermöglichte, nicht Mitglied im BDM zu werden. Ich war etwa fünfzehn, als mich die Tochter einer Nachbarin einmal drängte, mit zur Siegerehrung nach einem Sportfest des BDM zu kommen. Derartige wirkungsvoll inszenierte Großveranstaltungen übten mit ihrer Massenbegeisterung durchaus einen gewissen Reiz auf mich aus. Aber bedrückende Ereignisse bestärkten zugleich meine Abwehr. Ich war erschüttert, als zwei junge Frauen wegen »Rassenschande« auf den Stufen des Polizeipräsidiums gegenüber unserer Wohnung kahl geschoren wurden, als befreundete Juden ihre Arbeit verloren und emigrierten oder deportiert wurden und ein Freund meines Bruders wegen Befehlsverweigerung erschossen wurde. Ohne Mitgliedschaft im BDM war ich allerdings an den Rand der Klasse gedrängt, es fehlte mir sehr eine Gruppe, zu der ich hätte gehören wollen und dürfen. Also flüchtete ich in die Welt der Literatur und zu ihren Helden. Da war und blieb ich zu Hause.

Manchmal empfand ich eine Art elitärer Befriedigung darüber, inmitten lauter Verblendeter klar zu sehen. Dabei war durchaus nicht immer alles klar, und die Zukunft vor allem war ungewiss. Ich erinnere mich meiner zwiespältigen Gefühle beim Fall von Stalingrad: Wie alle Antifaschisten wünschte ich die baldige Niederlage der Wehrmacht herbei, aber würde denn die Niederlage weniger lebensbedrohlich sein, auch für meinen Bruder und seine Freunde?

Wir erlebten den Krieg in Dresden. Nach den verheerenden Luftangriffen vom 13. Februar 1945 breitete sich eine dumpfe Untergangsstimmung in der Stadt aus. Wut und Hass der Menschen richteten sich allerdings immer noch nicht, wie wir gehofft hatten, gegen die Verursacher des Krieges, gegen Hitler und die Nazis, sondern gegen die Engländer und Amerikaner. Wir selbst waren von den Angriffen verschont geblieben, wir wohnten in einem Vorort. Aber ich sah die Elendskolonnen von Ausgebombten und Flüchtlingen an unserem Haus vorbeiziehen. Im April wankte dann noch eine Schar von etwa hundert ausgemergelten Frauen in Häftlingskleidung durch unsere Straße, am Ende ein zweirädriger Tafelwagen, auf dem mehrere Frauen lagen, deren Zustand wohl hoffnungslos war. Das vernichtende Gefühl der Ohnmacht, auch der Scham, ihnen der eigenen Bedrohung wegen nicht zu helfen, habe ich nie vergessen.

Als der Krieg dann endlich vorüber war, herrschten bei uns grenzenlose Erleichterung und beflügelnde Triumphgefühle vor. Ich hatte Krieg und Nationalsozialismus überlebt, mich erhob das Gefühl aktiver Teilhabe an einer Zeitenwende, einer wirklichen Befreiung. Die zweimalige Plünderung unserer Wohnung konnte unserer Euphorie wenig anhaben; und Selbstmorde der Nazi-Größen unseres Ortes waren für uns nur die faktische Bestätigung des Endes ihrer Herrschaft. Über Berichte von Vergewaltigungen und Raub durch die sowjetischen Soldaten waren wir zwar betroffen und enttäuscht, aber unsere Hoffnungen knüpften sich an Stalins Worte, die damals auf vielen Transparenten zu lesen waren: »Die HITLER kommen und gehen, aber das deutsche Volk bleibt.«

Sozialisten und Kommunisten bildeten allerdings nur eine kleine Minderheit in der Bevölkerung; ihre Zahl schrumpfte noch durch die Erfahrungen mit der Roten Armee. Es ging also zunächst darum, die Erzieher zu erziehen, die künftigen Lehrer. Mit großem Engagement und mit Unterstützung der Sowjetischen Militäradministration wurde die Neulehrerbildung organisiert, angeleitet von Antifaschisten, die vielfach aus den Lagern und der Emigration zurückkehrten oder in der NS-Zeit aus politischen Gründen diskriminiert worden waren. Zu ihnen gehörte mein späterer Schwiegervater Dr. Wilhelm Heise, ein Berliner Gymnasiallehrer. Seiner jüdischen Ehefrau wegen war er zwangsemeritiert worden; nun wurde er Dekan an der Pädagogischen Fakultät der Humboldt-Universität. Leider verstarb er bereits 1949.

Kurz überlegte ich, ob ich in die KPD oder in die SPD eintreten sollte. Es gab in beiden Parteien alte Vorbehalte gegen die jeweils andere – aus triftigen Gründen, aber auch aufgrund von Vorurteilen. Ich entschied mich für die Tradition des Elternhauses. Im September 1945, an meinem achtzehnten Geburtstag, wurde ich Mitglied der neu gegründeten SPD und trat auf Drängen der Partei in die alsbald gegründete FDJ ein. Zwar fand ich, mit achtzehn Jahren sollte man nicht mehr zu einer Jugendorganisation gehören. Aber ich sah ein, dass die FDJ viele Mitglieder haben musste, und zwar freiwillige. Ihre Funktionäre sollten die Hauptlast der Erziehung junger Menschen zu Antifaschisten und Demokraten tragen, zunächst allerdings deren Abkehr von noch massenhaft vorhandenen faschistischen Vorstellungen und Wertungen bewirken.

Im Dezember 1945 schickte mich die SPD-Landesleitung zu ihrem allerersten Schulungskurs nach Schloss Bieberstein bei Freiberg in Sachsen. Ich war die Jüngste dort, nahm begierig alles auf und galt als hoffnungsvoller Nachwuchs. Beherrschendes Diskussionsthema war die bevorstehende Vereinigung von KPD und SPD zur SED. Mein Vater hatte immer zum linken Flügel der SPD gehört und mir erklärt, die Spaltung der Arbeiterklasse habe zum Faschismus geführt; vereint könnten die beiden Parteien mit Sicherheit den Sozialismus erstreiten. Das hat mich überzeugt, es gab kein Argument gegen seine historische Erfahrung.

Als Kind einer nicht begüterten antifaschistischen Familie hatte ich in der Sowjetisch Besetzten Zone Aussicht auf ein Stipendium, das an gute Studienleistungen gebunden war. Zuvor holte ich in einem speziell eingerichteten Jahreskurs das Abitur nach. Meine Klassenkameraden kamen aus Lazaretten, aus der russischen Gefangenschaft, von den Flüchtlingstrecks; sie waren Kriegsversehrte, Flak- und Nachrichtenhelferinnen. Der Älteste war 27, die jüngste siebzehn Jahre alt. Einige mussten sich selbst durchbringen und betrieben Schwarzhandel: Zigaretten, Interzonenpässe, Nylonstrümpfe, alles war zu haben. Als einziges SED-Mitglied in der Klasse hatte ich allerdings wieder keine Gruppe, der ich mich zugehörig fühlte. Doch anders als zur NS-Zeit musste ich nicht mehr schweigen. Für die Wochenzeitung *Start* verfasste ich eine Skizze über den Freund meines Bruders, der wegen Befehlsverweigerung erschossen worden war. Nun schwiegen andere, vor allem die Männer. In ihren Augen hatte ich einen Deserteur zum Helden gemacht.

Im Oktober 1947 begann mein Studium an der Leipziger Universität. Eigentlich wollte ich Journalistik studieren, denn ich sah mich – meine Neigung für mein Talent haltend – als künftige Schriftstellerin. Aber für Journalistik hätte ich auch Betriebswirtschaft studieren müssen. Daher wechselte ich zur Germanistik, allerdings ohne pädagogische Fächer. Geschichte und Philosophie wurden meine Nebenfächer. Ich wünschte mir eine Presse- oder Verlagsarbeit.

Zu meinen Professoren zählte der Romanist Werner Krauss, der der *Roten Kapelle* angehört hatte und von den Nazis zum Tode verurteilt worden war. Nach ihrer Rückkehr aus dem Exil gehörten auch Ernst Bloch und später Hans Mayer zu meinen Lehrern.[147] Ich habe die Umwandlung der alten bürgerlichen Universität in eine – wie wir später mit leisem Spott sagten – »Kaderschmiede« als äußerst positiv empfunden. Eine Reihe bekannter Wissenschaftler und Autoren ging aus ihr hervor, unter anderen die Schriftsteller Christa Wolf, Uwe Johnson und Gerhard Zwerenz, auch der Regisseur Egon Günther.

Manchmal gab es allerdings auch Fragwürdiges. Zum Beispiel wurde der Vorsitzende unseres Studentenrates und der Liberaldemokratischen Hochschulgruppe Wolfgang Natonek im November 1948 zusammen mit zwanzig weiteren Studenten vom NKWD festgenommen. Er war bei vielen Studenten sehr angesehen, vor allem unter den Juristen, die während des Krieges ihr Studium nicht hatten beenden können und nun ohne die sonst angewandten Herkunftsrestriktionen aufgenommen wurden. Damals stieß ich im Dekanat auf eine weinende Frau, die Mutter eines der verhafteten Studenten, die versuchte, etwas über ihren Sohn zu erfahren. Es war ein bedrückendes Erlebnis, aber ich beschwichtigte mich mit den Zeitungsberichten. Wenn wirklich zutraf, dass Natonek und die anderen Kommilitonen sich mit amerikanischen Offizieren getroffen und ihnen Informationen übermittelt hatten, war ihre Verhaftung in meinen Augen gerechtfertigt. Freilich wünschte ich, man hätte die Eltern nicht ohne Nachricht vom Verbleib ihrer Kinder gelassen. Aber konnte man nicht auch verstehen, dass die Sieger nach dem, was der Sowjetunion an Unrecht widerfahren war, auf vermutete Gefahren rücksichts- und gnadenlos reagierten?[148]

Wir waren damals geneigt, derartige Vorgänge zu verdrängen und rechtfertigten uns vor uns selbst: Es sind die Verhältnisse, die so schwierig sind. Mit denselben Leuten, die den Nazis nachgelaufen sind, müssen wir den Sozialismus aufbauen.

Anders als die Westdeutschen, so scheint mir heute, sahen wir uns mehr mitschuldig am Krieg denn als dessen Opfer und akzeptierten die Folgen wie das bleibende Misstrauen anderer Staaten, die großen Reparationsleistungen und die neue deutsch-polnische Grenze an Oder und Neiße. Als die Sowjetunion vom Siegerstaat mehr und mehr zu unserem stärksten Verbündeten wurde, standen wir schließlich an ihrer Seite und mutierten in dieser Rolle zu »Siegern der Geschichte«.

Doch es war die Zeit des Kalten Krieges. In der unmittelbaren Nachbarschaft zur Bundesrepublik als Bastion des Westens lebten wir im Gefühl ständiger Bedrohung und wurden immer wieder zur Wachsamkeit aufgerufen. Die traumatische Angst vor einem Auseinanderbrechen des sozialistischen »Lagers« wuchs sich dabei in verhängnisvoller Weise zu einer Schreckkulisse aus und verselbstständigte sich. Eine arglose Frage, ein sachlicher Einwand gegen eine staatliche Maßnahme oder die Verteidigung eines von der Parteispitze missbilligten Kunstwerks wurden als Abweichung, als Schützenhilfe für den Klassenfeind, als Verlassen des Klassenstandpunkts gedeutet. Die kollektive Weisheit des Politbüros anzuzweifeln, wurde als Revisionismus, Eklektizismus, Kosmopolitismus und so weiter verurteilt, das gute Prinzip der sozialistischen Kritik und

Selbstkritik konnte als Instrument der Denunziation missbraucht werden. Anfangs hatte ich mehr Zuversicht besessen und eine baldige Besserung des internationalen Klimas erwartet. Nun erlebte ich, deprimiert, wie in den Versammlungen offizielle Phrasen wiederholt und Stroh gedroschen wurde.

Dann machte ich aber eine Erfahrung, die mich wieder in meiner grundsätzlichen Überzeugung von der Zukunft des Sozialismus bestärkte. Weil es noch an Lehrkräften an den Universitäten und den neu geschaffenen Arbeiter-und-Bauern-Fakultäten (ABF) mangelte, wurden Studenten aus den oberen Semestern abgezogen und von der Partei als »wissenschaftlicher Nachwuchs« in Sonderkurse delegiert. Innerhalb kurzer Zeit sollten marxistische Grundlagen der deutschen Literaturgeschichte, vor allem des 18. Jahrhunderts, erarbeitet und entsprechende neue Lehrpläne entwickelt werden. So nahm ich von Herbst 1951 bis Frühjahr 1952 an dem inzwischen legendären Germanistenkurs bei Gerhard Scholz in Weimar teil.

Scholz hatte seit 1938 im schwedischen Exil gelebt. Nach seiner Rückkehr war er 1949 zum Direktor des Goethe-Schiller-Archivs[149] in Weimar berufen worden. Zur Neuordnung des Archivs und zur Bewältigung der vielfältigen politischen wie ökonomischen Nachkriegshürden war der leidenschaftliche Forscher und begnadete Pädagoge wenig geeignet. Als kreativer Lehrer für vierzig junge Literaturwissenschaftler hingegen war er wunderbar. Ein Ideengeber, ein Anreger, ein unkonventioneller Kopf, der freundschaftlich und mitteilsam war. Sicher verklärt sich mir heute manches, aber der Lehrgang war damals einzigartig in der DDR, ein Beispiel für neue, unkonventionelle Formen demokratischer Forschung und Erziehung.

In der Villa »Silberblick« in der Humboldtstraße, wo Nietzsche zuletzt gelebt hatte, tagten die Arbeitsgruppen. Bis auf Nietzsches Sterbezimmer und den Salon im Erdgeschoss war das Haus geräumt worden. Die Arbeitsgruppenleiter wohnten hier, die Studenten zum Teil in einer Pension, in Privatquartieren, einige auch in notdürftig hergerichteten Räumen im Erdgeschoss des Weimarer Schlosses. Dort schliefen wir in rohen Holzgestellen mit strohsackähnlichen Matratzen, die wohl aus ehemaligen Luftschutzkellern stammten.

Für die braven und noch kriegsverstörten Einwohner von Weimar waren wir eine wilde Kommunistenbande, nicht nur, weil wir direkt neben den wertvollen Handschriften von Goethe und Schiller frühstückten und *Papirossy* rauchten, sondern auch andere Regeln eines geziemenden Wohlverhaltens brachen. Wir waren zur Hälfte Frauen und genossen unsere neue Freiheit, die damals übrigens größer als später war. In der Frauenemanzipation waren wir Westdeutschland voraus. Wer verheiratet war, war verheiratet, aber ein Seitensprung war kein Verbrechen. Wir haben nicht viel geschlafen, standen morgens aber trotzdem früh auf der Matte und arbeiteten den ganzen Tag mit Lust und Eifer. Sowjetische Sekundärliteratur und die Parteipresse waren Pflichtlektüre. Im Übrigen aber fühlten wir uns frei zu selbstständigem Erkunden. Wir waren kreativ, lasen auch wenig bekannte Quellen, übrigens auch »bürgerliche« Sekundärliteratur, denn marxistische war ja kaum vorhanden. Franz Mehrings *Lessing – Legende*, ein 1948 erschienener dicker Band mit ausgewählten Texten von Marx und Engels über Kunst und Literatur, und Schriften des ungarischen Philosophen Georg Lukács waren unsere Grundversorgung.

Unser Kurs gefiel den Auftraggebern nicht. Bei den Prüfungen ließ man uns auflaufen. Wir wurden über Dinge befragt, über die wir gar nicht gearbeitet hatten. Ich sollte Kubas (Kurt Barthels) »Gedicht vom Menschen« interpretieren, das ich zwar gelesen hatte, aber wirklich beschäftigt hatte ich mich mit Heinrich Heine und Friedrich Hölderlin. Ich schnitt also schlecht ab. Wo seien die neuen Lehrpläne für die marxistische Literaturwissenschaft und wo bleibe die proletarische Literatur, wurde uns vorgehalten. Außerdem waren zwei Kursteilnehmer nach den Weihnachtsfeiertagen nicht aus West-Berlin zurückgekehrt und hatten ihre Kritik, dass Literatur im Sozialismus nur als Exempel für Thesen dienen solle, die von politischen Instanzen diktiert würden, in der Kulturzeitschrift *Frankfurter Hefte* veröffentlicht.

Ursprünglich sollte der Kurs noch ein Jahr in Potsdam weitergeführt werden. Es blieb aber bei wenigen Wochen, da Scholz nicht den Erwartungen der leitenden Instanzen entsprach. Ich habe allerdings in dem halben Jahr bei Scholz mehr gelernt als in der weit längeren Studienzeit. Der Kurs in Weimar war für mich der euphorische Höhepunkt meiner Jugend. Hier fühlte ich mich endlich einer Gruppe zugehörig und anerkannt.

Bis zum Herbst 1952 legte ich dann in Leipzig ein glanzloses Staatsexamen ab. Danach wies mir eine Berufslenkungskommission den Dietz-Verlag in Berlin als Arbeitsplatz zu. Nach den Prüfungsenttäuschungen war ich schon deprimiert, nun sollte ich auch noch in dem wenig attraktiven Dietz-Verlag arbeiten, der vor allem politische Literatur veröffentlichte! Ich wagte jedoch nicht zu sagen, dass ich mich lieber mit Belletristik beschäftigen wolle, und wurde schon als neue Genossin von Abteilung zu Abteilung geführt. Zufällig traf ich danach jedoch einen Genossen vom Kurs in Weimar. Er war in der Abteilung Wissenschaft beim Zentralkomitee gelandet und bot mir an, mich an die Akademie der Wissenschaften zu vermitteln. Die Arbeit am dort geplanten *Marx-Engels-Wörterbuch* war zwar inhaltlich nicht weit entfernt von der im Dietz-Verlag, aber sie erforderte wissenschaftliche Weiterbildung, und von einem gründlichen Studium der Werke von Marx und Engels erhoffte ich mir mehr Klarheit für meine Fragen und Zweifel. Es dauerte allerdings eine Weile, bis der Dietz-Verlag auf seinen Anspruch verzichtete. Wovon sollte ich in dieser Zeit leben?

Ich hatte ein leeres Zimmer in Treptow gemietet, das zu bezahlen und einzurichten war. Als ich dort ankam, standen drei Männer mit einem Lkw vor der Haustür, Möbelpacker, die drohten, mit meiner Couch und meinem Schreibtisch nach Dresden zurückzufahren, wenn ich nicht sofort 280 Mark zahlen würde. Genau in diesem Augenblick kam wie ein Deus ex Machina Wolfgang Heise des Wegs, ein Assistent von der Philosophischen Fakultät der Humboldt-Universität in Ost-Berlin. Er hatte mit einer Gruppe junger Studenten des Defa-Filmstudios einmal unseren Kurs in

Weimar besucht; da hatte ich ihn kennengelernt. Jedenfalls schilderte ich ihm meine Lage, und er veränderte sie aus dem Stand – und zwar für immer. Er bezahlte nicht nur die Möbelpacker und schleppte die Möbel – nach gerade einmal fünf Monaten waren wir verheiratet.

Freunde hatten ihn mir als bindungsscheu geschildert. Doch nach ein paar Tagen lud er mich ins Theater ein und fragte gleich anschließend: »Wir bleiben doch zusammen?« Ich war vollkommen verblüfft. Irgendwie realisierte ich den Ernst der Lage nicht gleich, glaubte noch nicht an ein dauerhaftes Zusammenleben. Auf jeden Fall wollte ich mein Zimmer in Treptow behalten. Doch Anfang 1953 forderte die SED ihre noch in West-Berlin wohnenden, aber im sowjetisch besetzten Osten arbeitenden Genossen auf, in den Ostsektor zu ziehen. Auch Wolfgang wohnte im Westen. Nach dem frühen Tod des Vaters war er zu seiner Mutter zurückgezogen. Als jüdische Frau eines »Ariers« hatte sie Berufsverbot und während des Krieges Zwangsarbeit leisten müssen; sechzehn Mitglieder ihrer Wiener Familie waren in Konzentrationslagern umgekommen, andere waren emigriert; ihre Söhne hatten in einem Arbeitslager überlebt. Diese Erlebnisse prägten sie bis zu ihrem Tod.

Da sich Wolfgang und seine Mutter sowieso der DDR zugehörig fühlten, zogen sie im Februar 1953 in den Osten um. Auch ein Abenteuer: Die West-Berliner Behörden verlangten eine genaue Inventarliste des Umzugsguts samt bibliographischer Angaben aller Bücher – Wolfgang besaß etwa 8000. Nach mehreren durchschriebenen Nächten kapitulierten wir und schafften einen Teil der Bücher nach und nach kofferweise mit der S-Bahn in den Osten. Wir heirateten. Ein Paar bekam unverheiratet nicht einmal ein gemeinsames Hotelzimmer. Ich musste meine Treptower Bleibe aufgeben.

Zuerst zogen wir in ein kleines Einfamilienhaus nach Berlin-Wilhelmshagen. Oben wohnte meine Schwiegermutter, unten wohnten wir, das Wohnzimmer war gemeinsam. Es gab zunehmend Schwierigkeiten. Ich habe sehr lange gebraucht, um halbwegs – halbwegs! – das Vertrauen meiner Schwiegermutter zu gewinnen. Damals begriff ich nicht, dass ihr Sohn für diese traumatisierte Frau in der neuen Umgebung die einzige Bezugsperson war, und auf einmal nahm ich ihn ihr weg. Unsere Ehe hat eigentlich erst richtig begonnen, als meine Schwiegermutter eine eigene Wohnung bekam.

Zu den innerfamiliären Problemen kamen die politischen. Als ich etwa im fünften Monat schwanger war, klingelte es eines Tages an der Haustür. Da stand eine Frau, die unter Schluchzen und Weinen anfing, mich zu beschimpfen und das Kind in meinem Bauch zu verfluchen. Es handelte sich um die ehemalige Hausbesitzerin, eine Schneiderin. Sie hatte das Haus räumen müssen, als Genossen wie Wolfgang plötzlich von West-Berlin umzogen. Weil noch große Wohnungsnot herrschte, war das Problem fehlenden Wohnraums teilweise kurzerhand durch Enteignungen so genannter Wirtschaftsverbrecher gelöst worden. Solche gab es natürlich. Meist handelte es sich bei den Enteigneten aber einfach um Leute, die ihre Steuer hinterzogen hatten. Wir, die wir nichtsahnend eingezogen waren, beschlossen, so schnell wie möglich wieder auszuziehen. Als wir 1954 durch einen Zufall eine neue Wohnung fanden, konnte die Schneiderin zurück in ihr Haus. Aufgrund des »Neuen Kurses« nach dem 17. Juni 1953 erhielten enteignete Bürger, wenn nichts Ernstes gegen sie vorlag, ihr Grundeigentum zurück.

Ende 1952 hatte die Verfolgung jüdischer Ärzte in der UdSSR begonnen, angeblichen Spionen des amerikanischen Geheimdienstes, denen unterstellt wurde, die Vergiftung von führenden Politikern und Militärs geplant zu haben. Hunderte wurden entlassen, verhaftet, in Lager geschickt oder hingerichtet. Als Rudolf Slánský im Dezember 1952 in Prag erhängt wurde, waren wir gerade zu Besuch bei einer Freundin in Weimar. Ich sah, wie sie bei der Zeitungslektüre am Frühstückstisch erschrak. Sie war Jüdin. Und mein Mann hatte eine jüdische Mutter. »Ich bin ›Mampe halb und halb‹«, pflegte er zu sagen, und meinte damit: er sei Deutscher und Halbjude. Wir waren alle drei sehr bedrückt und hatten große Mühe, unsere Betroffenheit mit dem üblichen Trost zu unterdrücken, dass sich bald alles aufklären werde.

Ja, es gab eine dumpfe Angst, dass auch in der DDR solche Prozesse stattfinden könnten. In unserem Alltag spielte das Jüdische zwar keine Rolle. Bei uns und anderen jüdischen Genossen und Nicht-Genossen, die wir kannten, wurden weder der Sabbat noch die jüdischen Festtage gefeiert. Außer bei der Anerkennung als Verfolgter des Nazi-Regimes war die jüdische Abstammung administrativ bedeutungslos. Diese Betrachtungsweise fand ich überzeugend. Ich hatte Marx in der Judenfrage so verstanden, dass der Antisemitismus verschwinden würde, wenn für eine aufgeklärte Menschheit Rasse, Religion, Hautfarbe und Herkunft keine Geltung als diskriminierende oder privilegierende Kriterien mehr haben würden.

Die Intellektuellen aus jüdischer Tradition in der DDR waren häufig links. Misstrauen und Abneigung gegen Juden waren jahrhundertelang im handfesten Interesse der staatlichen wie kirchlichen Institutionen erfolgreich geschürt und genutzt worden, man hatte sie als die Schuldigen an gesellschaftlichen Missständen, Armut, Krankheit, Bränden und Nöten aller Art hingestellt. Die tiefen Wurzeln dieser Tradition wirkten oft unbewusst noch fort; die Angst vor der Möglichkeit eines neuen Antisemitismus war auch bei Wolfgang nicht gebannt. Dazu hatte er auch persönlich zu viel erlebt. Die Trauer seiner Mutter – eine Schwester hatte noch vom Transport eine Karte geschrieben und war dann in Theresienstadt umgekommen. Seine eigene Diskriminierung – er und sein Bruder waren als »jüdische Mischlinge« im letzten Kriegsjahr in einem Arbeitslager der Organisation Todt in Zerbst interniert gewesen. Beide hatten an einem Militärflugplatz mitgebaut, der immer, wenn er fast fertig war, wieder zerbombt wurde.

In unserer unmittelbaren Umgebung erlebten wir nun, wie etwa Bruno Goldhammer, der Intendant vom Berliner Rundfunk, wegen »Agententätigkeit« zu Zuchthaus verurteilt wurde. Es gab keine Beschuldigung wegen speziell *jüdischer* Agententätigkeit, ein rassistischer Zusammenhang wurde in diesem Fall nicht hergestellt. Aber die Verurteilungen des Zionismus, der in den Lexika der DDR als vor allem von den imperialistischen USA geförderte internationale

Bewegung des jüdischen Nationalismus gebrandmarkt wurde, legten zumindest in ihrer Wirkung den Verdacht eines unterschwelligen Antisemitismus nahe.

Ich finde es allerdings falsch, wenn der noch oder wieder virulente Antisemitismus in der DDR als offiziell geduldet bezeichnet wird. Es wurde viel Mühe darauf verwandt, Wissen über die Verbrechen des Nationalsozialismus an Juden und Kommunisten zu verbreiten; überlebende Opfer des Faschismus erzählten vor Schulklassen von ihren Verfolgungen in Konzentrations- und Arbeitslagern. Soviel ich weiß, haben alle Schüler in der DDR einmal ein KZ besucht. Jüdische Religion und jüdisch-kulturelle Traditionen waren zwar weitgehend unbekannt und öffentlich kaum wahrnehmbar – nur versehentlich geriet ich in einem Hotel einmal in die Chanukka-Feier einer Jüdischen Gemeinde –, aber sie waren nicht verboten wie etwa die der Zeugen Jehovas. Und ich erinnere mich an zwei Gastspiele jüdischer Theater, einmal aus Rumänien, ein anderes Mal aus Warschau mit Ida Kaminska, deren ausverkaufte Vorstellungen vom Publikum wohlwollend aufgenommen wurden, obwohl die wenigsten die jiddischen Texte verstehen konnten.

Staatliche Organe in der DDR haben hohe Nazi-Funktionäre und Verbrecher nicht gedeckt oder sogar gefördert, wie es im Westen etwa mit Hans Globke geschah, dem engsten Vertrauten von Konrad Adenauer, und mit Theodor Oberländer, dem Vertriebenenminister in Adenauers Kabinett. Anders als in der BRD war die Entnazifizierung in der DDR schnell und konsequent durchgeführt worden. In Westdeutschland hingegen wurde sie wie eine Art Beichte begriffen, nach der man aller Sünden ledig war und frohgemut das Wirtschaftswunder kreieren konnte. Die Schuld am Krieg blieb zwar bestehen, aber mit dem Triumph der neuen Entwicklung schrumpfte sie zu der einiger Böser. Die Bundesbürger konnten sich mit altem und neuem Stolz an der Seite der Westmächte als Verteidiger des Abendlandes gegen das bedrohliche Lager des Kommunismus fühlen.

Für mich und noch mehr für Wolfgang als Juden war es unmöglich, die unbedingte Identifikation mit der von uns so inständig bejahten sozialistischen Alternative in Frage zu stellen. Wir fuhren nicht einmal nach West-Berlin, obwohl das noch jederzeit möglich war. Genossen hatten ja oft Verwandte dort, ein Besuch war nicht verboten, wenn auch nicht gern gesehen. Aber was sollte ich mir da ansehen? Die vollen Schaufenster? *Dolce Vita*, ja, diesen Film von Federico Fellini mit Marcello Mastroianni und Anita Ekberg habe ich gesehen. Still und heimlich. Und einmal besuchten wir gemeinsam eine Ausstellung des Malers Karl Hofer, den Wolfgang schätzte und mir zeigen wollte.

Nach West-Berlin fuhr ich nur, wenn wir zu Agitationseinsätzen geschickt wurden und an den Wohnungstüren klingelten, um zum Beispiel Unterschriften für die Ächtung der Atombombe zu sammeln. Ich erinnere mich an keinen Erfolg, aber viele zugeknallte Türen und kläffende Hunde. Ein Einsatz in Westdeutschland blieb mir erspart. Wir sollten quasi als Touristen getarnt über die noch durchlässige Grenze in das rheinische Industriegebiet fahren und morgens in der Nähe eines Fabriktors Agitationsmaterial an die Arbeiter verteilen beziehungsweise sie ansprechen. Da ich zum zweiten Trupp gehörte, blieb mir diese Blamage erspart, denn der erste Trupp war schon im Zug samt seinem Material von der bundesdeutschen Polizei in Empfang genommen worden. Diesen Unfug erlebte ich halb belustigt, halb verärgert, aber es fiel mir damals nicht ein, ihn öffentlich zu kritisieren, es wurde auch nicht darüber diskutiert.

Die politische Entwicklung nahm 1953 einen unguten Verlauf. In der Bevölkerung herrschte zu Recht große Unzufriedenheit. Am 17. Juni erreichten die Proteste, die ich selbst nicht aus eigener Beobachtung erlebte, ihren Höhepunkt; als Ergebnis erhoffte ich einen Neuanfang und Verbesserungen. Die anfangs heftig geführten Debatten verstummten jedoch sehr bald wieder und machten einem wenig veränderten Alltag Platz. Ich fühlte mich müde und ging möglichen Konflikten aus dem Weg. Ich wollte auch Wolfgangs Optimismus nicht dämpfen und konzentrierte mich auf meine Arbeit, das von uns reichlich genutzte Berliner Kulturleben und den großen Freundes- und Bekanntenkreis, der oft und zahlreich bei uns aus-

Propaganda beim Klassengegner: In der Bundesrepublik war die Freie Deutsche Jugend (FDJ) seit 1951 verboten. Als angebliche Touristen reisten FDJ-Mitglieder jedoch regelmäßig nach West-Berlin und Westdeutschland, um für den Sozialismus zu werben. Hier verteilten sie ihr Organ »Junge Welt« an einem Pfingstwochenende in West-Berlin.

und einging. Nach der Geburt meiner beiden Söhne 1954 und 1955 bin ich nicht an die Akademie zurückgekehrt, denn Krippenplätze waren noch selten. Mein reflektierendes Tagebuch legte ich beiseite bis zu Wolfgangs Tod 34 Jahre später, nach dem es mir wieder den Dialogpartner ersetzen musste und zu einem nicht endenden, buchdicken Brief an ihn wurde. Seine Antworten musste ich mir freilich vorstellen. Ich blieb damals also zu Hause und begann, im Rahmen einer langfristigen, antireligiösen Kampagne die beiden französischen Philosophen Paul Thiry d'Holbach und Denis Diderot zu übersetzen.

Die nächste, nun weltpolitisch folgenreiche Zäsur nach dem 17. Juni war der 20. Parteitag der KPdSU 1956. Die Geheimrede, in der Parteichef Nikita Chruschtschow die Verbrechen Stalins enthüllte, war in der DDR nicht veröffentlicht worden, aber viele, auch wir, hatten sie sich irgendwie beschafft. Wir waren alle erschüttert und hatten trotzdem das Gefühl, man hätte es geahnt. Die Sache selbst, die sozialistische Idee, sah ich durch Stalins Verbrechen nicht diskreditiert, aber beschädigt. Es war eben kein Sozialismus, was bisher praktiziert worden war. Wir meinten, in der DDR werde es möglich sein, den Weg vom Schlamm aus den vergangenen Zeiten zu säubern und neue Fehlentwicklungen mit demokratischen Kontrollinstanzen auszuschließen. Wir hofften wieder auf Veränderungen von innen, eine Selbstreinigung.

Nachdem ich meine Kinder 1957 in den Kindergarten bringen konnte, ging ich als Redakteurin an die *Junge Kunst*.[150] Die Zeitschrift sollte das von Ulbricht verkündete Ziel der »gebildeten Nation« mit guten Beiträgen propagieren, eine Aufgabe, bei der ich mich in meinem Element fühlen konnte. Als Dolmetscherin für Französisch begleitete ich im Jahr darauf eine DDR-Delegation einige Wochen zu einem Erfahrungsaustausch über Fragen sozialistischer Erziehung und Bildung nach Nordvietnam. Mit einem Vietnamesen und zwei DDR-Pädagogen fuhr ich im Jeep durch das Land, den Dschungel, durch Städte und ganz entlegene Orte, um – wenige Jahre nach dem Ende der französischen Kolonialherrschaft – Bildungseinrichtungen aller Art vom Kindergarten bis zur Universität zu besuchen und mit den Verantwortlichen Gespräche zu führen. Das war für mich die unschätzbare Erfahrung eines exotischen Landes und seiner Bewohner, zugleich auch ein starker Eindruck von der praktischen internationalen Solidarität unseres Staates mit dem tapferen Volk, das als Sieger aus einem grausamen Krieg hervorgegangen war – und dem der schlimmere damals noch bevorstand.

Gegen Ende des Jahrzehnts war mir mehr und mehr klar geworden, dass wir nur ein kleiner Satellitenstaat waren und allein gar nichts ausrichten konnten, wenn die Sowjetunion nicht zustimmte. Der Spielraum war klein. Wolfgang hat aber immer gesagt: »Wir müssen unser Bäumchen pflanzen, wo wir können. Man soll Möglichkeiten des Produktiv-Seins suchen – es gibt sie immer und überall. Vieles ist zwar nicht gut, aber wir können aus eigener Kraft erreichen, dass es besser wird.«

Wolfgangs Student Wolf Biermann, der noch mit uns befreundet war, hat immer kritisiert, dass wir nicht weit genug in unserer Kritik an der DDR gingen. Wir müssten ein bisschen zu weit gehen, hat Biermann gesagt, allein schon deshalb, weil all die Feiglinge immer viel zu kurz gingen. Das war nicht Wolfgangs Denkweise. Er hielt dagegen: »Gewiss zu weit, aber nicht zu weit zu weit!«

Wir waren überzeugt, es geht nur *mit* der Partei voran. In den Enttäuschungen, die wir mit dem von uns als Kinder aus antifaschistischer und jüdischer Familie herbeigesehnten Staat erlebten, sahen wir zu keiner Zeit einen Grund, ihn zu verlassen.

Ich sah die DDR im Prinzip und der Verfassung nach als den zukunftsweisenden deutschen Staat. Bis heute halte ich die Kernsubstanz der marxistischen Theorie für nicht widerlegt und nicht überholt. Bei Vielem jedoch, was ich hier über meine frühen Jahre berichte und zu erklären versuche, bleiben Widersprüche und Fragen, das ständige Gefühl, etwas berichtigen zu müssen – ein Zeichen dafür, dass ich mit dieser Vergangenheit nicht »fertig« bin, dass sie nicht »bewältigt« ist, wie es immer so schön heißt. Aber ist das überhaupt möglich?

Und ob es die in immer höherem Tempo ablaufenden historischen Prozesse erlauben werden, das Ziel einer sozial gerechten, friedlichen Zivilgesellschaft neu anzusteuern und dabei alle ständigen, kaum berechenbaren Risiken zu berücksichtigen, bleibt fraglich.

ENDLICH WIEDER LEBEN

Keine Experimente« wählte die CDU als Slogan für die Bundestagswahl 1957 und erzielte mit über fünfzig Prozent das bis heute beste Ergebnis einer Partei in der Nachkriegszeit. Keine Experimente, nicht in der Politik und nicht in der Kultur, das wünschte die übergroße Mehrheit der Bundesbürger. Gleichzeitig stieg Elvis Presley mit »Jailhouse Rock« und »Heartbreak Hotel« zum *King of Rock* auf. Seine erotische Stimme und sein Hüftschwung versetzten Teenager in Ekstase und ihre Eltern in Schrecken. So schillerten die 1950er Jahre zwischen Restauration und Rebellion, zwischen Tradition und Aufbruch, Anstand und Krawall.

Die konservativen Mehrheitsverhältnisse waren allerdings eindeutig. Eine Untersuchung des Bielefelder Emnid-Instituts aus dem Jahr 1956 hielt das Autoritätsgefühl der 15- bis 24-Jährigen für stark ausgeprägt. 54 Prozent von ihnen antworteten auf die Frage, ob Jugendliche Vorschriften nicht kritisieren, sondern befolgen sollten, mit ja; ein Jahr zuvor waren es noch 47 Prozent gewesen. Politische Mitverantwortlichkeit wurde von 55 Prozent begrüßt, aber 41 Prozent sahen Politik bei den Politikern besser aufgehoben als bei den Bürgern. Nur 37 Prozent der Jugendlichen waren überhaupt an Politik interessiert, 62 Prozent bekundeten Desinteresse. Anders als die Medien suggerierten, konnten die Meinungsforscher auch keine verbreitete »Vergnügungssucht« feststellen. Das Tanzen war unter Jugendlichen weniger beliebt als einst bei ihren Eltern; überraschenderweise zog die junge Generation altmodische Tänze wie Walzer und Tango den neumodischen »Verrenkungen« wie beim Rock 'n' Roll oder Boogie Woogie vor – genau wie ihre Eltern.[151]

Erich Kästner sprach vom »motorisierten Biedermeier«, einer kleinbürgerlichen, primär auf die eigene Häuslichkeit zurückgezogene Idylle. Mehr als zwei Drittel der Bundesbürger interessierten sich nicht für Politik. In ihrer Freizeit lasen sie Zeitung, putzten das Auto, waren im Garten beschäftigt, pflegten ihre Hobbys – der Massentourismus entwickelte sich erst langsam – und trafen sich regelmäßig mit der Familie vor dem Radio. Untersuchungen ergaben, dass abends zwischen 19 und 21 Uhr etwa die Hälfte, an Sonntagmittagen sogar vier Fünftel aller Geräte eingeschaltet waren. Man hörte neben Schlagern und Operetten auch Kabarettsendungen, sehr beliebt waren zudem Hörspiele, zu deren Autoren Ilse Aichinger, Ingeborg Bachmann und Günter Eich zählten. Später traf sich die Familie ähnlich kollektiv, oft auch mit Freunden und Verwandten, vor dem Fernseher. Zu den populärsten Sendungen zählten das von Robert Lemke moderierte Ratespiel »Was bin ich?« (1955) und die von Peter Frankenfeld und Hans-Joachim Kulenkampff moderierten Unterhaltungsshows.

Der Wohnung kam angesichts eines stark auf Familie und Häuslichkeit bezogenen Lebensstils große Bedeutung zu. Glücklich war, wer nach Flucht und Vertreibung und Jahren in beengter Untermiete oder in Nissenhütten wieder eine eigene Bleibe erhielt, sei es – im Westen oft ermöglicht durch den Lastenausgleich – ein Eigenheim, sei es eine Wohnung im sozialen Wohnungsbau. Die engen, hellhörigen Neubauten waren begehrt, während Altbauwohnungen gemieden wurden; oft trugen sie Spuren des Krieges, hatten heruntergekommene Installationen und aus Spargründen heruntergezogene Decken. Wer es sich leisten konnte, ließ einen lichtdurchfluteten Bungalow bauen.

Vorherrschend für die Wohnzimmerausstattung blieben dunkle, schwere Möbel aus Wilhelminischer Zeit, ein großer Esstisch mit Stühlen inmitten des Raums, an der Wand ein reichverzierter Schrank mit Gläsern und Porzellanservice hinter Glasschiebetüren. Die Couchgarnitur mit dem niedrigen (Nieren-)Tisch und den Stehlampen mit trichterförmigen Schirmen (»Tütenlampen«) entsprach

In den fünfziger Jahren setzten Architektur und Design auf Schwerelosigkeit, auf schräge Formen und Pastelltöne. Wer modern sein wollte, ließ das Dunkle und Schwere hinter sich – wie Franky Quade, Hausfotograf vom Nachtclub-Besitzer Rolf Eden, der sich hier mit Frau Traudchen in seinem neuen Ambiente präsentiert. Von Tütenlampen, über Ausklappsofa, Couchtisch bis zum Fernseher sind alle Insignien der neuen Wohnkultur vorhanden.

nur dem Geschmack einer Minderheit, war allerdings wesentlich bequemer, wenn man – was zunehmend geschah – den Fernsehapparat anschaltete.

Bei den Einen, den Modernen, hing an den Wänden bunt Abstraktes, bei den Anderen, den Traditionsbewussten und Spießern, fanden sich Landschaften, Blumensträuße, Kuckucksuhren und röhrende Hirsche. Die Palette war breit, auch bei den Tapeten; mal war das Muster wild, mal gestreift, mal gepunktet, oft farbig.

Die holzvertäfelten, wuchtigen Musiktruhen verfügten über Zehnplattenwechsler, die einen mehrstündigen Musikgenuss ermöglichten. In Küche, Bad und Freibädern tauchten hingegen immer öfter Kofferradios mit Tragegurt auf, mit Kunstledereinband oder mit Bakelit, mal dezent, mal knallfarben. Manche nahmen das Transistorgerät sogar zum Sonntagsspaziergang mit der neuen Freundin mit, um mit ihr Caterina Valente zu hören.

Alltag und Sonntag, Arbeit und Ruhe waren säuberlich getrennt. Am Sonntag fuhr der Vater nicht in die Fabrik oder das Büro, die Mutter wusch keine Wäsche, und die Kinder gingen nicht in die Schule. Am Sonntag holte die ganze Familie die Sonntagskleider aus dem Schrank, »da passierte gar nichts, und es war mucksmäuschenstill«. Als kleines Mädchen hat Gitta A. die Sonntage gehasst. Denn da wurde nur abgehakt, was die Rituale vorschrieben. »Meine Eltern gingen fast nie zur Kirche. Damit aber die Familie im Souterrain der Villa keinen schlechten Eindruck von uns bekam, wurde zumindest ich zum Kirchgang verdonnert.« Danach lief das weitere Programm ab: Mittagessen mit Braten, Gurkensalat und angedickter weißer Sauce, Mittagsschlaf, danach der übliche Spaziergang. »Mein Großvater trug selbstverständlich immer Schal, Hut und Handschuhe zum Mantel. Mein Vater verzichtete schon auf Hut und Handschuhe, wenn er mit uns antrat. Ich trug das Kleid, das nach dem Entwurf meiner Mutter genäht worden war, meine Mutter einen sehr engen Rock, den linken Arm hatte sie eingehakt bei meinem Vater, den rechten Arm mit dem kleinen Handtäschchen leicht angewinkelt. Das einzig Erfreuliche des Nachmittags war für mich die

246

italienische Eisdiele, an der die Sonntagsspaziergänge im Sommer vorbeiführten. Da durfte ich mir immer ein Eis holen.«

Auch bei der Erholung am Sonntag galt es, die Benimmregeln einzuhalten, die dem sozialen Status der Familie und der jeweiligen Rolle der Familienmitglieder entsprachen, wie denn der Wiederherstellung von konservativem Rollenverhalten insgesamt eine große Bedeutung zukam. »Eine gute Ehefrau weiß stets, wo ihr Platz ist«, lernte Rosely Schweizer, die älteste Tochter des Unternehmers Rudolf August Oetker. Sie wusste also: »Halten Sie das Abendessen bereit. Machen Sie sich chic. Seien sie fröhlich, machen Sie sich interessant für ihn. Vergessen Sie nicht, dass seine Gesprächsthemen wichtiger sind als Ihre.«

Auch für die Mutter von Gitta A. war es ganz selbstverständlich, die Rolle als »Frau an seiner Seite« einzunehmen und Ausbildung und Studium Ehe und Familie unterzuordnen. »Meine Mutter wollte Modezeichnerin werden. Doch sie hat die Schule abgebrochen, um einen gut situierten Mann zu heiraten. Sie genoss den Luxus an seiner Seite – wir wohnten in einer sehr großen Wohnung in einer Villa mit Park – und partizipierte von der Rolle, die er im beruflichen und gesellschaftlichen Leben spielte. Geistreich zu sein war ein anregendes, wenn letztlich auch überflüssiges Plus, denn Esprit, Wissen und Charme fanden als Kulisse höchstens die private Teaparty. Die Partys am Ende von Vertretertagungen waren für meine Mutter Höhepunkte ihres gesellschaftlichen Lebens – sie war immer die schönste und die jüngste unter den Ehefrauen.«

Partys wurden der große Hit der Mittelschicht, mit Cocktails, in denen Oliven schwammen, und einem Buffet, das neben Fleischsalat, Spargel-Schinken-Röllchen, Käse-Igel und russischen Eiern exotische Kombinationen aus Amerika mit Toast, Ananas und Mandarinen aufwies. Man wollte sehen und gesehen werden, unverbindlichen Smalltalk halten, neue Kontakte knüpfen, Klatsch austauschen und die neuesten Cocktailkleider vorführen. »Frau Volksmann kam die Treppe herunter«, so Martin Walser in seinen *Ehen in Philippsburg*, »nein, sie schritt die Treppe herunter, eine Hand lose auf dem breiten Holzgeländer mitschleifend; bei jedem Schritt abwärts knickte sie in den Knien ein bisschen ein, so dass ihr Gang etwas Onduliertes, Schwebendes bekam, ein großer Vogel in weinroter Seide, der von den Gästen mit vielen Ahs und Ohs gewürdigt wurde ... Jetzt also würde die Party beginnen.«[152]

Es war für Frauen allerdings auch anstrengend, den Anforderungen an die äußere Erscheinung gerecht zu werden. »Ich weiß noch, wie die Frauen bei gesellschaftlichen Anlässen des Öfteren mit ihren kleinen Handtäschchen in die Badezimmer verschwanden, um die Unkorrektheiten auszugleichen«, erinnert sich Gitta. »Der Lippenstift verschmierte schnell, die Augentusche verlief. Und dann der Aufwand um die Frisuren! Jede Woche zum Friseur: ›Einmal waschen und legen!‹ Die Kopftücher, die die Frisuren schützen sollten, das Haarnetz, das in der Nacht übergestreift wurde! Und die Stöckelschuhe: So sexy sie auf der einen Seite waren, so hatte man doch große Probleme mit ihnen auf dem Kopfsteinpflaster; nicht selten brach ein Absatz in irgendeinem Gitter ab. Auf Linoleum und Parkett durfte man sie gar nicht tragen. Bei den Strümpfen war ständig darauf zu achten, dass die Naht hinten richtig saß, und kaputt waren sie auch schnell und kamen dann zur Laufmaschenannahme!«

Diese Begleiterscheinungen vermochten die neu erwachte Lebensfreude an Mode, Schönheit, Verführung jedoch nicht grundsätzlich zu trüben. Der mädchenhafte »New Look« à la Dior eroberte die junge Generation: schmale Schultern, enge, oft durch Mieder geschnürte Taillen und wadenlange, weite, durch Petticoats gestützte Röcke. Ebenso weiblich, aber eleganter und eher geeignet für die erwachsene und berufstätige Frau war die »Bleistiftlinie« – enger Rock mit Schlitz und tailliertes Jäckchen. Dazu, sorgfältig abgestimmt, entsprechend farbige Handtaschen und Hüte, mal klein als Käppi, mal breitkrempig wie ein Wagenrad. Die ersten Frauen wagten sich an Hosen, höchst umstrittene dreiviertellange und eng anliegende Capri-Hosen, wie sie Audrey Hepburn im Film trug, eigentlich gedacht für die Freizeit, in existentialistischen Kreisen aber in Kombi-

nation mit schwarzem Pulli und flachen Sandalen auch als Alltags-
look verwendet.

Die Modefotografie nahm einen großen Aufschwung. Die Bilder auch international erfolgreicher deutscher Modefotografen wie
Regina Relang, Willy Maywald oder F. C. Gundlach schmückten die
Titelblätter nicht nur von *Frau im Bild* und *Constanze*, sondern auch
von *Vogue, Madame* und *Harper's Bazaar*. Ein eigener Bilderkosmos
entstand, Abbilder einer Luxuswelt, in der sich Schauspielerinnen
und Mannequins in Cocktailkleidern, ausgefallenen Pepitakostü-
men, hauchdünnen, vielschichtigen Petticoats und nerzverbrämten
Abendkleidern mit selbstverständlicher Eleganz in Szene setzten.
Er sei ein Märchenerzähler gewesen, sagte der Fotograf F. C. Gundlach, die großen Seiten der Modezeitungen seien alle Traumseiten
gewesen.

Wenigstens zeitweilig konnten Frauen so einem Alltag entfliehen, den sie oft als belastend und bedrückend erlebten, für den sie
Rat brauchten und Rat suchten. Es gab Eheprobleme angesichts oft
rücksichtsloser, auch gewalttätiger und trunksüchtiger Männer; es
gab wirtschaftliche Probleme, wenn das Einkommen des Mannes
nicht ausreichte, um die vielen neuen Wünsche zu erfüllen, und sich
die Haushalte verschuldeten; es gab Erziehungsprobleme, wenn Al-
leinerziehende überfordert waren oder Eltern ihre zunehmend auf-
müpfigen Kinder nicht mehr verstanden. Am populärsten wurde die
Rubrik »Fragen Sie Frau Irene« in der Rundfundzeitschrift *Hör zu*.
Hinter »Frau Irene« verbarg sich allerdings keine Frau, sondern der
Schriftsteller und Drehbuchautor Walther von Hollander, ein Pfar-
rerssohn, keineswegs Psychologe von der Ausbildung her, sondern
Philosoph. Jahrelang erteilte er Ratschläge, ohne dass seine Leserin-
nen ahnten, von einem Mann beraten zu werden. Frau Irene war
traditionell, insofern sie Scheidungen ablehnte, zu Lösungen innerhalb der Familie riet und das Entgegenkommen in Konfliktsituatio-
nen von der »sensibleren« Frau erwartete. Frau Irene war modern,
insofern sie die Gleichberechtigung der Frauen, ihre Erwerbstätigkeit und eine eher partnerschaftliche Ehe unterstützte, auch indem

sie zwischen den Generationen vermittelte, sich gegen autoritäre Erziehungsmethoden wandte und der Jugend das Recht auf eine eigene Kultur zusprach. Frau Irenes Ratschläge können daher als ein typisches Beispiel gelten für die vorsichtige Öffnung, die sich in den 1950er Jahren hinter traditionellen Normen vollzog. Das alte Rollenverständnis brach auf, ohne dass der konventionelle Rahmen gesprengt worden wäre, aber die Gewichte verlagerten sich.

Von ambivalenten Tendenzen durchzogen war auch die Unterhaltungsindustrie. Einerseits existierte großer Zuspruch für die romantisch verklärten Sehnsuchtswelten von Rudi Schuricke und seinen »Capri-Fischern« oder von René Carol mit seiner Verehrung für »Rote Rosen, rote Lippen, roten Wein«; Freddy Quinn schaffte es mit seinen Liedern von Fern- und Heimweh sogar zum ersten Schallplattenmillionär der Bundesrepublik. Andererseits erlebten die Kabaretts mit ihren bissigen, ironischen, respektlosen Kommentaren eine Hoch-Zeit, etwa die »Insulaner« und die »Stachelschweine« in Berlin, das »Kom(m)ödchen« in Düsseldorf und die »Lach- und Schießgesellschaft« in München – sogar Ost-Berlin hielt sich mit der »Distel« ein (zensiertes) Kabarett.

Der deutsche Film pendelte zwischen heiler Welt und nicht vernarbten Wunden. Voraussetzungen für einen großen Publikumserfolg, so die Filmverleiherin Ilse Kubaschewski, seien sympathische Hauptfiguren, ein Happy End, dazu »viele Bilder von der Heimat, sehr viel Musik und immer wat zum Lachen«.

Tatsächlich sind fast 300 Heimatfilme in jener Dekade nach diesem Muster entstanden, einschließlich jener österreichischen *Sissi*-Trilogie, die ins Monarchisch-Märchenhafte abhob: Eine schöne, unbekümmerte Prinzessin aus Bayern wird Kaiserin von Österreich. Mochte die Kritik die farbenprächtigen Filme auch als Kitsch verreißen, so erwiesen sie sich doch als Kassenschlager. Etwa vierzehn Millionen Zuschauer strömten in die Operettenverfilmung vom *Schwarzwaldmädel* mit Sonja Ziemann und Rudolf Prack (1950). *Grün ist die Heide* aus dem Jahre 1951, erneut mit dem Traumpaar Sonja Ziemann und Rudolf Prack, zog mit sechzehn Millionen noch mehr Menschen an: Mit zauberhaften Landschaftsaufnahmen aus der Lüneburger Heide, mit guten, nur zwischenzeitlich fehlgeleiteten Menschen, mit einem Happy End und schließlich mit des Riesengebirglers Heimatlied – »Blaue Berge, grüne Täler ... Riesengebirge, deutsches Gebirge, meine liebe Heimat du« – Balsam für die Seelen vieler Millionen Deutscher, die ihre Heimat durch Flucht und Vertreibung verloren hatten.

Doch es gab angesichts der Wiederaufrüstung in Westdeutschland auch Verweise auf das Grauen des Krieges etwa in *Der Arzt von Stalingrad* (1958) nach dem Roman von Heinz G. Konsalik. Helmut Käutner zeigte in *Die letzte Brücke* (1953/54) eine deutsche Oberschwester, die sich während des Krieges auf dem Balkan auch verantwortlich für verletzte jugoslawische Partisanen fühlt. In *Des Teufels General* (1955) – ebenfalls von Käutner – begeht ein Luftwaffengeneral mit dem Flug in einem defekten Flugzeug Selbstmord, um einem Todesurteil wegen Sabotage zuvorzukommen. Mehrfach preisgekrönt wurde Bernhard Wickis Film *Die Brücke* (1959), in dem Jugendliche noch in den letzten Kriegstagen eine unwichtig gewordene Brücke in einer Kleinstadt gegen anrückende Amerikaner verteidigen sollen. Wolfgang Staudtes *Rosen für den Staatsanwalt* (1959) zeigte schließlich die Geschichte eines Staatsanwalts, der in Adenauers Bundesrepublik fast ungestraft davongekommen wäre, obwohl er im Krieg einen Soldaten wegen einer Nichtigkeit zum Tode verurteilt hatte.

Ausländische Produktionen mit Brigitte Bardot, Gregory Peck, Vivien Leigh, Marilyn Monroe, Grace Kelly und Regisseuren wie Fred Zinnemann, Alfred Hitchcock oder Frederico Fellini lockten allerdings noch mehr Besucher ins Kino als die deutschen Streifen; sie waren künstlerisch oft ambitionierter, härter, skandalträchtiger, raffinierter. Im Jahr 1956 wurde in Westdeutschland mit 817 Millionen Zuschauern ein Besucherrekord verzeichnet, danach verlor das Kino dramatisch aufgrund des Siegeszuges des Fernsehers.[153] Amerikanische Filme waren es im Übrigen auch, die den Widerspruch der jungen Generation gegen die reglementierte heile Welt der Eltern in Deutschland verstärkten. Eines der neuen Idole hieß Marlon Brando – als Johnny, Anführer einer Motorradgang, mischte er eine kalifornische Kleinstadt auf (*Der Wilde*, 1955). Ein anderes Idol hieß James Dean – als unangepasster Jugendlicher geriet er in Konflikt mit den Eltern, als vermeintlicher Verräter wurde er von seiner eigenen Bande verfolgt. (... *denn sie wissen nicht, was sie tun*, 1955). Deutschland bot mit Karin Baal und Horst Buchholz in *Die Halbstarken* (1956) eine eher gemäßigte Variante des Aufbegehrens an.

Die Halbstarken wurden zum Schrecken einer Elterngeneration, auch wenn sie immer nur einen kleinen Teil der Jugend bildeten. Aber sie signalisierten die zunehmende Unzufriedenheit mit den gesellschaftlichen Zwängen und den Wunsch nach eigenen kulturellen Ausdrucksformen. Gegen Operetten, Wunschkonzerte und Volkslieder setzten die Jungen Boogie Woogie, Blues und Rock'n'Roll. Bill Haleys »Rock Around the Clock« wurde zur Hymne einer ganzen Generation, allein in Westdeutschland wurde der Titel über eine Million mal verkauft, der gleichnamige Film (1956) zog überall ein begeistertes Publikum an. »Halbstarke« trugen Lederjacken und Nietenhosen und stylten sich die Frisur mit Pomade. Sie lärmten auf Straßen und Plätzen mit ihren Motorrädern und entluden ihren Frust in offener Gewalt. In Dortmund und anderen Städten lieferten sich Jugendliche Auseinandersetzungen mit der Polizei. In Berlin endete das Konzert von Bill Haley im Sportpalast mit einer blutigen Schlacht, ein Konzertflügel wurde kurz und klein gehackt.

Superstar der Bewegung und König des Rock'n'Roll wurde allerdings der einstige Lastwagenfahrer Elvis Presley. »Presley verwandelt jedes Auditorium in einen Hochdruck-Dampfkessel, dessen Sicherheitsventil zerbrochen ist«, analysierte der Journalist Eric Random in *Life*, »aber nicht, weil er der nette Junge von nebenan ist, sondern aus einem andern Grunde. Seit Marlon Brando ein Gentleman geworden ist und James Dean sich zu Tode gefahren hat, ist er – der beiden etwas ähnelt – das hervorstechende Symbol der Rebellion.« Wenn sie seine weiche Stimme hörten und den erotischen Hüft- und Beinbewegungen folgten, gerieten die meist weiblichen

Teilweise gewaltsam durchbrachen die »Halbstarken« den Comment der jungen, konservativen Republik. Sie trugen Lederkleidung und Jeans, schlossen sich in Motorradclubs zusammen und orientierten sich am Rebellentum ihrer Idole Marlon Brando und James Dean. Sie hörten andere Musik als die Eltern, richteten sich nach anderen Normen, verfolgten andere Ziele. In einer Gesellschaft, die Anpassung verlangte, musste ihr aufsässiger Lebensstil auf massiven Widerspruch stoßen.

Verehrer in ekstatische Erregung. Elternverbände, Religionsgemein-schaften und Medien gaben *Elvis the Pelvis* (Elvis das Becken) die Schuld für Sittenverfall, Ungläubigkeit und Jugendkriminalität. Das Ziel von Jugendverderbern wie Elvis Presley, Duke Ellington und Bill Haley, so auch der *Rheinische Merkur*, sei die Heranbildung von »pseudomusikalischen Rowdie-Sekten, um schließlich ungestört über ein Helotenvolk reizvergifteter und süchtiger Idioten gebieten zu können«.

Tatsächlich standen »süchtige« Fans am Kai, als Elvis Presley am 1. Oktober 1958 mit dem Schiff *USS General Randall* in Bremer-haven eintraf. In der 3. Panzerdivision im hessischen Friedberg leis-tete der Star-GI bis März 1960 seinen Militärdienst ab. Er gab keine Konzerte, war in der Boulevardpresse jedoch immer präsent. Und trotz Militärdienst erschienen neue Singles.

Was da an angeblicher minderwertiger Massenkultur aus Ame-rika nach Europa schwappte, stieß nicht nur in konservativen Krei-sen auf Ablehnung. Der junge Musikjournalist und Jazzspezialist Joachim-Ernst Behrendt erklärte Jazz zwar zur originellsten und vitalsten Musikerrungenschaft des 20. Jahrhunderts und attestierte ihm einen antitotalitären Charakter. Bezeichnenderweise sei diese Musik im NS-Regime und in der DDR unterdrückt worden. Für den linken Kulturphilosophen Theodor Adorno hingegen gehörte der Jazz zu einer armseligen, auf den Konsum eingestimmten Fabri-kation.[154] Diese Musik afro-amerikanischen Ursprungs spiegelte für ihn keine Authentizität mehr, sondern nur noch Vermarktung; in ihren Anhängern erkannte er kaum noch »ehrlich protestierende, nach Freiheit begierige Menschen«, sondern autoritär gesteuerte Menschen, die seelisch auf die Vergangenheit ihrer Sklavenexistenz fixiert werden sollten.[155]

Amerikanischer Lebensstil wurde für eine ungewöhnliche Koa-lition aus Konservativen und Linken zum Schreckbild der Zukunft. Das konservative Bürgertum sah die angeblich überlegene deutsche und europäische Hochkultur in Gefahr; die Linke fürchtete die pri-mitive Vermassung; in der kommunistischen DDR stand der Kampf

Rock 'n' Roll, Coca-Cola und Kaugummi eroberten die Jugend nicht nur bis weit in bürgerliche Kreise im Westen, Anhänger der »amerikanischen Unkultur« existierten auch massenweise in der DDR – in seltener Einigkeit fanden sich Konserative und Linke in ihrer Ablehnung.

gegen die »amerikanische Unkultur« im Zentrum der Propaganda.[156] Indem sie Kaugummi kauten, Coca Cola tranken, Jeans trugen, nach »Negermusik« tanzten, von *Fans* redeten, *Comics* lasen und *Drinks* tranken, taten die Jugendlichen genau das, was die Älteren fürchteten. Mochte Amerika auch technologisch und zivilisatorisch überlegen sein, so galt es kulturell als unterlegen. Amerika war seelenlose Massenkultur, reine Konsumgesellschaft, der man in Deutschland das Etikett Warenfetischismus anheftete. Wenn Amerikaner hilfsbereit und freundlich waren, sahen deutsche Intellektuelle darin »verlogene Heiterkeit«.

Bis in die 1960er Jahre, so stellt der Historiker Axel Schildt fest, »war es in den bundesdeutschen Zeitschriften für das Bildungsbürgertum und in einschlägigen Feuilletons selbstverständlich, das wirtschaftliche, politische und militärische Bündnis mit dem Westen und eine enge Partnerschaft mit den USA zu bejahen, aber gleichzeitig die ›Amerikanisierung‹ als Aushöhlung humanistischer Kultur zu stigmatisieren.«[157]

Die Identifikation, die auf deutscher Seite dabei mit dem christlichen Abendland stattfand, vermittelte nicht nur das Gefühl der moralischen und ethischen Überlegenheit gegenüber dem kulturell unterlegenen Westen, sondern auch gegenüber dem bolschewistischen Osten. Dank der Parole »Freiheit statt Bolschewismus« gehörten nun auch jene wieder auf die Seite der Guten, die wenige Jahre zuvor noch selbst ein totalitäres System unterstützt hatten.

Zu den wenigen Konservativen, die ein gewisses Verständnis für die Jugendrebellion aufbrachten, gehörte erstaunlicherweise der Soziologe Helmut Schelsky. Es handele sich, schrieb er, um eine bemerkenswerte »ungeplante, aber in vitalen Bedürfnissen verwurzelte Ausbruchsreaktion der Jugendlichen gegen die manipulierte Befriedigung des modernen Lebens und gegen den unangreifbaren Konformitätsdruck der modernen Gesellschaft«. Nicht die Jugendlichen störten die Ordnung, so Schelsky, vielmehr störe die Ordnung die Jugendlichen. Er sah eine »sezessionistische« Jugendgeneration voraus, »gekennzeichnet durch eine Welle sinnloser Ausbruchsversuche aus der in die Watte manipulierter Humanität, überzeugender Sicherheit und allgemeiner Wohlfahrt gewickelten modernen Welt«.[158] Zwar wollte er die Proteste nicht als Vorboten radikaler politischer oder sozialer Bewegungen deuten, tatsächlich aber prognostizierte Schelsky, was sich in den Achtundsechziger-Studentenunruhen schließlich Bahn brach.

Zum Beispiel Gudy Fichelscher

Es soll diesen Typ geben – die Jazzerbraut, die sich leiden-schaftlich in einen Mann verliebt, der unkonventionell lebt und ganz und gar in seiner Musik aufgeht. Die ihn zu jedem Konzert begleitet und nach dem Konzert noch weiter mit ihm durch die Kneipen zieht. Die schließlich ihren bürgerlichen Job aufgibt, um das Boheme-Leben ganz und gar mit ihm zu teilen.

Ich jedenfalls war so eine Jazzerbraut und blieb es 34 Jahre lang.

Das erste Mal bin ich Anfang 1956 in die »Eierschale« gegangen. Da war ich gerade siebzehn. Das sei toll dort, hatte mir meine Freundin erzählt, die mehr Freiheiten genoss als ich. Dieses Studenten-lokal am Breitenbachplatz war neben der »Badewanne« das bekann-teste Jazzlokal in Berlin, ein Ort mit Kultstatus. Ich wusste, mein Vater würde mir den Besuch auf keinen Fall erlauben. Mit meinen Brüdern durfte ich zwar ins Kino, aber wenn der Film um 22 Uhr zu Ende war, hatte ich spätestens um 23 Uhr zu Hause zu sein. Aller-dings übernachtete ich manchmal bei meiner Freundin – und die nächste Gelegenheit nutzten wir und zogen los. An jenem ersten Abend in der »Eierschale« habe ich Toby kennen gelernt, meinen späteren Mann.

Vor der Kasse stand eine Schlange. Nur wenn Gäste das Lokal verließen, wurden neue eingelassen. Hereingelassen wurde, wer sech-zehn Jahre alt war, aber wer unter achtzehn war, musste den Ausweis an der Kasse abgeben und ihn wegen des Jugendschutzgesetzes bis 22 Uhr wieder abholen. Ich habe das Lokal tatsächlich pünktlich ver-lassen, denn es wäre mir unendlich peinlich gewesen, wenn um zehn laut durch das Mikrofon verkündet worden wäre: »Hier liegt noch der Ausweis von Fräulein Gudrun Schulz! Bitte abholen!«

Die »Spree City Stompers« spielten ihren Dixieland im Keller. Fast verschlug es mir dort den Atem. Es war feucht und heiß. Die Tanzfläche vor der Bühne war nicht größer als ein etwas größeres Wohnzimmer. An Tanzen war nicht zu denken, die Leute standen Fuß an Fuß. Deswegen war der »Rührstil« kreiert worden. Dabei blieben die Paare auf der Stelle stehen und kreisten nur mit den Händen zweimal von rechts nach links, einmal von links nach rechts. Und wieder: Zweimal von rechts nach links, einmal von links nach rechts.

Ja, und dann stand Toby auf der Bühne und sang Blues. Ein großer, schlanker Mann mit dunklen Haaren, ganz in sich versunken, die Augen geschlossen. Wie ein Drummer, der eine Riesensession macht, bei der er alles vergisst. *He was absolutely in.* Ich hatte keine Ahnung von Blues, aber ich war hingerissen. Später würde der Jazzkritiker Joachim-Ernst Berendt schreiben, eigentlich sei nicht recht zu fassen, wie ein weißer Musiker so authentisch »black« spielen könne wie Toby. Und der Posaunist Hawe Schneider, eine Art Bandleader, erklärte ganz ähnlich, Toby Fichelscher habe so gesungen, wie er es bis dahin nur von Schwarzen gehört hätte.

In der Pause wurde Toby umringt von Mädchen mit schwarz umrandeten Augen und rosa Lippen. Viele kamen nur seinetwegen; »Tobizen« nannten seine Bandkollegen diese Fans etwas verächtlich und etwas neidisch. Tja, und an jenem Abend sprach er ausgerechnet mich an: Er hätte mich hier noch nie gesehen. Und wenn er mich gesehen hätte, wäre ich ihm schon wegen der blauen Augen aufgefallen ...

Irgendwie fühlte ich mich geschmeichelt, aber gleichzeitig befand ich mich in Abwehrhaltung. Er könne mich auch gar nicht gesehen haben, gab ich etwas schnippisch zurück, denn ich sei noch nie dagewesen, und fügte von oben herab hinzu: »Ich weiß schon, Sie sind hier der Hahn im Korb!«

Es muss ihm wohl gefallen haben, dass ich so kess war, jedenfalls lud er mich zu einem Drink nach der nächsten Session an die Bar

*Toby Fichelscher war der Star der Dixieland-Band »Spree City Stompers« –
ein Weißer, der den Blues beherrschte wie ein Schwarzer. Die Mädchen er-
lagen reihenweise seinem Charme und seiner Stimme, wenn er in der »Eierschale« auftrat, Berlins wohl berühmtestem Jazzlokal der 1950er Jahre. Welche
Entbehrungen er später auf sich nahm, um seiner Leidenschaft zum Jazz weiter nachgehen zu können, wissen nur die engsten Freunde.*

ein. Ich bin auch hingegangen. Er kam – und die anderen haben geguckt: Was ist denn das für eine Zicke?

Bis zu unserer nächsten Begegnung verging allerdings fast ein halbes Jahr. Die Pächterin der »Eierschale«, die den Spitznamen »Mutti« trug, hatte mich eingeladen, ihren Geburtstag nach Lokalschluss gemeinsam mit Musikern und Personal zu feiern. Da saß ich nun etwas verloren auf meinem Barhocker, vor mir ein Bier, um mich die gestärkten Röcke drapiert. »Mal sehen, ob die Strümpfe trägt!«, meldete sich hinter mir einer der jungen Musiker, denn ich hatte sehr braune Beine, und begann, an meinem Petticoat herumzufummeln. Mein Protest half nicht, auch nicht eine Drohung mit dem Bierglas. Da goss ich mit Schwung das Bier hinter mich – und bekam sofort eines retour über den Kopf. Der Gerstensaft tropfte mir aus den Haaren und lief hinunter in den Ausschnitt. Gerade drückte ich mir das Bier mit einem Küchenhandtuch aus der Bluse, als Toby erschien: »Was ist denn mit Ihnen passiert?«

Es ärgerte mich unglaublich, dass er mich so sah. Ich wollte nur noch weg. Da beruhigte er mich: »Ich rate Ihnen, sich einfach mal zu mir zu setzen. Da geschieht Ihnen nichts.« Und seiner Band rief er zu: »Jungs, diese Frau steht ab jetzt unter meinem Protektorat!«

Donnerwetter, dachte ich, der drückt sich aber gewählt aus! Jedenfalls ließ ich mich besänftigen, rutschte ran zu ihm, und wir unterhielten uns. Später brachte er mich nach Hause, das heißt bis an die Ecke zur Rückertstraße. Da habe ich gesagt: »Hier müssen Sie umdrehen, meine Mutter guckt bestimmt aus dem Fenster.« Es war schon weit nach elf.

Danach trafen wir uns auch am Tage; oft waren wir im Museum Dahlem oder bei Freunden von Toby. Wir wollten nicht gesehen werden, Bekannte sollten meinen Eltern nichts verraten. Im Sommer fuhren wir nach seinem Auftritt auch oft mit Freunden an die Krumme Lanke, einen langgestreckten See in Berlin-Zehlendorf. Wir schwammen alle nackt, und irgendwer hatte immer was zum Trinken organisiert. Damals beschloss ich, die vorgegebenen Zeiten meines Vaters zu boykottieren. Wenn die Anderen mit ihren Autos zurückfuhren, blieben wir im Wald in irgendeiner Schonung. Das war romantisch, gegen Morgen allerdings auch ziemlich kühl. Aber was machte das schon, wir waren sehr verliebt.

Ich war fasziniert von diesem Mann, der so anders war als alle anderen, die ich kannte. Er trug Jacketts mit großen gelb-schwarzen Karos wie Marlon Brando, hielt in der einen Hand meistens eine Zigarette und in der anderen ein Glas mit Whiskey. Jazz sei nicht nur eine Musikrichtung, sagte er immer, sondern auch eine Lebenseinstellung. Als wir einmal im »Wienerwald« saßen, bat er sofort um eine Kerze. Und der Kellner: »Na watt denn, iss Ihnen det nich hell jenuch hier?« Es war nämlich Sommer. »Doch«, sagte Toby, »aber ich habe heute Geburtstag.« So hatte er immer Geburtstag.

Selbst dem Schweren verstand er, etwas von seiner Schwere zu nehmen. Als die erste Frau von dem DDR-Musikwissenschaftler und Jazzliebhaber Josh Sellhorn starb, erklärte sich Toby sofort einverstanden, am Grab ihr Lieblingslied zu singen: »Nobody knows the trouble I've seen«. Allerdings musste er der kommunalen Friedhofsleitung in Ost-Berlin erst überzeugend vorlügen, dass es sich um ein altes schottisches Volkslied handele, da offensichtlich sogar Spirituals als amerikanische Unkultur galten.

Toby brauchte kein Geld für ein besonderes Leben. Er kaufte auf dem Rummel einfach eine Wundertüte für zehn Pfennig mit einem ganz kleinen Kinderring – und ich habe mich riesig gefreut. Er kam auch nie ohne Blume, selbst wenn er sie irgendwo wegborgen musste. Seine Schwester sagte mir, das habe er von seiner Mutter geerbt. Beide Eltern waren ja Künstler. Der Vater leitete verschiedene Theater in Potsdam und Berlin und schrieb Stücke und Drehbücher; die Mutter arbeitete als Modezeichnerin bei der mondänen Zeitschrift *Silberspiegel*. Leider ist diese ungewöhnliche Frau sehr früh verstorben. Als ihr Haus gegen Kriegsende von einer Bombe getroffen wurde, konnten sich ihre beiden Kinder gerade noch in den Luftschutzraum im Keller retten. Sie selbst wurde auf der Kellertreppe von einer einstürzenden Wand getroffen. 1948 ist sie an den Folgen des offenen Rückens gestorben.

Toby hat sehr unter dem Tod der Mutter gelitten. Er hatte sein Zuhause verloren, denn der Vater war viel beschäftigt. Irgendwie schlug er sich durch, zeitweilig verdiente er sein Geld als Übersetzer bei den Amis. Auf diese Weise kam er in die Clubs der amerikanischen Soldaten, wo die neuesten Hits von Ella Fitzgerald, Louis Armstrong oder Big Joe Turner gespielt wurden und amerikanische Bands mit Swing und Blues auftraten. Toby war schon damals ein großer Jazzfan. In der Nazi-Zeit hatte er amerikanische Platten gehört, die Freunde seiner Eltern aus Frankreich geschmuggelt hatten, auch die Jazzsendungen vom Landessender Beromünster aus der Schweiz – unter der Bettdecke, damit der Nachbar es nicht mitbekam. Nach dem Krieg hörte er AFN, den amerikanischen Rundfunk in Berlin, der zuerst von einer mobilen Sendestation auf einem Lkw sendete.

Toby hatte als Kind zwar Klavierunterricht erhalten. Seine Leidenschaft für das Piano entstand allerdings erst, als er merkte, wie gut er mit diesem Instrument jene Musik umsetzen konnte, die ihm lag und die er liebte. Eine Zeitlang spielte er mit Rafi Lüderitz vierhändig Boogie Woogie, davon erzählen manche Leute noch heute. Auch Rafi hatte die Musik im Blut. Er stammte aus einer Zigeunerfamilie und hatte den Krieg zusammen mit seinem Vater in einem Versteck überlebt. Die beiden sahen verwegen aus bei ihren Auftritten, vollständig im Ami-Look – in bunten Hawaii-Hemden und mit Crew Cut.

Rafi stieg später auf Schlagzeug um und ging nach Paris und dann in die USA. Toby war und blieb in Berlin. Er spielte in der »Kajüte«, einem Kellerlokal in einer Ruine am Rathaus Schöneberg. Als dieser Ort wegen Einsturzgefahr und Lärmbelästigung aufgegeben wurde, zog er mit den anderen Jazzern in die »Eierschale«. Bei den »Spree City Stompers« trat er vor allem als Sänger auf, Mitte der fünfziger Jahre gewann er auf den Jazzfestivals in Frankfurt zweimal einen Preis. In der eigenen Blues Combo spielte er auch Piano, Schlagzeug und Bongo – aus Verehrung für Chano Pozo, den kubanischen Kongaspieler, der 1948 erschossen worden war. Toby gehörte außerdem zu den ganz wenigen, die das schwierige *blue blowing* beherrschten. Dabei wird so in die Hände vor dem Mund geblasen, dass es klingt wie eine Trompete. Als er diese Fähigkeit einmal einem Jazzliebhaber in einem vornehmen Speiselokal am Alex vorführte, sind den Gästen vor Schreck die Messer und Gabeln aus den Händen gefallen.

Tobys ganzes Leben war Rhythmus. Er konnte mit seinen kleinen Kindern keine Treppen rauf oder runter gehen, ohne dass er ihnen nicht unterschiedliche Rhythmen vorführte. Der jüngere Sohn Daniel ist später tatsächlich Schlagzeuger geworden. Alles war bei ihm Musik und Bewegung, und alles musste swingen. Wir konnten auch ungeheuer gut Jazz tanzen.

Mir gefiel das Milieu. Viele der jungen Leute, die in die »Eierschale« kamen, waren Kunststudenten, ziemlich exzentrisch. Die Typen trugen Bärte, abenteuerliche Hüte und die Hemden locker über die Hosen. Sie hielten sich alle für Existentialisten, man hatte immer den Eindruck, sie wären gerade vom Montmartre gekommen. Der eigentliche »Existentialist« jedoch war Toby. Er musste mit der geringen Gage eine Familie unterhalten, viele Studenten hingegen erhielten einen schönen monatlichen Scheck von Papa.

Vor der Tür standen die tollsten Autos. Man nannte sie Dixis. Es waren oft flache, kleine Sportwagen mit offenem Verdeck, toll geschmückt und bemalt. Ich selbst habe drei Autos bemalt, nachdem sich rumgesprochen hatte, dass ich gut malen konnte. Einige Autos waren auch mit Blumenkästen behängt. Alle Mädchen wollten gern mit so einer Karre die Havelchaussee langbrausen.

Auch die Mädchen sahen total frankophil und existentialistisch aus: enge Hosen – ich war mit Jeans in die Badewanne gestiegen und hatte sie am Körper trocknen lassen, so dass sie hauteng saßen –, möglichst schwarze, flache Schuhe, enge oder umgekehrt völlig ausgeleierte große Pullover, die möglichst noch über die Hände reichten. Und unter dem Arm *Bonjour tristesse*, den Bestsellerroman von Françoise Sagan, der einen Skandal ausgelöst hatte, weil eine Siebzehnjährige schilderte, wie sie frei und ohne Schuldgefühle ihre Sexualität auslebte.

Auf allen Ebenen suchten wir nach Identität, nach Selbstständigkeit, einfach nach uns selbst. Wir wollten Freiheit, aber auch Romantik. Chiantiflaschen mit möglichst viel abgetropftem Kerzenwachs waren so ein Zeichen dieser Mischung, ein Souvenir, das bessergestellte Eltern von ihrem ersten Urlaub in Italien mitbrachten.

Für mich und meine beiden Brüder hatte die allgemeine Aufbruchsstimmung noch eine besondere Bedeutung. Wir waren 1953 mit sechs Personen und nur einem Koffer bei Nacht und hohem Schnee aus der DDR geflüchtet und hatten einen neuen Haushalt gegründet von der Nagelschere bis zum Klavier. Wir Kinder hatten mit dem neuen Schulsystem klarkommen und drei Jahre Englisch nachholen müssen – unser Russisch konnten wir vergessen. Nach nur drei Jahren hatten wir es geschafft. Und wir Heranwachsenden, die so die Freiheit geschnuppert hatten, wollten nun richtig loslegen. Ich wollte mich nicht von den Verboten meiner Eltern abhalten lassen. Was immer nur den sechziger Jahren zugeschrieben wird – diese Aufmüpfigkeit, dieses Den-Staub-Abschütteln –, das begann schon in den fünfziger Jahren.

Beide Elternteile haben sich allerdings sehr schwer damit getan, dass ich erwachsen werde. Für sie war ich immer Kind. Weil ich so klein und zierlich war, musste ich noch in Kinderkleidern herumlaufen, als andere schon kleine Absätze und schwingende Kleider trugen. Die erste Schminke bekam ich von meiner Freundin. Ihr Vater war Apotheker, in seinem Laden haben wir uns heimlich mit Cremes und Lippenstiften eingedeckt. Meine Mutter schimpfte: »Wenn wir kein Geld dafür haben, brauchst du das auch nicht von deiner Freundin zu nehmen!« Als ich das erste Mal ankam mit einem Rock bis zur Wade und kleinen Pumps, ist mein Vater fast umgefallen.

Mein Vater wollte die Übersicht und Kontrolle behalten. Wir drei Kinder sollten unsere Freunde möglichst immer mit nach Hause bringen. Sie wurden den Eltern vorgestellt und geschickt ausgefragt: »Was ist denn der Papa, oder was macht die Mutter?« Hätte ich mich an diese Regeln gehalten, hätte es keine Probleme gegeben.

Doch weil ich ausbrach, engagierte mein Vater meinen Cousin, meine beiden Brüder und den Freund eines Bruders und zahlte ihnen Hunderte von Mark, damit sie abends nach mir suchten. Die Jungens wussten natürlich, wo ich war, haben das Geld aber genommen – angeblich, um mit dem Taxi die Jazzbuden in der ganzen Umgebung abzuklappern, die »Badewanne«, die »Hajo-Bar« und »Storyville« in der Martin-Luther-Straße. Manchmal bin ich mit Toby tatsächlich noch in eines dieser Lokale gefahren, weil die »Eierschale« ja bereits um 24 Uhr dichtmachte.

Mein Vater, der Staatsanwalt, wollte sich nicht damit abfinden, dass seine Tochter mit einem Jazzmusiker enger befreundet war. Er hat Recherchen angestellt und sehr schnell herausgekriegt: Toby hat ein Haus in Zehlendorf, ist verheiratet, hat zwei Kinder und lebt in Scheidung. Und – das war das Schlimmste – Toby ist zwölf Jahre älter als seine Tochter. Darum ging es ständig: »Was will der Mann, der so viel älter ist und eigentlich eine Familie hat, von meiner Tochter?«

Mein Vater gab uns keine Chance. Das war es, was ich – oder besser – was wir ihm vorwarfen. Viel später, als sich meine Eltern trennten, wurden Toby und mein Vater die besten Freunde. Sie spielten zusammen Schach, hörten Klassik und musizierten zusammen auf dem Cembalo. Denn auch das gehörte zu Tobys Leidenschaft: Er liebte Bach und italienische Barockkomponisten wie Corelli und Vivaldi. Mein Vater hat sich damals bei Toby für seine Borniertheit entschuldigt, aber welchen Kummer und wie viel Leid hätten wir uns alle ersparen können, wenn er zuvor ein wenig Weitsicht und Großzügigkeit gezeigt hätte.

Ich habe damals fast schizophren gelebt.

Mein Vater war Mitglied einer schlagenden Verbindung. Einmal im Jahr hieß es »Wir gehen aufs Haus«. Am Anfang der Saison wurde ein riesengroßer Ball mit vielleicht 600 Personen in den Räumen der Landesloge in der Nähe vom Nollendorfplatz veranstaltet. Meinen Zwillingsbruder hat das nicht interessiert, ich aber war neugierig. Mit siebzehn oder achtzehn wurde ich Couleurdame, das heißt, ich wurde eingeführt in die Gesellschaft und erhielt eine Schleife in den Farben der Verbindung.

Meine Eltern hätten gern gesehen, wenn ich einen der Leibfüchse als Freund gehabt hätte, also einen jener Studenten, die frisch in die Verbindung aufgenommen waren und sich bei derartigen Bällen um uns Frauen zu kümmern hatten. Dann knallten sie zackig die Hacken zusammen: »Gnädiges Fräulein, darf ich Ihnen etwas zum Trinken bringen?« Und ich huldvoll: »Ja gern, einen Eierlikör.«

Ich hatte dort ein paar Verehrer, weil ich fröhlich war und nicht steif. Außerdem tanzte ich gern. Vor allem nach Mitternacht, wenn die Kapelle auch mal einen Rock 'n' Roll oder Boogie spielte. Auf den Bällen konnte ich zudem die modischen, ganz weiten Röcke tragen und darunter möglichst drei rüschenbesetzte Petticoats, die ich immer durch einen Eimer mit Hoffmanns Stärke zog und an einer Leine im Badezimmer trocknen ließ. Einmal trug ich unter meinem türkisfarbenen Kleid einen dicken, gestärkten Leinen-Petticoat von meiner Freundin. Unten war ein Fischbeinring eingezogen, so dass er sich spreizte wie eine Krinoline. Dann passierte das Malheur. Beim Walzer oder Foxtrott schob mein Tanzherr sein rechtes Bein zwischen meine Beine, drückte dabei den Petticoat samt Fischbeinring nach hinten und nach oben – und alle konnten unter meinen Rock sehen. Beim nächsten Schritt senkte sich die Krinoline zwar, doch beim übernächsten hob sie sich wieder. So ging das vier, fünf Mal. Bis sich der Knopf löste, der den schweren Leinenunterrock in der Taille hielt und die ganze Pracht nach unten sank. Meine Mutter war immer unheimlich cool, sie gab mir nur ein Zeichen mit dem Finger: Nimm das Ding wieder hoch. Ich stieg also aus dem Petticoat, nahm ihn über den rechten Arm, und mein Tanzherr führte mich galant hinaus zur Garderobe, wo eine Frau saß, die Nähzeug hatte und mir den Knopf annähte. Damals war mir der Vorfall unheimlich peinlich, heute kann ich darüber lachen.

So manches hat mich an der Verbindung befremdet. Etwa dass Mensuren gefochten wurden – auch mein Vater hatte einen Schmiss im Gesicht. Oder dass am Tage nach dem Ball beim sogenannten Abtrunk »Salamander gerieben« wurde. Dazu standen alle Bundesbrüder auf, erhoben ihre riesigen Biergläser, und sobald das Kommando »Ad exercitium salamandri« ertönte, setzten sie an und tranken den Liter möglichst in einem Zug. Danach wurden die leeren Gläser lautstark auf den Tischen gerieben und schließlich – wieder auf Kommando – mit großem Krach abgestellt. Die rauen Lieder und die vertonten Wirtinnen-Verse wurden glücklicherweise nicht gesungen, wenn Damen dabei waren. Aber die kannte ich von den Studenten. Das war schon sehr heftig, was da losging.

Mein Traum war es, Goldschmiedin zu werden. Ich habe mich bei der Hochschule für Bildende Künste beworben und die Aufnahmeprüfung auch glänzend bestanden. Als Tochter eines Staatsanwalts erhielt ich allerdings kein Stipendium. Meinem Vater wäre es lieber gewesen, ich hätte Abitur gemacht, Medizin studiert und einen Mediziner geheiratet. Gegen »das Künstlerische« erhob er nach bestandener Aufnahmeprüfung allerdings keine prinzipiellen Einwände mehr, machte seine finanzielle Unterstützung allerdings von zwei Bedingungen abhängig. Erstens: Du triffst dich nicht mehr mit diesem Sänger. Zweitens: Du bleibst, solange du nicht volljährig bist, zu Hause wohnen!

Da habe ich gesagt: »Ich fange nicht mit einer Lüge an. Ich weiß schon jetzt, dass ich weder das Eine noch das Andere einhalten werde.«

Ich wollte Toby unbedingt weiter sehen, er war meine große Liebe geworden. Außerdem hatte ich eine süße Mansardenwohnung in Aussicht. Da wohnte ein Student, der nach Zeuthen zurückgehen wollte – noch waren ja Ostdeutsche in West-Berlin zum Studium. Die Mansarde wäre frei geworden und hätte nur 35 Mark gekostet.

Da ich ohne das Geld meines Vaters die Ausbildung zur Goldschmiedin nicht beginnen konnte, entschied ich mich für einen ganz anderen Weg. Ich ging nach der mittleren Reife von der Schule ab und machte nach Zwischenstationen in einer Handelsschule und dem Pestalozzi-Fröbel-Haus eine Ausbildung als medizinisch-technische Assistentin. Wenn auch mit großem Stress lebte ich immer noch bei meinen Eltern.

Dann ging alles plötzlich sehr schnell. Wieder einmal hatte ich gesagt, ich würde bei meiner Freundin übernachten. Die war inzwischen verheiratet und lebte ohne Telefon in Wannsee. Am nächsten Tag fragte mein Vater: »Also du meinst, du seiest bei deiner Freundin gewesen?« Ich wäre nie auf die Idee gekommen, dass er sich auf den Weg macht und bis Wannsee fährt! Das war der berühmte Tropfen, der das Fass zum Überlaufen brachte. Ich hatte nur noch einen Wunsch: Schluss jetzt. Damals gab es rote Coca-Cola-Taschen, so groß wie kleine Reisetaschen. Die habe ich gepackt, etwas Unterwäsche, etwas zum Wechseln und eine Strickjacke. Im Portemonnaie zählte ich noch dreißig Mark. Mein Vater war im Gericht, meine Mutter bügelte im Balkonzimmer und rief mir manchmal ein paar Sätze zu. Irgendwann machte ich mich einfach durch den Hintereingang aus dem Staub und haute durch die Garten ab.

Wohin, war mir völlig unklar. Ich lief zum »Old Vienna«, einem Lokal am oberen Ku'damm, wo ich einen Fotografen zu treffen hoffte, einen guten Freund, der fast jeden Nachmittag dort saß, Zeitungen las und Pfeife rauchte. Ausgerechnet an jenem Tag war er nicht da. Stattdessen stieß ich auf einen ehemaligen Klassenkameraden, einen Kellner im benachbarten Restaurant »Kopenhagen«. Ich sei eben von Zuhause abgehauen, erklärte ich, hätte aber noch keine Bleibe. Er starrte mich ungläubig an: »Du spinnst!«

Es stellte sich heraus, dass der Klassenkamerad in der Uhlandstraße ein Zimmer hatte, in dem er schlief, wenn er Spätdienst hatte. Das konnte er mir für die Nacht zur Verfügung stellen. Die Wohnung gehörte einem Rechtsanwalt, der die Zimmer einzeln untervermietete. Statt der 35 Mark, die der Kellner bezahlte, verlangte der Vermieter von mir allerdings 120 Mark Miete für den Monat. Das lag außerhalb meiner Möglichkeiten.

Wie es der Zufall wollte, stieß ich am nächsten Abend im »Riverboat« am Fehrbelliner Platz auf ein paar Mädchen, die alle nicht mehr zu Hause wohnten. Wie sie das bewerkstelligt hatten? Sie lebten und arbeiteten bei den Amis. Jede Familie von den amerikanischen Besatzungssoldaten hatte nämlich das Recht, sich eine Babysitterin zu nehmen, die mietfrei wohnen konnte, wenn sie die Kinder fünfzehn Stunden in der Woche betreute. Die einzige Voraussetzung war, dass man Englisch konnte.

Ich bekam eine Stelle bei einer verrückten Familie aus Alabama mit sechs Kindern. Mein Zimmer lag im Dachgeschoss eines langgestreckten Hauses in der Taylorstraße. Zu dem Wohntrakt gab es drei Eingänge, die im Keller und oberen Stockwerk miteinander verbunden waren. Toby betrat also das Gebäude mit hochgeschlagenem Kragen in Eingang 3, lief unten den Keller entlang und kam in der Mitte zu mir hoch unter das Dach. Die anderen Mädchen sollten nicht wissen, dass er da war. Und da Toby Roth-Händle rauchte, musste auch ich anfangen, Roth-Händle zu rauchen. Irgendwann hat eine Studentin dann doch etwas bemerkt und mich bei meiner Misses verpfiffen. Die kam hoch, Toby lag im Bett, die Füße guckten ein Stück unter der Decke hervor. »*Who is this man?*«, erregte sich die Frau und holte sofort die *Military Police*, denn die ganze Mädchenetage war *off limits*, absolut verboten für jeden Besuch.

Es gab mächtig Stunk. Na ja, da flog ich raus. Aber ich bin wieder zur Vermittlungszentrale gegangen und habe mir eine neue Arbeit geben lassen.

An der Sundgauer Straße waren gerade neue Hochhäuser für die Amerikaner gebaut worden. Da lag mein Zimmer auf ebener Erde. Die Häuser waren wie ein Kleeblatt gebaut, so dass man sie von verschiedenen Seiten betreten konnte. Das fand ich natürlich toll. Im äußersten Fall hätte Toby so aus dem Fenster springen können. Aber auch in der Sundgauer Straße gab ich nur ein kurzes Gastspiel. Wieder flog ich wegen Toby raus. Das war alles völlig absurd. Denn meine Misses dort war erst achtzehn Jahre alt, noch jünger als ich. Aber eben verheiratet.

Wenn Toby den Vorstellungen meines Vaters entsprochen hätte, hätte er zu uns nach Hause kommen können. Dann hätten wir uns verlobt und wären den bürgerlichen Weg gegangen. Allerdings fanden wir verloben schrecklich langweilig. Wer hat sich denn verlobt? Die Spießer.

Ich fand das toll, wie wir zusammenlebten. Ich wollte nicht heiraten. Bevor wir 1968 dann doch noch geheiratet haben, hat Toby mindestens drei Mal unter Zeugen um meine Hand angehalten. Und drei Mal habe ich nein gesagt. Wir zahlten allerdings dafür, dass wir die Normen nicht einhielten. Erst 1960 erhielten wir die Gelegenheit, gemeinsam in eine große Altbauwohnung in der Rankestraße zu ziehen. Von da an haben wir uns bis zu seinem Tod 1992 nicht mehr getrennt.

Der Begriff Wohngemeinschaft existierte noch nicht, aber faktisch haben wir eine der ersten Wohngemeinschaften gebildet. Toby und ich erhielten das Berliner Zimmer, neben uns wohnte der Sohn eines Ledergrossisten, ein anderes Zimmer hatte ein junger Mann gemietet, der gerade sein Abitur gemacht hatte. Und hinten lebte Jimmy Jimson, Sohn einer Puerto-Ricanerin und eines deutschen Seemannes, ein verrückter Sänger, der mit Swing in der »Badewanne« auftrat.

Endlich wurde ich 21.

Doch nun hatten wir ein anderes Problem. Tobys Boheme-Leben und meine MTA-Ausbildung ließen sich überhaupt nicht mehr miteinander vereinbaren. Schon vorher war es immer wieder zu Konflikten gekommen. Wenn ich nach meiner Arbeit zu Tobys Auftritten ging, kam ich immer erst gegen Morgen nach Hause und hatte auch was getrunken. Eine Weile lief das gut, dann ging es schief.

Einmal hatte ich etwa zwanzig Patienten zum Blutabnehmen bestellt. Am Abend zuvor war ich mit Toby nach seinem Auftritt aber noch in das »Recreation Center« für amerikanische Offiziere gefahren, eine große Villa mit Bootsanlegestelle am Wannsee. Toby hatte gesungen und an einem wunderschönen großen Flügel in der Halle gespielt, die Offiziere waren begeistert gewesen, die Kellner hatten die wahnsinnigsten Getränke ausgeschenkt – alles vom Feinsten –, und ich hatte »Four Roses« getrunken, einen Bourbon-Whiskey, den ich damals sehr gern mochte. Zu sehr später Stunde war uns ein Dienstzimmer zum Übernachten zur Verfügung gestellt worden, doch ohne Wecker hatten wir voll verschlafen. Zwanzig Patienten warteten vergeblich in der Praxis. Ich machte, was fast alle in ähnlichen Situationen machen: Ich spielte krank.

Meine Internistin mochte mich, und sie schätzte mich. Beim ersten Mal hat sie nichts gesagt, als ich nicht kam. Beim zweiten Mal hat sie es nicht mehr hingenommen. Als ich am Nachmittag auftauchte, erklärte sie: »Ich bedaure es auf das Äußerste, aber wenn Ihnen das Boheme-Leben so viel bedeutet, ist das unvereinbar mit der Arbeit in meiner Praxis.« Sie stellte mir noch ein Superzeugnis aus und weinte sogar, als ich ging. Aber für mich war endgültig klar geworden: Ich suche keine neue Arbeit als medizinisch-technische Assistentin mehr.

Stattdessen stieg auch ich ins Nachtleben ein.

Gemeinsam begannen wir in dem legendären Nachtclub »Old Eden« in der Damaschkestraße. Rolf Eden, der Besitzer des Nachtclubs, war bei Hitlers Machtantritt mit seinen Eltern nach Palästina ausgewandert, hatte dort im israelischen Unabhängigkeitskampf in der Palmach gekämpft und war 1957 nach Berlin zurückgekehrt. Toby spielte und sang bei ihm Jazz und Blues, ich arbeitete an einer kleinen Dreiecksbar.

Eden hatte ein tolles Konzept: Mädchen, die allein kamen, erhielten ihre Getränke umsonst. So war die Hütte immer voll mit Mädchen. Nach dem Krieg gebe es so viele Witwen, sagte Shimon – wir sagten damals alle Shimon zu ihm, das war sein zweiter Vorname –, irgendjemand müsse ihnen doch helfen, neue Partner zu finden. Er war ein irrer Typ. Jeden der sechs Räume vom »Old Eden« hatte er anders gestaltet. In einem gab es Jazz, im anderen wurden Dias vom *Playboy* gezeigt, in einer Cocktail Lounge Cocktails und Champagner für die Betuchteren gereicht. Hier stand auch ein Flügel, auf dem zu vorgerückter Stunde dieses oder jenes Filmsternchen tanzte.

Ins »Old Eden« kamen auch die Neureichen aus Westdeutschland. Einmal tauchte ein Sugardaddy aus Bayern auf, der in Berlin seine Mieze oder Dauerfreundin ausführte. Er knallte Toby einen

Hunderter aufs Piano: »Sei'n Se doch mal so nett und spiel'n Se für meine Süße die ›Rose vom Wörthersee‹.« Und Toby: »Dann sei'n Se doch mal so nett und verschwinden mit Ihrem Hunderter. Hier gibt es nämlich nur Jazz.« Der Typ beschwerte sich sofort bei Eden, und Rolf Shimon Eden, der ja viele Jahre als Pianist in Bars gespielt hatte, setzte sich selbst ans Klavier – und spielte die »Rose vom Wörthersee«. So war er.

Anfang der sechziger Jahre kam allerdings die Zeit, wo Jazz nicht mehr so gefragt war. Da schwappte die Beat-Welle aus Amerika rüber. Manche Lokale stellten ihr Programm völlig um. Toby konnte vom Jazz nicht mehr leben. Für so einen Vollblutjazzer wie ihn war es unerträglich, irgendwelche lasche Unterhaltungsmusik zu spielen. Viele Musiker, die nebenbei noch ihr Studium absolviert hatten, zogen sich damals zurück und widmeten sich ihren Berufen. Andere ernährten sich von dem, was Toby strippen nannte. Sie wurden für Hochzeiten, Betriebsfeiern, Veranstaltungen gebucht und spielten, was gefiel. Da hat Toby immer gesagt: »Nee, Biba, da mache ich nicht mit.« Er nannte mich doch Biba – von »Be-Bop-A-Lula – She's my baby«, dem Song, den erst Gene Vincent gesungen hat und danach Elvis Presley und viele andere. Die einzige Konzession, die Toby je an den Kommerz machte, war eine Singleaufnahme bei Bertelsmann – aus Geldnot nahm er den Titel »Tutti Frutti« von Little Richard auf. Später war ihm das regelrecht peinlich, und er hat mir von diesem »Fehltritt« erst kurz vor seinem Tod erzählt.

Die Frage war damals, wovon wir uns ernähren. Am wichtigsten für uns war, dass wir zusammenbleiben wollten, auch tagsüber, egal, womit wir unsere Brötchen verdienten, und dass Toby weiter seine Musik machen konnte, wann und mit wem er wollte.

Da lasen wir eines Tages, dass eine Fahnenfabrik in Wedding Kräfte zur Ausbildung als Stoffdrucker suchte. Die machten Siebdruck, alles in Handarbeit. Toby akzeptierten sie sofort, einen kräftigen Mann, mich wollten sie nicht. Ich wog damals 47 Kilo. »Könnten Sie mich nicht wenigstens mal vier Wochen zur Probe anstellen?«, habe ich gefragt. Sie stellten mich zur Probe an und übernahmen mich. Wir wurden *das* Druckerteam der Firma: Die Kleene mit dem Langen. Nach zweieinhalb Jahren Ausbildung durften wir uns Stoffdrucker nennen. Nach fünf Jahren mussten wir die Siebdruckerei allerdings aufgeben, denn Toby reagierte allergisch auf die Hoechst-Farben. An den Handgelenken bildeten sich Blasen, die wie verrückt juckten.

1970 haben wir deshalb bei der Post angefangen, wieder gemeinsam. Zunächst nur als Aushilfe zu Weihnachten. Aber als die Personalabteilung bei der Einstellung die Papiere sah, war sie verwundert: Der Mann hat Abitur, die Frau hat mittlere Reife, warum arbeiten die als Aushilfe? Sie boten uns eine feste Stelle an und verführten uns mit der Versicherung: »Sie können jederzeit wieder gehen. Die Kündigungsfrist beträgt drei Monate.«

Wir führten ein Doppelleben. In der Woche lebten wir für den Broterwerb, an den Wochenenden für den Jazz. Es begann am Freitagabend. Entweder war unsere Wohnung voll mit Freunden oder wir waren irgendwo unterwegs. Am Sonntag gab es regelmäßig ein Frühstück bei uns, und dann gingen wir mit unseren Gästen zum Jazz.

Eines Tages Anfang der 1990er Jahre bekam Toby Schmerzen auf der linken Seite zwischen Ohr und Mandel. Sehr bald stellte sich heraus, dass es sich um einen bösartigen Tumor handelte. Wir bekamen die Chance, einen kurzen Urlaub auf Ibiza zu verbringen. Danach folgte eine große, neunstündige Operation in einem Wilmersdorfer Krankenhaus. Als die lange Bestrahlungszeit vorbei war, fuhren wir für sechs Wochen an die Ostsee. Kaum zurück in Berlin, musste Toby wieder in die Klinik. Nach einem Luftröhrenschnitt konnte er nicht mehr sprechen und folgerichtig auch nicht mehr singen.

Er ließ sich nicht entmutigen. Wir entwickelten unseren eigenen Klopfcode. So konnten wir telefonieren. Er konnte auch noch Klavier, Schlagzeug und Bongos spielen. Also schrieb er mir auf: »*I feel like playing a happy blues*, bring die Babys mit (das waren die Bongos). Ich muss Musik auftanken. Wir gehen am Sonntag zum Frühstück mit Jazz in die ›Blisse 14‹.« Dieses Behindertencafé wurde von seinem Freund geführt. Sie schoben das Piano nach vorn und schon begann die Session mit der ganzen Band.

Seinen 65. *birthday* feierte Toby zu Hause. Mit vielen Freunden und gutem Jazz. Nach einigen Stunden schrieb er mir auf, ich möchte ihn mit dem Taxi in die Klinik bringen. Die folgenden zwei Monate verbrachte er nachts in der Klinik und tags mit mir. Er bestand noch darauf, mir Werder und Potsdam zu zeigen. Es war eine wichtige, schöne Zeit in tiefer Verbundenheit.

Nach seinem Tod habe ich mich von allem abgewandt. Aber mit Hilfe einiger guter Jazzfreunde wurde ich langsam wieder zurückgeholt. Heute bin ich immer noch in der Musikszene zu Hause. Zu Tobys 80. *birthday* lud ich zu einer Session in die Wilmersdorfer Kneipe »Aue« von seinem Freund Pep. 26 heute noch aktive Jazzer gaben Toby die Ehre.

ANMERKUNGEN

1 Interview mit Bärbel H., Berlin Februar 2011, im Besitz der Autorin

2 Ute Althaus, »NS-Offizier war ich nicht«. Die Tochter forscht nach. Gießen 2006, S. 250

3 Zit. nach Barbara Supp, »Trümmer Frauen«. In: Der Spiegel 4/1995 vom 1.4.1995

4 Elke Heidenreich, Die schönsten Jahre. Audio CD, Zürich 2007

5 Rheinischer Merkur, 18.12.1950

6 Klaus-Jörg Ruhl, Verordnete Unterordnung. Berufstätige Frauen zwischen Wirtschaftswachstum und konservativer Ideologie in der Nachkriegszeit (1945–1963). München 1994, S. 134

7 Helga Prollius, »Ein Königreich für einen Mann?« in der Constanze. Zit. nach Robert G. Moeller, Geschützte Mütter. Frauen und Familien in der westdeutschen Nachkriegspolitik. München 1977, S. 54

8 Regina Bohne, Das Geschick der zwei Millionen. Die alleinlebende Frau in unserer Gesellschaft. Düsseldorf 1960, S. 13

9 Robert G. Moeller, Geschützte Mütter, a.a.O., S. 54

10 Anna Schnädelbach, Kriegerwitwen. Lebensbewältigung zwischen Arbeit und Familie in Westdeutschland nach 1945. Frankfurt am Main/New York 2009, S. 68f.

11 Helmut Schelsky, Wandlungen der deutschen Familie in der Gegenwart. Stuttgart 1967, S. 87

12 So der Bundesjustizminister Neumayer in der Bundestagsdebatte vom 12.12. 1954. Zit. bei Dieter Bänsch (Hrsg.) Die fünfziger Jahre. Tübingen 1985, S. 117

13 Ingrid Langer, »Die Mohrinnen hatten ihre Schuldigkeit getan. Staatlich-moralische Aufrüstung in den Familien«. In: Dieter Bänsch (Hrsg.) Die fünfziger Jahre, a.a.O., S. 124

14 Daniel Meuren, »Die wilden Kerlinnen«. In: *Frankfurter Allgemeine Zeitung*, Nr. 145 vom 25.6.2011, S. 3

15 Annette Kuhn/Doris Schubert (Hrsg.), *Frauenalltag und Frauenbewegung*, Bd. IV. Frankfurt am Main 1980, S. 121

16 Der Stichentscheid als letztliches Entscheidungsrecht der Väter in strittigen Erziehungsfragen wurde als verfassungswidrig gestrichen.

17 Ingrid Langer, »Die Mohrinnen«, a.a.O., S. 129

18 Regina Bohne, *Das Geschick der zwei Millionen*, a.a.O., S. 12

19 Ebd., S. 120

20 Artikel eines Autors unter den Initialen R.W. zit. nach Michaela Kuhnhenne, *Frauenleitbilder und Bildung in der westdeutschen Nachkriegsgesellschaft*. Wiesbaden 2005, S. 208

21 Regina Bohne, *Das Geschick der zwei Millionen*, a.a.O., S. 82

22 Hans Wollasch, »Die seelische Situation in der vaterlosen Familie«. In: *Jugendwohl*, Jg. 35/1954, S. 245

23 So Ursula Machtenes, *Leben zwischen Trauer und Pathos: Lebensführung bürgerlicher Witwen im 19. Jahrhundert*. Osnabrück 2001

24 Thorsten Fuchs, »Zwischen Entnazifizierung und deutscher Teilung«. In: *Hannoversche Allgemeine*, 20.4.2009

25 Die Liberal-Demokratische Partei Deutschlands (LDP bzw. LDPD) wurde als ursprünglich liberale Partei in der Sowjetischen Besatzungszone gegründet und noch Ende der 1940er Jahre gleichgeschaltet.

26 Werwolf nannte sich eine nationalsozialistische Bewegung, die im Herbst 1944 für Jugendliche gegründet wurde, die Angriffe aus dem Hinterhalt durchführen sollten. Obwohl sie kaum Schlagkraft entwickelte, rief sie bei den Alliierten hysterische Reaktionen hervor.

27 Jutta Brückner, *Hungerjahre*. Spielfilm 1978

28 Martin Walser, *Ehen in Philippsburg*. Frankfurt am Main 1998, S. 130/131

29 Noch länger dauerte es, bis die Homosexualität entkriminalisiert wurde. Entsprechend dem § 175 aus der nationalsozialistischen Gesetzgebung waren in der jungen Bundesrepublik nicht nur homosexuelle »beischlafähnliche Handlungen« untersagt. Schon Blicke und Umarmungen zwischen Männern wurden strafrechtlich verfolgt – zwischen 1950 und 1960 kam es zu knapp 34 500 Verurteilungen. Erst nach einer Gesetzesreform 1973 galten nur noch homosexuelle Beziehungen mit Jugendlichen unter 18 Jahren als strafbar. In der ehemaligen DDR wurde der § 175 im Zuge einer Rechtsangleichung erst 1994 aufgehoben.

30 Regina Bohne, *Das Geschick der zwei Millionen*, a.a.O., S. 141/142

31 Heinrich Böll, *Haus ohne Hüter*. Köln 1954

32 Die Kriegerwitwen erhielten zunächst 30 DM Grundrente und 10 DM pro Kind; 1953 wurden diese Beträge auf 40 DM bzw. 12 DM erhöht, 1960 waren es 100 DM Grundrente und 30 DM für jedes Kind. Die Ausgleichsrente wurde nur gezahlt, wenn der weitere Lebensunterhalt nicht gedeckt werden konnte.

33 Klaus Wowereit/Hajo Schumacher, *... und das ist auch gut so. Mein Leben für die Politik*. München 2007

34 Siehe Anna Schnädelbach, *Kriegerwitwen*, a.a.O., S. 207/208

35 Erst am 1. Januar 2009 wurde das Verbot der religiösen Voraustrauung aus dem Personenstandsgesetz gestrichen. Die kirchliche Trauung hat seitdem keinerlei zivilrechtliche Relevanz mehr und ist auch keinen staatlichen Sanktionen mehr unterworfen.

36 Bis zur Auflösung der NS-Organisation war R. Engelsmann stellvertretender Vorsitzender des »Reichsbundes für Kinderreiche«.

37 »Der Onkel ist das Salz in der Familie«. In: *Der Spiegel*, Nr. 50 vom 9.12.1953

38 Rundschreiben des Stuttgarter Oberkirchenrats vom 20.3.1946. Zit. nach: Annette Brauerhoch, *Fräuleins und GIs*. Frankfurt am Main und Basel 2006. S. 123

39 Ebd., S. 74

40 Tamara Domentat, *»Hallo Fräulein«. Deutsche Frauen und amerikanische Soldaten*. Berlin 1998, S. 51/52

41 Zit nach: www.wirtschaftswundermuseum.de

42 *I&E Bulletin*. »Troop Information Programe. What is the price of honor?«. Zit. nach Tamara Domentat, *»Hallo Fräulein«*, a.a.O., S. 38

43 Marion Kellermann, *Die PX-Story – Liebe hinterm Ladentisch*. Wien 1959, S. 25. Zit nach: Annette Brauerhoch, *Fräuleins und GIs*, a.a.O., S. 213

44 Maria Höhn/Karolina Mai-Chu, *Amis, Cadillac und »Negerliebchen«: GIs im Nachkriegsdeutschland*. Berlin 2008. Danach hatten einen amerikanischen Elternteil 36 334 Kinder, einen französischen 10 188, einen britischen 8397, einen sowjetischen 3105, einen belgischen 1767 Kinder. Unbekannt war ein Elternteil bei 6829 Kindern.

45 Heinrich Oesterreich, *Gegenwartsaspekte der Prostitution*. Köln 1956. Zit. nach: Annette Brauerhoch, *Fräuleins und GIs*, a.a.O., S. 126

46 Name geändert

47 *Zur Rolle der Frau in der Geschichte der DDR. 1945 – 1981. Eine Chronik.* Leipzig 1986, S. 19

48 Zwar ist es auch in der französischen und amerikanischen Besatzungszone zu
    zahlreichen Vergewaltigungen gekommen, doch insgesamt waren wesentlich
    weniger Frauen betroffen, und die Täter wurden recht zügig verfolgt und be-
    straft.

49 Ulrich Schacht, *Vereister Sommer*. Berlin 2011

50 Zeitschrift *Für Dich*, 2/1946

51 Zeitschrift *Die Frau von heute*, 13/1950, S. 6/7

52 Petra Clemenz, »Frauen helfen sich selbst. Die Betriebsfrauenausschüsse der
    fünfziger Jahre aus kulturhistorischer Sicht«. In: *Jahrbuch für Volkskunde und
    Kulturgeschichte*. 30er Band (Neue Folge, Bd. 15) Berlin 1987, S. 109. Zit. nach:
    Ina Merkel, … *und Du, Frau an der Werkbank. Die DDR in den 50er Jahren*.
    Berlin 1990, S. 87

53 Hildegard Maria Nickel, »›Mitgestalterinnen des Sozialismus‹ – Frauenarbeit
    in der DDR«. In: Gisela Helwig/Hildegard Maria Nickel (Hrsg.), *Frauen in
    Deutschland 1945 – 1992*. Bundeszentrale für politische Bildung, Schriftenreihe
    Band 318, Bonn 1993

54 Frauen stellten in den fünfziger Jahren nur 20,4 bis 28,4 Prozent der Studie-
    renden. In: *Die Frau in der DDR. Statistische Kennziffernsammlung*. Staatliche
    Zentralverwaltung für Statistik 1989

55 *Statistisches Jahrbuch der DDR 1987*, S. 17

56 Die Darstellung folgt wesentlich: Jürgen Ritter/Peter Joachim Lapp, *Die Grenze.
    Ein deutsches Bauwerk*. Berlin 2007, und: Damian van Melis, »*Republikflucht*«.
    Flucht und Abwanderung aus der SBZ/DDR 1945 bis 1961. München 2006

57 Es handelte sich um Personaldokumente für Zivilpersonen, die bei der jewei-
    ligen Besatzungsmacht zu beantragen waren und dreißig Tage lang Gültigkeit
    besaßen.

58 Die von Marschall Sokolowskij unterzeichnete Richtlinie für die Grenzpolizis-
    ten vom 23. August 1947 sah den Schusswaffengebrauch allerdings für den Fall
    vor, dass andere Möglichkeiten der Festnahme erschöpft waren.

59 Dietmar Schultke, »*Keiner kommt durch*«. *Die Geschichte der innerdeutschen
    Grenze 1945 – 1990*. Berlin 2000, S. 20

60 Zit nach: Klaus-Dieter Baumann/Peter Freitag (Hrsg.), *Die Grenzen der
    DDR*. Berlin 2005, S. 121

61 Im ersten Halbjahr 1949 wurden beispielsweise 95 903 Personen aufgegriffen,
    die illegal von West nach Ost gingen, und 160 369 Personen, die von Ost nach
    West gingen.

62 F. W. Kautzenbach (Hrsg.), *Briefe an einen Vater im Westen. Eine Flucht aus Deutschland 1950.* Kempowski-Archiv in der Akademie der Künste, Berlin

63 So wurden beispielsweise in den ersten beiden Nachkriegsjahren gut vier Fünftel des Lehrkörpers an den Universitäten Rostock, Greifswald, Berlin, Halle, Jena, Leipzig ausgetauscht.

64 Damian van Melis, *»Republikflucht«*, a.a.O., S. 21

65 Ebd.

66 Arsenij Roginski/Frank Drauschke/Anna Kaminsky (Hrsg.), *»Erschossen in Moskau …«. Die deutschen Opfer des Stalinismus auf dem Moskauer Friedhof Donskoje 1950 – 1953.* Berlin 2005, S. 86

67 Zit. nach Dietmar Schultke, *»Keiner kommt durch«*, a.a.O., S.36

68 Christa Schleevoigt, *Aktion Ungeziefer. Das Schicksal der Familie Walther an der deutsch-deutschen Grenze.* IKS Garamond 2001, www.familientagebuch.de

69 Kirchenrat Paul Dahinten in der Kirchenchronik von Vacha. In: »Aktion Ungeziefer – Was geschah in Vacha?« MDR, »Zeitstrahl« vom 4.6.2002

70 www.gruenes-band.landkreis-hildburghausen.de

71 Damian van Melis, *»Republikflucht«*, a.a.O., S. 165

72 Klaus-Dieter Baumgarten/Peter Freitag (Hrsg.), *Die Grenzen der DDR. Geschichten, Fakten, Hintergründe*, Berlin 2004, S. 134 und S. 143

73 In den ersten beiden Monaten nach der Änderung des Passgesetzes 1957 wurden 1095 Ermittlungsverfahren eingeleitet; bis Anfang April 1958 wurden 1681 Personen nach dem neuen Gesetz wegen teilweise belangloser Vergehen mit hohen Strafen bedacht.

74 Bernhard Meyer, »Von Deutschland nach Deutschland. Zur ›Republikflucht‹ der Mediziner 1949 – 1961. In: *Berlinische Monatsschrift*, 10 (2001) Heft 3, S. 63

75 Werner Meinel, *Versteckte Fluchten.* Niederaspe 1998. In: Kempowski-Archiv in der Akademie der Künste Berlin, S. 284

76 Herbert Böckel, *Grenzerfahrungen.* Fulda 2009

77 Karl-Heinz Arnold, »Alltäglicher Gang über den Strich.« In: *Berlinische Monatsschrift*, 3/2001, S. 33

78 Karl Dedecius, *Ein Europäer aus Lodz: Erinnerungen.* Frankfurt am Main 2006, S. 187/188

79 Damian van Melis, *»Republikflucht«*, a.a.O., S. 35

80 Bis 1947 waren von den 1786 zum Tode verurteilten deutschen Zivilisten nur 529 wegen »Kriegs- und Gewaltverbrechen«, aber 922 wegen »konterrevolu-

tionärer Verbrechen« für schuldig befunden worden. Nach der Wiedereinführung der Todesstrafe 1950 verschob sich das Verhältnis gravierend. Nur in sechs von 927 Fällen, in denen Deutsche zwischen 1950 und 1953 zum Tode verurteilt wurden, finden sich die Anklagepunkte »Verbrechen gegen die Menschlichkeit« und »Kriegsverbrechen«, und auch das nur in Zusammenhang mit dem dominanten Anklagepunkt Spionage.

81 Neben den deutschen Staatsbürgern saßen auch fast 35 000 Sowjetbürger und 460 andere Ausländer in den Lagern.

82 Günther Wagenlehner, »Sowjetische Militärtribunale. Die Verurteilung deutscher Zivilisten 1945 – 1955«. In: Andreas Hilger/Mike Schmeitzner/Ute Schmidt (Hrsg.), *Sowjetische Militärtribunale. Band 2: Die Verurteilung deutscher Zivilisten 1945 – 1955*. Köln 2003, S. 18

83 In der amerikanischen Besatzungszone hingegen lag die Sterblichkeitsrate in den Lagern nicht über dem allgemeinen Durchschnitt.

84 Arsenij Roginski/Frank Drauschke/Anna Kaminsky (Hrsg.), »*Erschossen in Moskau …*«, a.a.O.

85 Thomas Ammer, »Aufsätze über politische Repression in der SBZ/DDR«. In: www.gulagmemorial.de

86 Karl Wilhelm Fricke: »Widerstand und Opposition von 1945 bis Ende der fünfziger Jahre«. In: Deutscher Bundestag (Hrsg.): *Materialien der Enquete-Kommission. »Aufarbeitung von Geschichte und Folgen der SED-Diktatur in Deutschland«* (12. Wahlperiode des Deutschen Bundestages), Bd. VII, Teil 1, S. 15 – 26.

87 Uwe Johnson hat ihre Geschichte als Vorlage für seinen ersten Roman *Ingrid Babendererde* benutzt.

88 *Dederon* – ein nach dem Vorbild »Perlon« geprägtes Kunstwort, das sich aus DDR und »on« zusammensetzt – war der Handelsname von Polyamidfasern in der DDR, die durch Kittelschürzen und Einkaufsbeutel besondere Berühmtheit erlangten.

89 Paul Schallück, »Von deutscher Tüchtigkeit«. Essay 1954

90 Axel Schildt, »Ein Jahrzehnt des Wiederaufbaus und der Modernisierung«. In: Monika Estermann/Edgar Lersch, *Buch – Buchhandel – Rundfunk 1950 – 1960*. Wiesbaden 1999, S. 15

91 Claudia Seifert, *Wenn du lächelst, bist du schöner. Kindheit in den 50er und 60er Jahren*. München 2004, S. 51/52

92 Ulla Hahn, *Das verborgene Wort*. München 2003, S. 52

93 Claudia Seifert, *Wenn du lächelst*, a.a.O., S. 52

94 Claudia Seifert, *Das Leben war bescheiden schön. Ein Rückblick von Frauen, die zwischen den Kriegen geboren wurden.* München 2009, S. 282

95 Interview mit Maria Will, 2012, im Besitz der Autorin

96 Axel Schildt, »Ein Jahrzehnt des Wiederaufbaus«, a.a.O., S. 12

97 Hatten 1950 erst etwa 20 Prozent von ihnen gearbeitet – meist in landwirtschaftlichen Familienbetrieben oder im eigenen Laden –, waren es 1960 bereits über 35 Prozent; nun waren sie auch als Arbeiterinnen und Angestellte in Fabriken und im Büro tätig.

98 Laut Einkommens- und Verbrauchsstichproben des Statistischen Bundesamtes

99 www.deutschegeschichten.de

100 Claudia Seifert, *Das Leben war bescheiden schön*, a.a.O. S. 93/94

101 Merith Niehuss, »Kontinuität und Wandel der Familie in den 50er Jahren«. In: A. Schildt, A. Sywottek, *Modernisierung im Wiederaufbau. Die westdeutsche Gesellschaft der 50er Jahre.* Bonn 1993, S. 316 – 334

102 Yvonne Rieker, »*Ein Stück Heimat findet man ja immer.*« *Die italienische Einwanderung in die Bundesrepublik.* Essen 2003, S. 22

103 Die Einreise war hier leicht, das Saarland war noch eine »autonome Region« und kam erst Anfang 1957 zur Bundesrepublik.

104 Erzio Persello (Hrsg.), *Gastarbeiter von damals … und unsere Jugend heute. Geschichten von Italienern in Saarbrücken und an der Saar.* Saarbrücken 1999, S. 114

105 1996 lebten fast 600 000 Italiener in Deutschland. Yvonne Rieker, »*Ein Stück Heimat findet man ja immer.*«, a.a.O., S. 113

106 Werner Bührer, »Ökonomische Entwicklung der Bundesrepublik 1945 – 1961«. In: *Informationen zur politischen Bildung*, Heft 256: *Wirtschaft in beiden deutschen Staaten*, hrsg. von der Bundeszentrale für politische Bildung, Bonn 2002

107 Werner Meyer-Larsen, »Legenden des Wirtschaftswunders«. In: *Der Spiegel*, 20/1999

Max Grundig, 1908 als Sohn eines Lagerverwalters in Nürnberg geboren, war schon 1952 Europas größter Radiohersteller und der Welt größter Tonbandgeräte-Produzent. Anfang der 1980er Jahre musste Grundig seine Aktienmehrheit jedoch aufgrund der Konkurrenz aus Fernost an den niederländischen Elektrokonzern Philips verkaufen, 2003 Insolvenz anmelden.

Willy Schlieker, Jahrgang 1914, Sohn eines Werftarbeiters und Kesselschmieds, baute ebenfalls in wenigen Jahren einen riesigen Konzern mit Schwerindustrie, Metallverarbeitung und zeitweilig 15 Werften und 25 Tochtergesellschaften auf.

Als 1962 eine Schiffbaukrise ausbrach, erwies sich seine Kapitaldecke allerdings als zu dünn, um ihn über die Durststrecke zu retten – er musste Konkurs anmelden.

Carl F. W. Borgward, Jahrgang 1890, Sohn eines Altonaer Kohlenhändlers, belegte mit seiner Bremer Firma hinter VW, Opel und Ford den Platz vier in der deutschen Automobilindustrie. Eine Absatzflaute und mangelnde Unterstützung durch die Banken trieben ihn Anfang der 1960er Jahre in den Ruin.

Josef Neckermann, 1912 als Sohn eines Kohlenhändlers und Immobilienbesitzers in Würzburg geboren, hatte bereits vor dem Zweiten Weltkrieg durch die Übernahme eines »arisierten« Betriebes einen großen Textil-Versandhandel aufgebaut. In den 1950er Jahren baute er den Konzern aus und ließ sich mit 34 Warenhäusern nieder. In den sechziger Jahren fiel die Firma hinter die Konkurrenten Quelle und Otto-Versand zurück. 1976 stand Neckermann am Rande der Pleite und musste mehrheitlich an die Karstadt AG verkaufen.

108 Interview mit Helga Hegewisch, 2011, im Besitz der Autorin

109 Sybille Steinbacher, *Wie der Sex nach Deutschland kam*. München 2011, S. 241

110 Der amerikanische Sexualforscher Dr. Alfred Charles Kinsey veröffentlichte zwei äußerst kontroverse Bücher über männliches und weibliches Sexualverhalten, die 1954/55 auch auf Deutsch erschienen.

111 Burghard Ciesla, »Wirtschaftliche Entwicklung und Lebenslage in der DDR«. In: *Informationen zur politischen Bildung*, Heft 256: *Wirtschaft in beiden deutschen Staaten*, hrsg. von der Bundeszentrale für politische Bildung, Bonn 2002

112 Insgesamt hatte die Bundesregierung 1950 den Bau von 1,8 Millionen Wohnungen bis 1965 vorgesehen, gebaut wurden 3,1 Millionen.

113 Hannah Arendt: »Besuch in Deutschland«. In: Dies.: *Zur Zeit. Politische Essays*, Hamburg 1999 (1986), S. 50f.

114 Paul Schallück, »Tüchtigkeit, Vergesslichkeit, Resignation«. In: *Gewerkschaftliche Monatshefte*, 5/1958, S. 277/278

115 Alexander und Margarete Mitscherlich, *Die Unfähigkeit zu trauern*. München 1997/2004

116 OMGUS-Umfragen: Einstellung zur Kollektivschuld (Dezember 1946)

117 Dem Oberlandesgericht Hamm diente das Gesetz 1955 sogar dazu, Gestapo-Angehörige niederer Ränge freizusprechen, die Kriegsgefangene summarisch erschossen hatten.

118 Edgar Wolfrum, *Die geglückte Demokratie*. München 2007, S. 172

119 Wolfgang Benz, »Demokratisierung durch Entnazifizierung und Erziehung«. In: *Dossier Nationalsozialismus und Zweiter Weltkrieg*, hrsg. von der Bundeszentrale für politische Bildung, Bonn 2005ff.

120 R. Wassermann: »Zur juristischen Bewertung des 20. Juli 1944. Der Remer-Prozess in Braunschweig als Markstein der Justizgeschichte«, in: *Recht und Politik*, 2/1984, S. 77

121 Urteile wie diese blieben in der Bundesrepublik der 1950er Jahre die Ausnahme. So endete beispielsweise das Verfahren gegen Otto Thorbeck, den Vorsitzenden der Standgerichte in Flossenbürg und Sachsenhausen, 1956 vor dem Bundesgerichtshof mit einem Freispruch, weil ihm »angesichts der Unterworfenheit unter die damaligen Gesetze« kein Vorwurf gemacht werden könne, dass er Dietrich Bonhoeffer, Hans von Dohnanyi, Wilhelm Canaris u.a. wegen ihrer Widerstandstätigkeit noch kurz vor Kriegsende zum Tode verurteilt hatte. Dieses Urteil, so der Präsident des Bundesgerichtshofs Günter Hirsch 2002, hatte zur Folge, »dass kein einziger der Richter, die während der Nazi-Herrschaft 50 000 Todesurteile gefällt hatten, zur Rechenschaft gezogen wurde«. Erst 1995 distanzierte sich der Bundesgerichtshof von diesem Urteil; 1998 wurden die Urteile des Volksgerichtshofs und der Standgerichte pauschal aufgehoben.

122 Vera Lehndorff/Jörn Jacob Rohwer, *Veruschka, mein Leben*. Köln 2011, S. 66

123 Ebd., S. 71

124 *Frankfurter Allgemeine Zeitung*, 7.5.1955

125 Zit. bei: Marlene Klatt, »Die Wiedergutmachungsrealität aus Sicht der jüdischen Verfolgten«. In: Alfons Kenkmann/Christoph Spieker/Bernd Walter (Hrsg.), *Wiedergutmachung als Auftrag*. Essen 2007, S. 150

126 Richter an Leonhardt 3.3.1962. In: Sabine Cofalla, Sabine, *Der »soziale Sinn« Hans Werner Richters: Zur Korrespondenz des Leiters der Gruppe 47*, Berlin 1997, S. 80

127 Axel Schildt, *Annäherungen an die Westdeutschen*. Göttingen 2011, S. 117

128 Als »bystanders« charakterisierte Raul Hilberg jene Bürger, die nicht ins Unrecht verwickelt waren, aber Unrecht hatten geschehen lassen.

129 Karl Jaspers: *Hoffnung und Sorge. Schriften zur deutschen Politik. 1945 – 1965.* München 1965, S. 32

130 Sibylle Krause-Burger, *Herr Wolle lässt noch einmal grüßen. Geschichte meiner deutsch-jüdischen Familie.* München 2007, S. 198/199

131 Jean Améry, *Jenseits von Schuld und Sühne. Bewältigungsversuche eines Überwältigten.* Stuttgart 1977, S. 15

132 Ansprüche von Kriegsgefangenen, Zwangsarbeitern, Widerstandskämpfern, Homosexuellen etc. sowie von Personen hinter dem Eisernen Vorhang blieben ausgespart (ein entsprechendes Abkommen wurde erst nach 1989 abgeschlossen).

133 Edgar Wolfrum, *Die geglückte Demokratie*, a.a.O., S. 181

134 Tobias Freimüller, *Alexander Mitscherlich, Gesellschaftsdiagnosen und Psychoanalyse nach Hitler.* Göttingen 2007, S. 318.

135 Ute Althaus, *NS-Offizier war ich nicht. Eine Tochter forscht nach.* Gießen 2006

136 Wolf Biermann, *Deutschland. Ein Wintermärchen.* Berlin 1973, S. 7

137 Im Einzelnen siehe dazu das Kapitel »Verfolgt und verhaftet«.

138 Annette Simon, *»Bleiben will ich, wo ich nie gewesen bin.«* Gießen 2009, S. 49/50

139 Antonia Grunenberg, *Antifaschismus – ein deutscher Mythos.* Hamburg 1993, S. 132

140 Olaf Groehler: »Erblasten. Der Umgang mit dem Holocaust in der DDR«, in: Hanno Loewy (Hrsg.): *Holocaust. Die Grenzen des Verstehens. Eine Debatte über die Besetzung der Geschichte.* Reinbek b. Hamburg 1992

141 Barbara Honigmann, *Ein Kapitel aus meinem Leben.* München 2004, S. 122/123. Anerkannte Verfolgte des Nazi-Regimes erhielten bei Gesundheitsschäden schon vor dem Rentenalter eine Teilrente und später eine Zusatzrente.

142 Jeffrey Herf, *Zweierlei Erinnerung. Die NS-Vergangenheit im geteilten Deutschland.* Berlin 1998, S. 156

143 Zit. ebd., S. 187

144 Thomas Haury, »Antisemitismus in der DDR«. In: Bundeszentrale für politische Bildung. www.bpb.de/themen/12CRVI.html

145 Jeffrey Herf, *Zweierlei Erinnerung,* a.a.O., S. 162 und 192

146 Vater des bekannten Historikers Iring Fetscher

147 Ernst Bloch kehrte 1961, Hans Mayer 1963 von einem Besuch in der Bundesrepublik nicht in die DDR zurück.

148 Ein Sowjetisches Militärtribunal verurteilte Natonek zu 25 Jahren Zwangsarbeit; er saß in den Speziallagern Bautzen und Torgau und ging nach seiner Entlassung 1956 in den Westen.

149 Die späteren »Klassischen Stätten«

150 Organ des Zentralrats der FDJ für Literatur, Kunst und Kritik

151 R. Strobel, »Wie ist die deutsche Jugend?«. In: *Die Zeit,* 18.10.1956

152 Martin Walser, *Ehen in Philippsburg*, a.a.O., S. 76

153 Kino hatte in den fünfziger Jahren mangels alternativer Unterhaltungsmöglich-
keiten einen großen Zuspruch. Die Zahl der Lichtspielhäuser stieg von 4000
auf 7000. Nach 1956 gingen die Besucherzahlen allerdings fast um die Hälfte
zurück, da das Fernsehen in die Privathaushalte einzog.

154 Aus: »Abschied vom Jazz. 1933«. In: *Theodor W. Adorno, Gesammelte Schriften.*
Bd. 18, hrsg. von Rolf Tiedemann unter Mitwirkung von Gretel Adorno, Susan
Buck-Morss und Klaus Schultz. Frankfurt am Main 1997.

155 Die Debatte wurde im *Merkur*, Heft 7/1953, ausgetragen.

156 Axel Schildt, *Annäherungen an die Westdeutschen. Sozial- und kulturgeschichtli-
che Perspektiven auf die Bundesrepublik.* Göttingen 2011, S. 143ff.

157 Axel Schildt, *Annäherungen an die Westdeutschen*, a.a.O., S. 148/49

158 Helmut Schelsky, *Die skeptische Generation. Eine Soziologie der deutschen Jugend.* Düsseldorf/Köln 1957, S. 497

BILDNACHWEIS